博士论文
出版项目

技能异质性与中国制造业出口演进

基于比较优势视角

Skills Heterogeneity and China's Manufacturing Export Evolution
From the Perspective of Comparative Advantage

程 锐 著

中国社会科学出版社

图书在版编目（CIP）数据

技能异质性与中国制造业出口演进：基于比较优势视角 / 程锐著 . —北京：中国社会科学出版社，2023.4
ISBN 978-7-5227-1734-0

Ⅰ.①技… Ⅱ.①程… Ⅲ.①制造工业—出口贸易—研究—中国 Ⅳ.①F426.4

中国国家版本馆 CIP 数据核字（2023）第 061711 号

出 版 人	赵剑英
责任编辑	刘晓红
责任校对	周晓东
责任印制	戴　宽

出　　版	中国社会科学出版社
社　　址	北京鼓楼西大街甲 158 号
邮　　编	100720
网　　址	http://www.csspw.cn
发 行 部	010-84083685
门 市 部	010-84029450
经　　销	新华书店及其他书店
印　　刷	北京君升印刷有限公司
装　　订	廊坊市广阳区广增装订厂
版　　次	2023 年 4 月第 1 版
印　　次	2023 年 4 月第 1 次印刷
开　　本	710×1000　1/16
印　　张	18
字　　数	253 千字
定　　价	99.00 元

凡购买中国社会科学出版社图书，如有质量问题请与本社营销中心联系调换
电话：010-84083683
版权所有　侵权必究

出 版 说 明

　　为进一步加大对哲学社会科学领域青年人才扶持力度，促进优秀青年学者更快更好成长，国家社科基金2019年起设立博士论文出版项目，重点资助学术基础扎实、具有创新意识和发展潜力的青年学者。每年评选一次。2021年经组织申报、专家评审、社会公示，评选出第三批博士论文项目。按照"统一标识、统一封面、统一版式、统一标准"的总体要求，现予出版，以飨读者。

全国哲学社会科学工作办公室

2022年

摘　　要

制造业出口高质量发展是新发展阶段高质量发展的重要议题。在外部环境不确定性不断提高的当下，挖掘、开发中国内部要素优势，增强制造业出口高质量发展的内源动力，是新发展阶段制造业出口高质量发展的重要举措。回顾中国过去40余年制造业出口轨迹可知：改革开放以后相当长的时间里，制造业出口处于规模快速扩张阶段，进入21世纪后制造业出口开始了结构转型升级。中国制造业出口经历了由无到有、由小到大、由弱到强的发展轨迹，这种奇迹般的发展轨迹需要不断地探索其背后的发展逻辑。本书在比较优势理论分析框架中纳入技能异质性，考察中国制造业出口在改革开放以后实现规模迅速扩张和进入21世纪之后开始转型升级的原因。

本书首先构建了一个在比较优势理论分析框架下技能异质性与制造业出口规模扩张和转型升级的逻辑框架。研究指出，如果一国在经济发展初始阶段能够遵循初始低技能丰裕禀赋结构，专业化生产低技能密集型产品，则低技能密集型产品具有较强的竞争优势，从而能够实现低技能密集型产品的出口。当一国初始低技能越丰裕，低技能禀赋结构越突出，低技能密集型产品的国际竞争优势就越明显，出口规模扩张就越迅速。同时，当低技能比较优势逐渐消失、高技能和特殊技能禀赋结构逐渐显现优势时，高技能密集型产业和特殊技能密集型产业将会具有一定的竞争力。高技能和特殊技能越丰裕，高技能和特殊技能禀赋结构越突出，其产业的国际竞争优势就越明显，出口转型升级就越突出。因此，一国遵循初始低技能比较优势以实现制造业出口的规模扩张，同时在一定时点上优化初始低技能比较优势，培育和壮大高技能和特殊技能比较优势，以实现制造业出口的转型升级。

随后本书在这一框架下考察了改革开放以来中国技能异质性及其演变对制造业出口规模扩张和转型升级的影响。研究结果表明：第一，改革开放以后，中国转变了计划经济时期重工业优先发展的赶超战略，采取了遵循比较优势发展策略，充分利用充裕且廉价的低技能，形成了成本极低、价格极低、国际竞争力较高的中国制造，促进了中国制造业出口规模的迅速扩张。由于低技能的技能特性，使充分利用充裕的低技能只能催生低技能密集型产业的发展。第二，中国致力于完善高等教育，尤其是1999年推行高校扩招政策，培育并壮大高技能规模，形成新的技能禀赋优势，从而在一定程度上优化了低技能比较优势发展策略。高技能规模的壮大通过缓解供需错配矛盾、提高自主创新能力和资源配置效率以及发挥高技能劳动者的集聚效应而实现制造业出口转型升级。第三，社会主义市场经济体制的建立健全，极大地激励激发了企业家才能。企业家才能具有较高的市场预见能力、市场适应能力、市场开发能力和市场创造能力，能够实现市场均衡的打破和再创造、创造性毁灭和资源配置效率改进，促进技术进步，推动制造业出口转型升级。

综上所述，自改革开放以来，中国通过采取遵循低技能比较优势，实现了中国制造业出口规模的迅速扩张，同时中国又不断完善高等教育，并建立健全社会主义市场经济体制，培育和壮大高技能和企业家才能，以优化低技能比较优势，推动中国制造业出口转型升级。但是随着老龄化加重、高等教育重规模轻质量、市场环境的复杂性加重，对低技能、高技能和企业家才能都产生了显著抑制效应。因此，需要通过改革人口政策、优化教育体制机制和改善市场环境，更好地发挥三种技能在中国制造业出口中的重要作用，以形成强大的内部技能禀赋优势,实现制造业出口高质量发展,最终达到由世界市场的追随者向世界市场的领导者转型。

关键词:比较优势;技能异质性;制造业出口;规模扩张;转型升级

ABSTRACT

The high-quality development of manufacturing exports is an important issue for high-quality development in the new era. With the increasing uncertainty of the external environment, tapping and developing China's internal factor advantages and enhancing the internal driving force for the high-quality development of manufacturing exports are important measures for the high-quality development of manufacturing exports in the new era. Looking back at the development trajectory of China's manufacturing exports over the past 40 years, it is not difficult to find that China's manufacturing exports have undergone an expansion from scale to transformation and upgrading: quite a long time after the reform and opening up, the scale of manufacturing exports has been rapidly expanding, entering the 21st century The post-manufacturing export structure has begun to transform and upgrade. In just 40 years, China's manufacturing exports have achieved a miracle of development from scratch, from small to large, and from weak to strong. The miraculous development trajectory requires constant exploration of the development logic behind it. This article includes the differences in labor skills and their evolution in the comparative advantage theoretical analysis framework, and examines the reasons for the rapid expansion of China's manufacturing exports after the reform and opening up and the transformation and upgrading of the 21st century.

This book first builds a logical framework for skill heterogeneity and manufacturing export expansion and transformation and upgrading under the comparative advantage analysis framework. Research indicates that if a country can follow the initial low-skilled rich endowment structure in the initial stage of economic development and specialize in the production of low-skilled intensive products, then the low-skilled-intensive products have a competitive advantage and thus the export of low-skilled-intensive products. When a country's initial low-skills are more abundant and the low-skilled endowment structure is more prominent, the international competitive advantage of low-skill-intensive products becomes more obvious, and the scale of export expansion becomes more prominent. At the same time, when the comparative advantage of low skills gradually disappears, and the advantages of high-skill and special-skill endowments gradually emerge, high-skill-intensive industries and special-skill-intensive industries will have a certain degree of competitiveness. The richer the high-skill and special skills, the more prominent the high-skill and special-skill endowment structure, the more obvious the industry's international competitive advantage, and the more prominent the transformation and upgrading of exports. Therefore, a country follows the initial low-skilled comparative advantage to achieve the expansion of manufacturing exports, while optimizing the initial low-skilled comparative advantage at a certain point in time, in order to cultivate and expand the comparative advantage of high-skilled and special skills, in order to achieve Upgrade.

This book then examines the impact of China's forty years of laborer skills and its evolution on the expansion of China's manufacturing exports and its transformation and upgrading under this framework. The research results show that: First, after the reform and opening up, China abandoned the overtaking strategy of priority development of heavy industry in the planned economy period, adopted a comparative advantage development strategy, and made full use of abundant and cheap low-skilled laborers, resulting in extremely low costs. Made in China with extremely low prices and high international competitiveness has promoted the rapid expansion of China's manufacturing export scale. Due to the characteristics of low-skilled labor skills, the full use of abundant low-skilled laborers has led to the development of low-skilled labor-intensive industries. Under the new international division of labor model, low-skilled labor-intensive industries except low-tech industries under the traditional division of labor model It also includes the formation of processing trade under the offshore outsourcing model. The fifth chapter of this book uses the provincial-level data from 2002 to 2017 for an empirical investigation. Second, in the comparative advantage optimization strategy I, we mainly examine the impact of the expansion of highly skilled workers on the transformation and upgrading of manufacturing exports. China has been committed to improving higher education, especially the college enrollment expansion policy introduced in 1999, cultivating and expanding the scale of high-skilled workers, forming new skills endowment advantages, and thus deviating from the comparative advantage of low-skilled labor development strategies to a certain extent. The expansion of the scale of high-skilled laborers realizes the transformation and upgrading of manufacturing exports by alleviating the mismatch between supply and demand, improving the capacity for independent innovation and the efficiency of resource allocation, and bringing into play the agglomeration effect of high-skilled laborers. The sixth chapter of this book makes an empirical investigation by using synthetic control method (SCM). Third, in the comparative advantage optimization strategy II, the impact of entrepreneurship on the transformation and upgrading of manufacturing exports was mainly examined. Entrepreneurship has high market foresight, market adaptability, market development ability and market creation ability. It can achieve the break and re-creation of market equilibrium, creative destruction and improvement of resource allocation efficiency, promote technological progress, and promote the export transformation of manufacturing upgrade. The seventh chapter of this book uses empirical data from 2002 to 2017 for an empirical investigation.

In summary, since the reform and opening up, China has adopted the comparative advantage of following low-skilled labor to achieve the rapid expansion of China's manufacturing export scale. At the same time, China has developed and improved higher education, established a sound socialist market economic system, and expanded high-skilled The scale of laborers, the expansion of entrepreneurial spirit, and the departure from the comparative advantage of low-skilled labor, realize the transformation and upgrading of China's manufacturing exports. However, with the increasing aging trend, higher education with a larger scale and lighter weight, and the increasing complexity of the market environment, it has produced a significant inhibitory effect on low-skilled workers, high-skilled workers and entrepreneurship. Therefore, it is necessary to reform the population policy, education system and market environment to better play the important role of the three skills in the transformation and upgrading of China's manufacturing exports, form a strong internal skills endowment, and achieve high-quality development of manufacturing exports, And finally achieve the transformation from a follower of the world market to a leader of the world market.

Key words: Comparative Advantage; Skills Heterogeneity; Manufacturing Exports; Scale Expansion; Transformation and Upgrading

目 录

第一章 导论 …………………………………………………………（1）
  第一节 问题提出 ……………………………………………………（1）
  第二节 研究意义 ……………………………………………………（5）
  第三节 研究思路与方法 ……………………………………………（7）
  第四节 研究内容与框架 ……………………………………………（9）
  第五节 研究的创新之处 ……………………………………………（13）

第二章 文献回顾与评述 ……………………………………………（16）
  第一节 比较优势理论演变与评述 …………………………………（16）
  第二节 技能异质性的引入与发展 …………………………………（26）
  第三节 中国制造业出口的影响因素研究 …………………………（31）
  第四节 小结与评述 …………………………………………………（40）

第三章 概念界定与理论框架 ………………………………………（43）
  第一节 基本概念界定 ………………………………………………（43）
  第二节 逻辑框架 ……………………………………………………（55）
  第三节 本章小结 ……………………………………………………（68）

第四章 技能异质性与中国制造业出口演变：40 余年的发展历程 …………………………………………………（70）
  第一节 技能异质性的演变历程 ……………………………………（70）

第二节　中国制造业出口演变历程……………………………（83）
　　第三节　技能异质性与制造业出口演变的基本判断…………（94）
　　第四节　本章小结………………………………………………（95）

第五章　遵循比较优势策略：释放低技能劳动者的出口规模扩张效应……………………………………………（97）
　　第一节　引言……………………………………………………（97）
　　第二节　理论分析………………………………………………（99）
　　第三节　实证模型与变量说明…………………………………（105）
　　第四节　实证结果………………………………………………（110）
　　第五节　本章小结………………………………………………（127）

第六章　优化比较优势策略Ⅰ：高技能劳动者扩张的出口转型升级效应………………………………………（129）
　　第一节　引言……………………………………………………（130）
　　第二节　文献回顾………………………………………………（131）
　　第三节　理论分析………………………………………………（133）
　　第四节　实证模型与变量说明…………………………………（140）
　　第五节　实证分析………………………………………………（144）
　　第六节　本章小结………………………………………………（158）

第七章　优化比较优势策略Ⅱ：企业家才能的出口转型升级效应……………………………………………………（160）
　　第一节　引言……………………………………………………（160）
　　第二节　文献回顾………………………………………………（162）
　　第三节　理论分析………………………………………………（165）
　　第四节　实证模型与变量说明…………………………………（171）
　　第五节　实证结果………………………………………………（174）
　　第六节　本章小结………………………………………………（202）

**第八章 新发展阶段制造业出口高质量发展的技能培育
　　　　路径选择** ……………………………………………… （204）
　　第一节　新发展阶段制造业出口高质量发展的技能培育
　　　　　　面临阻碍 ………………………………………… （205）
　　第二节　新发展阶段制造业出口高质量发展的技能培育
　　　　　　路径选择 ………………………………………… （209）

第九章　结论与展望 ………………………………………… （216）
　　第一节　主要结论 …………………………………………… （216）
　　第二节　可供借鉴的中国经验 ……………………………… （222）
　　第三节　研究不足与未来拓展的方向 ……………………… （224）

附　录 ………………………………………………………… （227）

参考文献 ……………………………………………………… （234）

索　引 ………………………………………………………… （258）

后　记 ………………………………………………………… （263）

Contents

Chapter One Introduction ·················· (1)
  Section One   Backgrounds ·················· (1)
  Section Two   Research Significance ·················· (5)
  Section Three   Research Ideas and Methods ·················· (7)
  Section Four   Research Contents and Framework ·················· (9)
  Section Five   Research Innovations ·················· (13)

Chapter Two   Literature Review ·················· (16)
  Section One   Evolution and Review of Comparative Advantage
                 Theory ·················· (16)
  Section Two   The Introduction and Development of Skill
                 Heterogeneity ·················· (26)
  Section Three   The Influencing Factors of China's Manufacturing
                 Export ·················· (31)
  Section Four   Conclusion and Review ·················· (40)

Chapter Three   Theoretical Framework ·················· (43)
  Section One   Concepts Definition ·················· (43)
  Section Two   Theoretical Framework ·················· (55)
  Section Three   Conclusion and Review ·················· (68)

Chapter Four Skill Heterogeneity and the Evolution of China's Manufacturing Exports: Over 40 Years of Evolution ⋯⋯⋯⋯⋯⋯⋯⋯⋯⋯⋯⋯⋯⋯⋯ (70)

   Section One   The Evolution of Skill Heterogeneity ⋯⋯⋯⋯⋯⋯ (70)

   Section Two   The Evolution of China's Manufacturing Exports ⋯⋯⋯⋯⋯⋯⋯⋯⋯⋯⋯⋯⋯⋯⋯⋯⋯⋯ (83)

   Section Three   Basic Hypothesis ⋯⋯⋯⋯⋯⋯⋯⋯⋯⋯⋯⋯⋯ (94)

   Section Four   Conclusion ⋯⋯⋯⋯⋯⋯⋯⋯⋯⋯⋯⋯⋯⋯⋯ (95)

Chapter Five Follow the Comparative Advantage Strategy: Unleashing the Export Scale-up Effect of Low-Skilled Labors ⋯⋯⋯⋯⋯⋯⋯⋯⋯⋯⋯⋯⋯⋯⋯⋯⋯ (97)

   Section One   Introduction ⋯⋯⋯⋯⋯⋯⋯⋯⋯⋯⋯⋯⋯⋯⋯ (97)

   Section Two   Theoretical Model ⋯⋯⋯⋯⋯⋯⋯⋯⋯⋯⋯⋯⋯ (99)

   Section Three   Empirical Model and Variable Description ⋯⋯⋯ (105)

   Section Four   Empirical Results ⋯⋯⋯⋯⋯⋯⋯⋯⋯⋯⋯⋯⋯ (110)

   Section Five   Conclusion ⋯⋯⋯⋯⋯⋯⋯⋯⋯⋯⋯⋯⋯⋯⋯ (127)

Chapter Six Optimizethe Comparative Advantage Strategy Ⅰ: the Upgrading Effect of the Expansion of high-Skilled Labors ⋯⋯⋯⋯⋯⋯⋯⋯⋯⋯⋯⋯⋯⋯⋯⋯⋯⋯ (129)

   Section One   Introduction ⋯⋯⋯⋯⋯⋯⋯⋯⋯⋯⋯⋯⋯⋯⋯ (130)

   Section Two   Literature Review ⋯⋯⋯⋯⋯⋯⋯⋯⋯⋯⋯⋯⋯ (131)

   Section Three   Theoretical Model ⋯⋯⋯⋯⋯⋯⋯⋯⋯⋯⋯⋯⋯ (133)

   Section Four   Empirical Model and Variable Description ⋯⋯⋯ (140)

   Section Five   Empirical Results ⋯⋯⋯⋯⋯⋯⋯⋯⋯⋯⋯⋯⋯ (144)

   Section Six   Conclusion ⋯⋯⋯⋯⋯⋯⋯⋯⋯⋯⋯⋯⋯⋯⋯ (158)

Chapter Seven Optimize the Comparative Advantage StrategyⅡ: the Upgrading Effect of Entrepreneurial Talent ⋯ (160)

 Section One Introduction ⋯ (160)

 Section Two Literature Review ⋯ (162)

 Section Three Theoretical Model ⋯ (165)

 Section Four Empirical Model and Variable Description ⋯ (171)

 Section Five Empirical Results ⋯ (174)

 Section SixConclusion ⋯ (202)

Chapter EightThe Pathsof Skill Cultivation for High Quality Development of Manufacturing Export in New Development Stage ⋯ (204)

 Section One The Obstacles of Skill Cultivation for High Quality Development of Manufacturing Export in New Development Stage ⋯ (205)

 Section Two The Paths Of Skill Cultivation for High Quality Development of Manufacturing Export in New Development Stage ⋯ (209)

Chapter Nine Conclusions and Perspectives ⋯ (216)

 Section One Main Conclusions ⋯ (216)

 Section Two Chinese Experience for Developing Countries ⋯ (222)

 Section Three Limitation and Perspective ⋯ (224)

Appendix ⋯ (227)

References ⋯ (234)

Index ⋯ (258)

Postscript ⋯ (263)

第 一 章

导论

第一节 问题提出

　　制造之强，文明之强，国家之强。制造业出口反映了一国制造能力在世界范围内的竞争力。制造业出口规模大、质量高，说明该国制造能力在世界范围内具有竞争力；反之则缺乏竞争力。纵观世界强国，昔日的英国、当今的美国，无不经历了制造业出口由无到有、由小到大、由弱到强的发展历程。这一发展历程可总结为两个问题：第一，制造业出口规模的不断扩大；第二，制造业出口结构的转型升级。前者涉及制造业出口数量，后者涉及制造业出口质量。只有数量的增加，而无质量的改善，在激烈的国际市场竞争下终将被淘汰；只注重质量而忽视数量，同样在国际市场中因规模太小而无立锥之地。只有兼顾制造业出口数量和制造业出口质量，才能实现"大而强"的目标。大国之下，必须既注重制造业出口数量，即占据有利的世界市场份额；又必须注重制造业出口质量，即形成强大的世界竞争力并转变为世界市场的领导者。制造业出口数量与质量的时间关系，往往表现为先数量增加后质量提升，即实现制造业出口规模的扩大，抢占世界市场份额，随着世界市场规模的扩大，市场份额逐渐增加，技术积累不断提高，制造业出口也随之发生转型升级，继而增强世界竞争力并成为世界市场的领导者。由此可见，制造业出口的规模扩张与转型升级对一国发展意义不言而喻。

中国作为世界上最大的发展中国家，改革开放以来，出口一直作为拉动经济增长的"三驾马车"之一而被鼓励。历时40多年的发展，成功实现了制造业出口由无到有、由小到大、由弱到强的发展演进历程。当前，中国已经成为世界上第一大货物出口国。短短40多年的发展，中国如此雄伟的出口成绩，堪称中国对外贸易的"奇迹"（余淼杰，2018）。关于中国制造业出口"奇迹"可以从如下两个方面体现出来：

第一，中国出口规模呈现井喷式增长。具体而言，1978年中国货物出口总额仅为97.5亿美元，占当年GDP的比重仅为4.5%；1986年出口总额达到313亿美元，占当年GDP的比重首次超过10%，达到10.5%；1994年出口总额首次超过1000亿美元，占当年GDP的比重为21.5%；2007年出口总额首次超过1万亿美元，占当年GDP的比重为35%，达到历史最高水平；截至2020年，出口总额达到2.59万亿美元，占当年GDP的比重为17.64%[①]。中国出口总额持续增长，实现了年均13.29%的增长速度。虽然自2008年国际金融危机以来，中国出口增长速度有所放缓，尤其是出口总额在GDP中的比重呈现持续下滑的趋势，但是中国制造业出口总额依然保持着持续增长态势。与此同时，中国出口规模占世界出口规模比重由改革开放初期不到1%提高到2020年的14.74%[②]。由此可知，经过40多年的对外贸易，中国制造业出口规模不断扩大，占世界贸易比重持续提高，在世界贸易中占据重要地位，已经完全地融入世界经济之中，成为世界经济网络体系中的重要组成部分，由一个相对封闭的经济体转变成为全球最为开放的经济体之一。

---

① 《中国统计年鉴》，中国统计出版社2021年版。
② 《中国统计年鉴》，中国统计出版社2021年版。

第二，中国出口规模迅速扩张的同时，其内部结构也在不同的时点上呈现出显著的差异。首先，从贸易类型来看，根据统计数据可知，中国出口贸易的类型结构存在显著的三阶段特征：第一阶段为1981—1992年，出口结构以一般贸易为主，加工贸易缓慢攀升；第二阶段为1993—2007年，加工贸易比重超过一般贸易比重；第三阶段为2008年至今，一般贸易比重再次超过加工贸易比重，并缓慢提高。由此可知，中国出口贸易结构逐渐趋于合理化，出口贸易更多地依赖于一般贸易并逐渐降低对加工贸易的依赖，出口贸易的自主发展能力日趋强劲。其次，从行业技术层面来看，中国工业行业层面的出口结构也呈现出三个阶段：第一阶段为1981—1991年，工业制成品出口以轻纺和金属制品为主，而化学品及有关产品、机械及运输设备占比维持在较低的水平；第二阶段为1992—2003年，工业制成品出口依然以轻纺和金属制品为主但是占比快速下降，而机械及运输设备占比迅速上升；第三阶段为2004年至今，机械及运输设备占比超过轻纺和金属制品。由此可知，中国出口贸易中的技术含量实现了由低技术行业为主向高技术行业为主转变。随着出口行业技术水平的提高，中国制造业在全球价值链中的国际竞争力也在不断提高，由2000年全球排名第八位攀升至2014年全球第三位（戴翔、李洲，2017）。

综上所述，历经40多年的发展，中国实现了由制造业出口的规模扩张向制造业出口的转型升级转变[①]，由数量的扩张向质量的提高转变。短短40余年，中国走完了西方发达国家200年才完成的工业化道路，中国的发展创造了制造业发展的"奇迹"，成为世界上唯一一个拥有所有工业门类制造业能力的国家（黄群慧，2018），制造业也实现了由数量型出口向质量型出口转型。这种惊人的发展速度是

---

① 需要特别指出的是，转型升级是一种过程而非一种结果。"中国实现了由制造业出口规模的扩张向制造业出口的转型升级转变"，并不是指中国完成了制造业出口的转型升级，而是指中国走上了制造业出口转型升级的道路。

如何产生的？是什么原因导致的？成为学者探讨的焦点和重点。

一国出口多少、出口什么产品，已由国际贸易理论给出明确的说明。李嘉图比较优势理论和 H-O 要素禀赋比较优势理论认为一国充分发挥自身比较优势，可最小化生产成本，形成具有竞争力的产业，实现出口（Ricardo，1817；Dornbusch, et al.，1997；Dornbusch, et al.，1980）。新贸易理论和新新贸易理论认为，在具有相似禀赋结构的情况下，由于制造业存在规模经济和不完全竞争特征，使发达国家可以形成紧密的产业内贸易和产品内贸易（Krugman，1980，1981；Melitz，2003）。前者解释了产业间贸易，后者解释了产业内贸易和产品内贸易。产业间贸易、产业内贸易和产品间贸易构成了当前国家贸易的基本模式。但需要特别注意的是，四大贸易理论解释了为什么一国出口了 A 产品而不是出口 B 产品。但是其并没有回答一国出口为什么能够实现从无到有、从小到大和从弱到强，从规模扩张到转型升级。尤其是中国制造业出口的演变历程，更是无法从传统的四大国际贸易理论中得到有效的解释。

现有文献一致认为：改革开放以后，中国采取了遵循比较优势发展战略，通过充分利用丰裕且廉价的劳动力资源，最大化地降低了产品生产成本，提高了中国制造在世界市场上的竞争力，促使中国改革开放以来制造业出口实现快速的规模扩张（林毅夫等，1994；蔡昉，2018）。按照 H-O 要素禀赋比较优势理论，利用劳动力资源只能实现劳动密集型产品的出口，然而中国制造业出口却经历了由规模扩张到转型升级的演变，由劳动密集型产品出口到技术密集型产品出口，显然利用传统要素禀赋比较优势理论无法解释中国制造业出口由规模扩张到转型升级的演变历程。与此同时，现有文献从劳动者角度解读中国制造业出口奇迹时，往往假定劳动者同质性，然而劳动者是异质性的，不同的劳动者存在巨大的差异，而劳动者巨大差异源于劳动者技能的差异性。因此，利用同质化的劳动者来解读中国制造业出口奇迹显得十分简单而失去了其强大的解释力。

随着外部国际环境的不确定性增加，新时代中国制造业如何实现出口逆势反转和制造业出口转型升级,实现制造业出口数量和质量同步增长,推动制造业出口高质量发展,最终完成由国际分工的追随者向国际分工的领导者蜕变,是一个值得研究的重要课题。因此,本书基于前人研究成果和中国制造业出口40多年发展历程,在比较优势分析框架下考察技能异质性及其演变对中国制造业出口由规模扩张到转型升级的影响。本书指出,改革开放以来,在初始条件相对薄弱的基础上,采取遵循比较优势发展策略,通过发挥充裕且廉价的低技能,大力发展低技能密集型产业,能够实现制造业出口规模的迅速扩张。同时,随着低技能稀缺程度的相对提高,通过发展和壮大新技能(包括高技能和特殊技能,其中特殊技能表现为企业家才能),优化中国比较优势以逐渐偏离传统低技能比较优势,形成了高技能和特殊技能比较优势,进而推动了中国制造业出口的转型升级。本书的研究以期能够从中国过去40多年的发展历程中总结出中国制造业出口规模扩张和转型升级的内部优势,为新发展阶段制造业出口高质量发展培育内部新优势提供借鉴和政策启示,同时也为发展中经济体提供可供借鉴的中国发展经验。

第二节 研究意义

本书在比较优势分析框架下考察技能异质性及其演变对中国制造业出口由规模扩张到转型升级演变的影响,既是对现有理论文献的继承,又是对既有理论文献的丰富,从而具有一定的理论和现实意义。

一 理论意义

首先,比较优势理论往往假定技能同质化,忽视了技能的异质性。李嘉图比较优势理论基于单一要素(劳动)指出,相对劳动生产率高的行业,相对劳动力成本低,可以形成比较优势。H-O要素禀赋比较优势理论扩展了单一劳动要素，将资本纳入分析框架，指出劳动丰裕型国家可以出口劳动密集型产品，资本丰裕型国家可以出口资本密集型产品。虽然比较优势理论一直处于不断发展的过程中，但是依然未曾充分地认识到技能异质性。劳动经济学指出，劳动者的技能异质性是劳动者生产率差异的根本原因。如果忽视技能异质性，将会大大降低比较优势理论在解释现实世界中的力度。本书将技能异质性纳入比较优势理论的分析框架，是对比较优势理论技能同质性假设的扩展与丰富。

其次，贸易模式的研究缺乏对贸易演变的研究。中国制造业出口从规模扩张到转型升级是一个从无到有、从小到大、从弱到强、由数量扩张到质量提升的过程。比较优势贸易理论只能解释中国可以出口什么产品，但是无法解释为什么中国实现了制造业出口从规模扩张到转型升级。因此，本书在比较优势理论的分析框架下考察技能异质性及其演变对中国制造业出口由规模扩张到转型升级演变的影响，丰富了贸易理论对一国制造业出口演变的解释。

最后，探寻中国制造业出口演变的内因——技能异质性及其演变。一国内部优势才是一国制造业持续高质量出口的根本源泉。既有文献对中国制造业出口演变的解读往往更加注重外部因素的推动作用[1]，但外部因素往往只能起到治标不治本的作用[2]，无法从根本上实现中国制造业出口由规模扩张到转型升级的演变。尤其是新发展阶段外部环境持续恶化、不确定性不断增强的背景下，更需要探索中国制造业出口高质量发展的内源动力。本书考察技能异质性对中国制造业出口由规模扩张到转型升级演变的影响，丰富了中国制造业出口演变的内因说。

---

[1] 具体可见第二章文献回顾有关中国制造业出口转型升级的原因部分。

[2] 一旦外部因素发生了巨大变化，将会极大地冲击到一国制造业的出口。例如，2008年国际金融危机使中国出口贸易总额从2008年的1.43万亿美元下降到2009年的1.20万亿美元。

二 现实意义

首先,中国发展道路的世界意义。中国作为世界上最大的发展中国家,能够成功地实现制造业出口由规模扩张到转型升级演变,其经验具有一定的普遍意义。成功地解读中国制造业出口由规模扩张到转型升级演变的内在原因,可以为世界上其他发展中国家实现制造业出口演变提供可供借鉴的经验。

其次,中国制造业高质量发展的指导意义。当前中国已步入新发展阶段,经济增长由高速转向中低速,在保持一定增长速度的同时更加重视质量的提升。质量的改善极大地取决于劳动者的创造力,充分认识到不同技能劳动者在中国过去制造业出口由规模扩张到转型升级演变过程中的作用,可以为新发展阶段高质量发展提供有益的政策指导。此外,虽然40多年的发展,中国制造业出口由规模扩张到转型升级演变是成功的,但是在未来世界格局变幻莫测、中美竞争日趋激烈的情况下,是否能够取胜,还需要做更多。而充分发挥不同技能劳动者在制造业高质量发展中的作用至关重要,尤其是更大地发挥具有更强创造性破坏的特殊技能——企业家才能。

第三节 研究思路与方法

一 研究思路

本书目的在于基于比较优势理论分析框架,将技能异质性纳入该分析框架,考察中国改革开放40多年如何通过遵循传统低技能比较优势到培育高技能和特殊技能比较优势以逐渐偏离低技能比较优势发展思路,实现了制造业出口由规模扩张到转型升级的发展道路。因此,基于本书的研究目的,本书的基本思路为描述特征事实—发现问题—构建一般分析架构—解释问题—解决问题。

具体而言：首先，通过描述中国劳动者技能演变和制造业出口演变的特征事实，指出中国劳动者技能演变和制造业出口演变的实际情况和基本路径，继而提出劳动者技能演变对制造业出口由规模扩张到转型升级影响的基本判断。其次，在参考相关文献的基础上，具体化劳动者技能异质性、制造业出口演变、遵循优化比较优势内涵，然后构建技能异质性与制造业出口演变之间的基本逻辑框架和逻辑关系。再次，从两个策略——遵循比较优势和优化比较优势——来论证，中国制造业出口如何实现由规模扩张到转型升级演变。其中，优化比较优势策略又划分为两个方面：一方面为高技能扩张所引起的产品技术复杂度的提升、产品质量的改进和产品多样性的增加；另一方面，从企业家—企业家才能角度论证，企业家的创新才能和创业才能对制造业出口的转型升级影响。然后，基于本书研究框架和研究结论，以及新发展阶段特征，提出新发展阶段中国制造业出口高质量发展的技能培育路径。最后，通过总结全书的结论，凝练出中国制造业出口演变的成功经验，指出中国道路的世界意义。同时，也进一步指出本书未来的努力方向。

二 研究方法

为实现本书研究之目的，综合采用多种研究方法以合理地阐述和论证全文核心思想，具体包括：

第一，归纳推理和演绎推理法。一方面，根据已有文献的观点和现实经济的基本特征，对技能异质性与国际贸易关系的基本逻辑进行严格的逻辑推导并进行归纳总结，进而抽象出相应的研究问题；另一方面，采用演绎推理的方法和归纳推理的方法，在合适的地方、运用标准的数理建模方法，对相关问题进行严格的论证，从而推导出理论命题和研究假说。

第二，实证分析法。现代经济学一方面要求用严格的逻辑演绎法推导出相应的理论命题和研究假说，另一方面为了论证该假说的准确性，必须要借助实证研究方法，通过运用现实中记录下来的数据，结合标准的计量经济学工具，利用软件进行实证分析，以论证理论假说的准确性，从而使论证结果臻于完善。具体而言，主要有 OLS 方法、GMM 方法、2SLS 方法和合成控制法等现代计量方法。

第三，历史分析法。本书在提出研究问题的过程中，需要对中国过去 40 多年的制造业出口情况进行分析，以指出中国制造业出口的基本特征与事实，以历史事实及其特征为本研究提供导引；在进行经验论证的过程中也需要采用历史分析法，厘清中国技能异质性变化的实际情况，从而更好地还原历史事实。

第四节 研究内容与框架

一 研究内容

根据本书的研究背景和研究目的，本书在比较优势理论分析框架下以中国制造业出口的基本事实和特征为基础，以技能异质性为出发点，通过考察中国在制造业出口过程中采取由遵循比较优势策略到优化比较优势策略，继而实现了制造业出口由规模扩张到转型升级的演变。因此，本书以比较优势为视角，以技能异质性为切入点，考察中国制造业出口的规模扩张和转型升级路径，从而为中国未来转型为制造业出口强国提供一定的合理政策启示。本书的主要内容安排如下：

第一章导论，主要介绍本书的选题背景、研究目的、研究意义、研究方法及其本书可能的创新点，从而导引出全文。

第二章文献回顾与评述。首先，陈述既有的四大国际贸易理论，并给予评述，进而指出四大国际贸易理论对解读中国制造业出口演化历程中存在一定的缺陷；其次，介绍技能异质性的概念、技能异质性对国际贸易的影响；再次，综述既有文献中对中国制造业出口演化历程原因的解读；最后，通过对三类文献的回顾，进而指出三类文献可能存在的缺陷与不足。

第三章概念界定与理论框架。首先，概念解读。界定和分解技能异质性的内涵、界定和分解制造业出口转型升级，以及解读与本书相关的比较优势策略——遵循比较优势策略和优化比较优势策略。其次，基于比较优势理论分析框架，从理论上分析技能异质性及其演化对一国制造业出口规模扩张和转型升级的逻辑关系。

第四章技能异质性与中国制造业出口演变：40余年的发展历程。首先，具体化中国改革开放以来三种技能的演变历程。表现为初始改革的突破口——释放充裕的低技能；发展途中的转折点——迅速扩张的高技能；夹缝生存的新力量——不断壮大的特殊技能。其次，具体化中国制造业出口的演进特征。表现为中国制造业出口总量特征——规模扩张；中国制造业出口结构特征——转型升级。最后，从技能异质性及其演变和制造业出口规模扩张和转型升级的基本事实特征指出二者之间的联系。

第五章遵循比较优势策略：释放低技能劳动者的出口规模扩张效应。即通过发挥丰裕且廉价的低技能，促进中国制造业迅速参与国际分工，实现中国制造业出口规模迅速扩张。根据传统国际贸易理论可知，一国参与国际贸易的源泉源于该国的比较优势。对于发展中大国而言，初始比较优势主要以丰裕且廉价的低技能为主。其初始比较优势可以分为两个方面，一方面是来自一般贸易方式下发展起来的低技能密集型产业，另一方面来自国际垂直专业化分工背景下所发生的产业内、产品内贸易，将大量的加工贸易转向了劳动力丰裕且廉价的发展中国家。因此，从发展中国家自身所积累形成的传统行业的比较优势和国际垂直专业化分工所衍生出来的加工贸易，为发展中国家参与国家贸易提供了初始条件。然后利用中国改革开放以来的历史经验事实对其加以经验佐证。

第六章优化比较优势策略Ⅰ：高技能劳动者扩张的出口转型升级效应。在遵循低技能比较优势策略的过程中，中国政府一直致力于发展和完善高等教育事业，培育高技能劳动者。随着低技能剩余的减少，低技能比较优势的弱化，中国政府于1999年推行了高校扩招政策，该政策的推行极大地增加了高技能劳动者的供给，强化了高技能禀赋优势。高技能劳动者的技能优势为实现制造业出口的转型升级提供了技能基础。1999年高校扩招政策的推行，丰裕了高技能劳动者，对21世纪初中国制造业出口的转型升级发挥了重要的促进作用。随后利用中国1999年高校扩招政策作为准自然实验，借助23个国家1995—2014年跨国面板数据，采用合成控制法，检验中国高技能劳动者扩张对制造业出口转型升级的影响。

第七章优化比较优势策略Ⅱ：企业家才能的出口转型升级效应。改革开放以来，中国经济体制逐渐由计划经济体制向社会主义市场经济体制转变。社会主义市场经济体制的建立健全，促进了市场的发育，改善了市场条件，为企业家才能的发展和壮大提供了天然的市场环境，激发了全社会的企业家精神，壮大了企业家群体。由于企业家才能类型差异，高质量型企业家才能是以创新为根本，因此中国21世纪初开始的以海外归国人员和工程师为主体的第三次创业浪潮将中国企业家才能转型为高质量型企业家才能，从而也为21世纪初中国制造业出口的转型升级做出了重要贡献。因此，企业家才能作为一种特殊技能，21世纪初兴起的高质量型企业家才能成为21世纪初中国制造业出口转型升级的另一个重要技能因素。随后，本章利用中国省际层面的数据检验了中国企业家才能对制造业出口转型升级的促进作用。

第八章新发展阶段制造业出口高质量发展的技能培育路径设计。首先结合当前中国经济发展实际情况，总结新发展阶段中国制造业出口高质量发展面临的技能阻碍，主要包括低技能稀缺性日益增强、高技能规模与质量不匹配日益突出、制约企业家才能的市场环境依然存在、技能互补效应缺乏应有的重视。随后基于上述四个方面的阻碍，指出新发展阶段中国制造业出口高质量发展的路径设计，即改革人口政策削弱人口老龄化的负面效应、扩大高等教育者方差实现高等教育高质量发展、营造市场环境激励激发企业家才能、重视技能互补效应以夯实制造业高质量发展的技能根基。

第九章结论与展望。综合全书的结论,指出中国制造业成功实现由规模扩张到转型升级演变的可推广经验,以为世界其他转型发展经济体提供可能的政策启示。在此基础上,指出本书可能有待进一步研究的方向和突破点。

二 本书研究框架

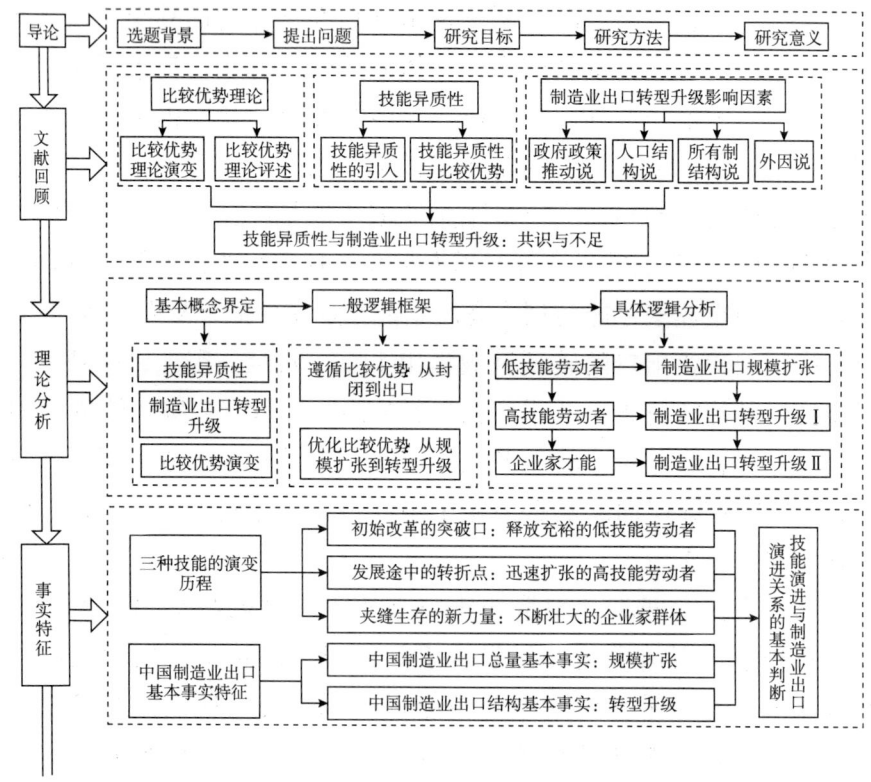

图 1-1 本书研究框架

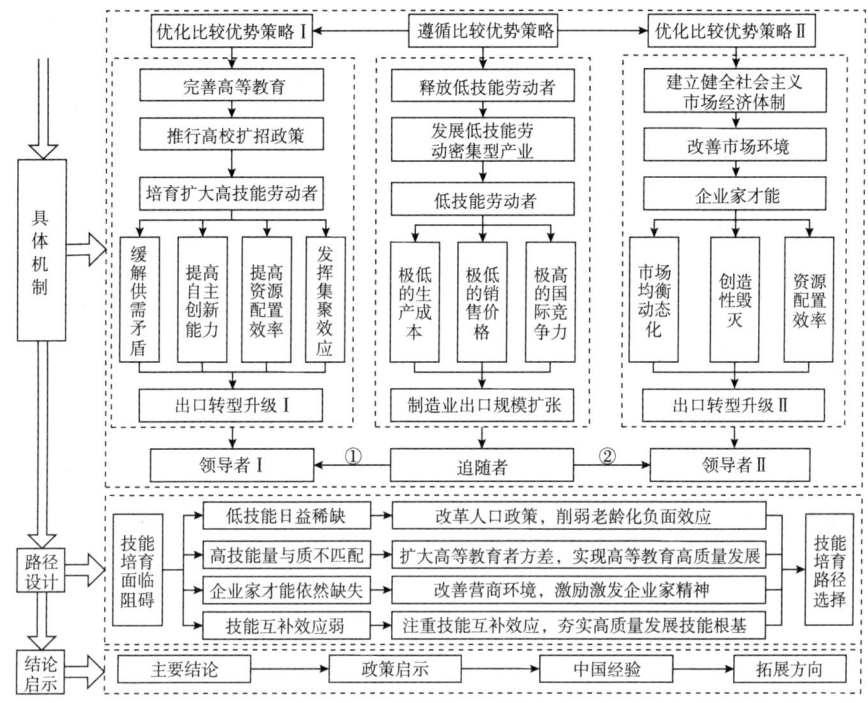

图1-1 本书研究框架（续）

第五节 研究的创新之处

新发展阶段制造业出口高质量发展是创新型国家建设的重要议题。在外部环境不确定性不断增加的情况下，挖掘、开发中国内部要素优势，增强制造业出口高质量发展的内源动力，是新发展阶段制造业出口高质量发展的重要举措。在既有理论文献的基础上，本书在比较优势理论分析框架下，考察了技能异质性及其演变对中国制造业出口由规模扩张到转型升级演进的影响。本书研究的创新有如下几点：

第一，本书在比较优势理论分析框架下以技能异质性为切入点，考察中国制造业出口从规模扩张到转型升级的演变过程。长期以来，国际贸易理论领域以比较优势理论和新贸易理论为核心理论。前者认为处于绝对优势的 A 国和处于绝对劣势的 B 国之间仍然存在国际贸易，其原因在于 A 国和 B 国可以专业化于自己具有比较优势的产业，通过贸易可以实现 A 国和 B 国福利水平的提升，实现双赢之目的；后者认为，在 A 国和 B 国之间不存在比较优势的情况下，只要存在规模经济和不完全竞争，那么 A 国与 B 国进行贸易，同样可以达到双边福利水平提升之目的。其理论假设中，均假设劳动力同质性，即不存在劳动者技能的异质性问题。然而在现实世界中，劳动者之间存在显著的差异，表现为不同的劳动者具有不同的劳动技能。因此，将劳动者异质性——不同劳动者之间的技能异质性——纳入比较优势理论分析框架中，具有一定的创新性。

第二，本书在已有的文献基础上，将技能异质性具体化，从而便利化中国制造业出口从规模扩张到转型升级的研究。已有的文献将技能异质性划分为低技能和高技能，其等同于"非熟练劳动力"与"熟练劳动力""生产性工人"与"非生产性工人""蓝领"与"白领"（芬斯特拉，2011）。在具体衡量低技能劳动者和高技能劳动者时，文献通常采用受教育年限作为区分依据，具体表现为具有高等教育及以上学历者属于高技能劳动者、未接受过高等教育的劳动者属于低技能劳动者。然而，这种衡量标准可能存在一定的不足之处，其原因在于，相关文献和事实表明，企业家作为一组具有冒险、创新精神的群体，教育程度与企业家才能之间并不存在显著的正向关系，将教育程度高低作为界定技能高低值得商榷。因此，本书在参考大量文献和考察大量事实的基础上，认为企业家才能一方面属于"白领"和"非生产性工人"行列，但同时又不完全属于接受过高等教育人群，因此，在已有的文献基础上，将企业家才能作为技能异质性的一部分考虑，从而进一步完善从技能异质性方面理解中国制造业出口演化的路径。

第三，从技能异质性角度考察中国制造业出口由规模扩张到转型升级的演变。从已有的文献来看，大多数文献主要集中于考察政府政策推动说、人口结构说、所有制结构说、外因说等，却很少基于技能异质性进行考察。物质资本和技术创新都需要经过长期的积累，在中国改革开放初期，物质资本是稀缺的、人力资本是匮乏的，技术创新就更为困难。到了21世纪，物资资本逐渐丰裕、人力资本逐渐充足、技术创新也缓慢发生，但是这些都需要前期大量的积累。本书先考察了在改革开放初期，通过发挥丰裕的低技能，大力发展低技能密集型产业，实现制造业出口规模的迅速扩张。在遵循低技能比较优势的同时，通过完善高等教育以培育高技能劳动者和建立健全社会主义市场经济体制激发企业家才能，以逐渐偏离低技能劳动比较优势，继而实现制造业出口的转型升级。本书在既有文献的基础上，深入中国内部要素结构，将技能异质性及其演变纳入比较优势理论分析框架之中进行考察。一国内部劳动者技能是一国比较优势的重要来源，因此考察劳动者技能对制造业出口由规模扩张到转型升级演变的影响是探析一国制造业出口演变的内源动力，有别于当前大量文献所认为的外部因素推动说。

第 二 章

文献回顾与评述

第一节 比较优势理论演变与评述

一 比较优势理论的演变

（一）国际贸易领域的四大理论

长期以来，国际贸易理论领域围绕着一国为何出口以及出口什么商品而展开研究。最早考察国际贸易的理论源自亚当·斯密《国富论》中提出的绝对优势学说。但由于绝对优势学说存在固有的局限性，1817年李嘉图的《政治经济学及赋税原理》一书提出了比较优势学说。自此，比较优势学说成为研究国际贸易的理论基石。历经200余年的发展，国际贸易领域主要形成了两类理论：一是考察产业间贸易的比较优势学说，包括李嘉图比较优势理论和H-O要素禀赋比较优势理论；二是考察产业内贸易的规模经济学说，包括克鲁格曼的新贸易理论（Krugman，1980，1981）和Melitz的新新贸易理论（Melitz，2003）。

产业间贸易的比较优势学说基本假设为：规模报酬不变和完全竞争。但李嘉图比较优势理论与H-O要素禀赋比较优势理论存在差异。李嘉图比较优势理论强调两国生产率的差异源于技术水平的差异，如果 A 国在生产 a 产品方面具有相对更好的技术水平时，会形成相对更高的劳动生产率，那么 A 国在生产 a 产品方面具有比较优势，并且出口 a 产品，同时进口比较劣势产品。李嘉图比较优势学说后经 Dornbusch 等（1977）以两国连续型产品进行模型化分析，指出一国专业化生产并出口具有比较优势的产品范围为 $0 \leqslant z \leqslant \tilde{z}$，而外国则专业化生产并出口具有比较优势的产品范围为 $\tilde{z} \leqslant z \leqslant 1$。鉴于李嘉图比较优势理论进行实证检验存在较大困难，Eaton 和 Kortum（2002）将技术差距、冰山成本同时纳入李嘉图国际贸易理论模型中，并建立了多国模型。该模型将李嘉图比较优势理论正式纳入现代经济学研究范畴，既呈现出理论模型，又为李嘉图比较优势理论的实证检验提供了依据，因此该模型得到了广泛运用。

而 H-O 要素禀赋比较优势理论则强调两国生产率的差异源自两国各自要素禀赋的差异，如果 A 国要素结构表现为具有更为丰裕劳动力资源，那么 A 国在生产劳动密集型产品方面具有更低的成本，在国际市场上具有更高的竞争力，从而出口劳动密集型产品，同时进口资本密集型产品。H-O 要素禀赋比较优势学说后经 Dornbusch 等（1980）建立了两国、两要素连续型产品的理论模型。现实中要素往往不仅包括劳动和资本，而且还包括土地、技术等，基于此 Vanek（1968）将两要素 H-O 理论扩展为两国多要素理论，进而形成了 H-O-V 理论。

另有文献基于生产率和要素禀赋的视角，Davis（1995）从 Heckscher-Ohlin-Ricardo 角度研究产业内贸易，将李嘉图贸易理论引入到 H-O 框架内，指出产业内贸易的基本特征表明生产率的差异是非常重要的，而规模报酬并不是产业内贸易的必要条件。该文献的存在为从比较优势理论视角分析制造业层面的出口奠定了基础（Krugman, et al., 2015）。

产业内贸易的规模经济学说基本假设为：规模报酬递增和不完

全竞争。根据模型的考察对象差异，进一步可划分为新贸易理论和新新贸易理论，其中新新贸易假定企业生产率的异质性。具体而言，新贸易理论以克鲁格曼为代表，基于 D-S 垄断竞争的市场结构，结合规模经济特征，提出了新贸易理论，以解释在没有比较优势的假设前提下，由于规模经济、垄断竞争，形成产业内贸易。其认为，在存在规模经济和不完全竞争市场中，每个国家都会集中生产行业内某些品牌的产品，以实现规模经济效益、降低生产成本和产品价格的目的，然后出口集中生产的少数品牌产品而进口其他品牌产品。新新贸易理论以 Melitz 为代表，假设企业生产率服从一个 $Pareto$ 分布，不同的企业对应着不同的生产率水平，从而决定了一个企业是选择出口还是选择不出口。由于生产过程中存在一定的固定生产成本，那些生产率水平最低的企业由于不能通过生产弥补生产成本，进而亏损并退出市场。而生产率较高的企业由于能够通过生产弥补成本，因而可以产生盈利并在市场上存活。只有生产率最高的企业才能够弥补出口固定成本，实现出口。因此，新新贸易理论认为生产率最高的企业才会出口。部分文献早于 Melitz（2003）就已经开始论述异质性企业贸易问题，例如 Bernard 等（2003）、Jean（2002）和 Montagna（2001），但是此三篇文献未能产生像 Melitz（2003）如此影响程度的原因可能在于其模型过于复杂或者期刊等级较低（刘晴，2015）。

综上所述，自 1817 年李嘉图《政治经济学及赋税原理》一书提出比较优势学说以来，历经 200 余年，国际贸易理论围绕着一国为何出口以及出口什么商品展开研究，由产业间贸易向产业内贸易转变，市场结构假设由完全竞争向不完全竞争、由规模报酬不变到规模报酬递增、由企业同质性向企业异质性转向，极大地丰富和完善了国际贸易理论，更为深刻地揭示了一国为何出口以及出口的产品种类。

（二）比较优势学说与新贸易理论的融合

虽然规模经济学说摒弃了传统比较优势学说，但是，由于比较优势学说内涵的简洁性和完美性，无论新贸易理论如何发展，总会有学者试图将新贸易理论与比较优势理论相融合，以期利用比较优势理论与新贸易理论解释全部国际贸易现象。关于比较优势理论与新贸易理论的融合主要包括两个方面，即李嘉图比较优势理论与新贸易理论融合和 H-O 要素禀赋比较优势理论与新贸易理论融合。

关于李嘉图比较优势理论[①]与新贸易理论的融合，文献相对较多，研究较为深入。主要表现在如下几篇文献。

第一，Bernard 等（2003）将 Bertrand 竞争引入 Ricardian 框架中，建立了多个国家、冰山成本和不完全竞争理论模型。该模型试图在 Ricardian 框架中考虑生产层面的生产者异质性问题，其必须具备三个关键组成部分：首先，需要认识到厂商（Plant）层面的异质性问题，因此在李嘉图模型中引入了生产者与国家的技术效率差异；其次，需要解释在同一个行业内部，同时存在出口生产者与纯粹供应国内的生产者现象，因此，冰山成本需要被引入；最后，为了不使技术效率的差异完全被产出价格所包含，需要引入不完全竞争因素。考虑到上述三个方面的原因，Bernard 等将不完全竞争因素纳入李嘉图比较优势框架中。该文最终得到如下结论：在 Bertrand 竞争条件下，相对于封闭竞争情况下，具有更高生产率的生产者倾向于具有更大的成本优势，从而设定更高的成本加成，并表现出更高的生产效率。与此同时，更有效率的生产者也更容易面对更有效率的竞争对手，在有弹性需求的情况下，提供更低的价格并销售更多的产量。另外，最有效率的生产者在国际市场上具有更高的竞争力，进而击败竞争对手。

该模型将不完全竞争市场结构纳入李嘉图比较优势框架内，得到了与 Melitz 异质性企业理论相似的结论，即生产率最低的企业无

---

① 有关李嘉图比较优势理论的更为详细的文献综述可参考段亚丁和车维汉（2014）的文献。

法有效弥补生产成本进而退市、生产率较高的企业选择不出口只供给国内市场，而生产率最高的企业则可以在国际市场上占据一席之地。因此，在之后的文献中，往往将二者同等看待。但是，二者的本质差异在于 Bernard 模型并未考虑规模经济效益，而 Melitz 模型则建立在规模经济的基础之上。

第二，李嘉图比较优势理论与 Chamberlinian 垄断竞争结构相结合，并进一步扩展至国家——行业层面。Kikuchi 等（2008）提供了一个简单的贸易模型，强调了 Ricardian 跨国技术差异和 Chamberlinian 垄断竞争的关系。该模型采用标准的单一要素模型，扩展分析了行业固定成本和边际成本的跨国技术差异。研究结论表明，跨国间的技术差异和异质性产品生产者的垄断竞争的相互关系决定了国家—产业贸易模式。特别地，产业内贸易的出现依赖于技术指标的形式。如果发生技术转移并且国家间相同的产业份额变大，那么产业内贸易也会出现。该模型将李嘉图比较优势理论与 Chamberlinian 垄断竞争结构相结合，有效地解释了世界范围内产业内贸易不断增加的现象。

第三，李嘉图比较优势理论与斯密的分工理论相结合。在杨小凯（2003）看来，李嘉图比较优势理论属于外生比较优势理论，而斯密的分工理论属于内生比较优势理论。分工起源的根本在于外生的异质性，内生的异质性是作为分工的结果而出现（蔡继明和李亚鹏，2011）。Yu（2011）将斯密的分工理论与李嘉图的比较优势理论结合起来，考察了在国际贸易中分工是受到技术的限制而非市场规模的限制。将劳动分工引入连续型商品的李嘉图模式中，通过权衡生产过程中的效率增加和协调成本的变化，进而决定了劳动分工效率的水平，内生化了传统比较优势理论。

第四，李嘉图比较优势理论与规模报酬递增的结合。Soo（2016）将李嘉图的比较优势与规模报酬递增结合起来，考察了具有一个连续性的国家和部门特质的国际贸易，其中包括产业内贸易和产业间贸易。该模型预测了产业内贸易的贸易加权 GL 指数与出口部门数量之间存在显著的正向关系,与进口部门数量呈现显著的负向关系。利用 UN Comtrade 数据库中国家面板数据支撑了上述假说,并指出该结论更适合非 OECD 国家。

第五,DFS 框架与企业异质性的结合。Toshihiro(2009)扩展了 1977 年 Dornbusch-Fischer-Samuelson 框架,通过考虑企业异质性假设,给出了相关预测。相比于其他异质性企业文献,其预测更具有一般化,且具有更突出的特性。结论表明,遵循 Ricardian 比较优势,在一些部门中拥有更大数量的出口者的国家具有比较优势。同时,存在工资率和企业出口数量的本地市场效应。其保留了 Melitz 异质性企业模型中的机制:出口企业具有更高的生产率,贸易自由化引起利润转移效应和市场选择效应。结果表明,贸易自由化强化了 Ricardian 比较优势:双向贸易行业的数量,最终使所有部门都遵循比较优势并倾向于单方面的贸易。

关于 H-O 要素禀赋比较优势与新贸易理论的融合研究相对较少,其原因在于要素禀赋比较优势理论强调资源在行业间和国家间的分配,而异质性企业强调资源在企业间配置。二者的差异并没有像李嘉图比较优势与新贸易理论的差异那么大。具体而言,有如下两个主要文献:第一,Romalis(2004)将多国连续型商品 H-O 模型和 Krugman(1980)规模经济和差异化产品驱动的产业内贸易联系起来。其结论表明,一国在密集使用丰裕要素时,会获得更大的世界市场份额;如果某个国家的某种要素发生了快速积累,则该国将会使国内生产和出口转向该要素。第二,Bernard 等(2007)在一般均衡框架下考虑了要素禀赋比较优势模型中的异质性企业。研究结果表明,行业内和行业间同时发生资源再配置,引起就业在所有行业中发生变化。比较优势行业中发生就业创造,不具有比较优势行业中发生了就业减少;比较优势行业中发生企业创新者破坏;在比较优势行业高生产率企业增长更快,从而提高了整个经济的生产率。与此同时,生产率的提高引起价格指数的下降、丰裕要素回报的提高,而稀缺要素的损失也会减少,在一定程度上会提高稀缺要素的回报；国家的比较优势因企业的异质性而被放大，从而创造了新的福利。综上所述，当 H-O 要素禀赋比较优势与新贸易理论结合之后，实现了企业行为与行业要素密集度、国家要素禀赋结构的联动，从而更好地刻画了国家要素禀赋结构、行业要素密集度和企业行为。

（三）比较优势学说的检验

自比较优势理论提出以来，实证贸易学家开始不断检验比较优势学说的真实性。关于比较优势理论的检验，文献主要对 H-O 定理进行检验（Feenstra, 2016），却很少有文献论证李嘉图比较优势理论（Costinot, et al., 2012；段亚丁和车维汉，2014）。同时考察李嘉图生产率比较优势理论和 H-O 要素禀赋比较优势理论的文献则更少。

首先，关于李嘉图比较优势学说的检验。李嘉图比较优势理论内在逻辑的精美性，导致实证研究者一直止步不前。直到 1963 年 Balassa 利用 1951 年 26 个制造业中美国和英国的出口比例与美国和英国的劳动生产率比例进行了实证检验。结论表明，26 个观测值基本上沿着一条向上倾斜的直线两侧均匀分布，即某一行业在美国相对于英国的劳动生产率越高，该行业美国相对于英国的出口就越多。从而证明了李嘉图比较优势学说的结论。之后 Balassa（1965）进一步提出了显性比较优势（Revealed Comparative Advantage）以衡量一国比较优势程度，该方法得到了普遍应用。而利用规范的现代经济学方法验证李嘉图模型，直到 2012 年才有了实质性的进展。Costinot 等（2012）基于 E-K 框架建立了一个行业层面的李嘉图比较优势理论的数量分析模型，然后利用 1997 年 21 个国家 ISIC Rev. 3.1 编码行业层面的数据验证贸易量与生产率关系，从而使李嘉图模型由教学工具转变为实际可验证的模型。但是验证李嘉图理论需要克服一个重要的关键性经验挑战。正如李嘉图比较优势理论预测的那样，不同的经济活动中，生产要素的专业化也不同是基于相对生产率差异而产生的。然而，李嘉图理论中的关键性变量，即相对生产率，是不能被观测到的。从计量经济学的角度来看,李嘉图模型不是非参数方法可识别的。Costinot 和 Donaldson(2012)利用包含了 17 个主要农作物和 55 个主要农业国的数据进行研究,结果表明,预测的产出水平与真实的数据结果相一致。在考虑所有可能对李嘉图模型产生影响的因素后,研究结果表明对数化产出与对数化预测值之间的斜率为 0.21。该结果在样本和设定下是稳健的。关于李嘉图比较优势理论的实证研究中,更多的学者倾向于寻找证据证明李嘉图比较优势理论的存在性、真实性和解释现实世界国际贸易的程度。

其次,关于 H-O 要素禀赋比较优势学说的检验。自 H-O 定理提出以来,实证研究者进行了广泛的讨论,但依然无法获得一致结论。关于 H-O 要素禀赋比较优势理论的实证研究中更多地是对该理论的反驳。其中关于 H-O 要素禀赋比较优势理论最有反驳力的是来自于 Leontief(1953)对美国对外贸易中要素含量的测算,指出资本丰裕的美国出口劳动密集型产品,进口资本密集型产品,简称"里昂惕夫之谜"(Leontief Paradox)。更进一步地,Trefler(1995)测算结果表明,美国对外贸易的要素含量占理论预测含量的 3.2%,该发现被称为"贸易的消失之谜"(the Mystery of Missing Trade)。由此可知,要素禀赋理论并没有得到有效的验证。关于里昂惕夫之谜或者贸易消失之谜的解释,产生了大量丰富的观点和不一致的结论,有从生产要素角度解释里昂惕夫之谜,有从生产率角度解释里昂惕夫之谜,还有从要素密集度逆转、消费偏好逆转、贸易政策演变等角度进行解释(安佳,2012)[①]。而 Harrigan(1997)则指出,只有当对各国生产率差异进行微小调整,要素禀赋理论才能成立。由此可知,抛弃生产率差异,要素禀赋理论对贸易模式的预测能力将会大大降低。Davis 和 Weinstein(2001)更是指出半个世纪以来的实证研究工作试图还原商品贸易中的要素含量均以失败而告终。但是其同

---

① 有关里昂惕夫之谜的解释的详细文献解读可参考安佳(2012)、Feenstra(2016)的相关章节。

时也指出，当允许用技术差异来修正 H-O-V 理论时，OECD 国家和世界其他国家的加总数据就可以检验要素价格均等化的存在。由是观之，要素禀赋比较优势理论的实证研究依然任重而道远。

最后，综合检验李嘉图比较优势理论和 H-O 要素禀赋比较优势理论。Findly 和 Grubert（1959）较早地将 Ricardian 和 H-O 模型融合在一起，采用两国、两种商品、两类要素，以考虑 Ricardian 生产率和要素丰裕度影响要素价格和生产模式的联合效应。Harrigan（1997a，b）检验了 TFP 和要素禀赋对专业化的贡献。Bernard 等（2007）利用 Melitz（2003）的异质性企业模型，加入差异化的要素丰裕度，以考察异质性企业生产率差异与要素丰裕度差异对贸易模式的影响。Morrow（2010）在 Romalis（2004）的理论基础上，加入李嘉图生产率差异变量，从理论和实证两个角度，同时考察李嘉图生产率与要素禀赋在决定比较优势中的作用。理论研究结果表明：在检验 H-O 定理时，当要素价格不可观测时，遗漏生产率变量会导致一个严重的遗漏变量偏误。要素丰裕度和生产率的累积效应会归于要素丰裕度，因为不能将供给曲线的变化和需求曲线的变化区分清楚。在熟练劳动丰裕的国家中，如果 TFP 与熟练劳动密集度负相关，那么 H-O 机制不可能在数据上体现出来。在第一种情况下，R-H-O 模型提供了对于一个给定的生产模式的富有意义地替代假说和一个解决遗漏变量偏误的方案；在第二种情况下，H-O 的预测就能得到支撑；另外，如果 TFP 与要素密集度无关，那么就根本不可能期望 TFP 影响 H-O 的预测。实证研究检验结果表明：通过综合跨国间的要素禀赋和相对生产率的差异，建立并估计了一个统一且容易处理的比较优势理论模型，认为生产率的差异对解释 H-O 模型的要素禀赋差异没有显著的作用，而 H-O 模型的要素禀赋差异却可以对生产率的差异进行有效的检验。如果忽视了其中的一个条件，那么将会产生一种有偏估计，从而使估计结果不稳健。通过 Morrow（2010）这篇文献可知，在考察生产率差异和要素禀赋差异对比较优势及出口贸易方面的影响时，应该同时考察两个因素的作用，不能忽视其中一个而单独考察另一个因素。

综上所述，关于比较优势理论的实证研究依然未达到理想之目标。李嘉图比较优势理论的实证研究已经取得了较大的进步，但依然未完全检验李嘉图比较优势的存在性；而 H-O 要素禀赋比较优势理论的实证研究则表现出了更多的不致性，大量的文献不仅没有验证，反而呈现出背离要素禀赋的结论。

二 比较优势学说的评述

自 1817 年李嘉图提出劳动成本比较优势理论以来，比较优势理论一直处于不断发展的过程中，从李嘉图比较优势到 H-O 要素禀赋比较优势，再到比较优势与新贸易理论的结合。无论从理论的发展脉络来看，还是从实证研究的最新进展来看，比较优势理论依然焕发着不可忽视的光芒，同时在不断发展和融合的过程中比较优势理论被赋予了更为丰富的内涵（郭界秀，2013）。总体而言，无论是李嘉图比较优势理论还是 H-O 要素禀赋比较优势理论，都遵循着从一个经济体自身的优势出发，通过发挥自身相对优势，形成专业化分工，从而建立有竞争力的产业。因此，其基本内涵依然未曾动摇，并且随着经济社会的发展，异质性日益突出的今天，其重要性将会越来越明显。

另外，从基本原理来看，李嘉图比较优势理论源自劳动价值论（高师岸根，1983；蔡继明，2010；Meoqui，2011），即劳动是创造价值的源泉。劳动生产时间的耗费多少，形成劳动投入成本，进而反映出劳动生产率的差异；而 H-O 要素禀赋理论源于要素价值论，从边际收益等于边际成本出发，将要素投入和要素产出之间建立关联，体现出不同要素在产出中的贡献。当某种要素相对丰裕时，如果密集使用该丰裕要素，那么密集使用丰裕要素的贡献将会大于非密集使用要素的贡献，进而形成具有一定的相对优势。

第二节　技能异质性的引入与发展

一　技能异质性在经济学中的演进

随着经济社会的发展，价值观念的变化和人之个性的释放，人与人之间的差异逐渐扩大。不同的劳动者之间存在巨大的生产率差异，如一个普通的农民与一个普通的制造业工人，一个生产流水线上的工人与一个CEO，一个CEO与一个企业家等。劳动者的异质性逐渐得到研究者的重视，并试图将劳动者的异质性纳入经济学研究范围之内。在传统的经济学研究中，虽然某些外在不可抗的系统性因素会引起劳动者生产率差异，如劳动力市场中的摩擦或者制度性因素等。然而，这些因素所引起的劳动者生产率差异并非是由于劳动者异质性所引起的。真正引起劳动者生产率差异的是劳动者自身的差异所产生的，也就是说，对于每一个个体在初始禀赋方面存在差异，如智商、身体素质等，并且在后天的习得中也存在差异，如生活经历、家庭环境、学校教育等。劳动者由于天生的智力等和后天的习得所带来的每一个劳动者生产技能的差异，最终表现为劳动者生产率的差异。因此，劳动者异质性引起劳动者技能差异，并最终表现为劳动者生产率的差异。

文献中有关劳动者异质性的研究相对较晚，但是对劳动者生产率之差异的观察和描述却是由来已久。亚当·斯密《国富论》中就注意到了不同劳动者技能之间的差异，并且分析到人与人之间技能差异源于因分工而日专。同样地，马克思也注意到了劳动者技能异质性问题，基于劳动的熟练强度、程度、复杂度的不同，将劳动分为简单劳动和复杂劳动。关于劳动者生产率差异的原因分析中，庇古则指出教育和培训对劳动生产率的影响十分重要。随着经济社会的复杂化，劳动者异质性在经济活动中的重要性越来越突出，考察将劳动者技能异质性纳入经济学分析框架内，以弥补新古典经济学中有关劳动者同质性假设之不足。

随着经济学的发展，劳动者技能异质性逐渐纳入经济学的规范分析中。经济学家开始讨论劳动者技能异质性的内涵。从内涵界定方面来看，劳动者异质性主要是指劳动力之间存在的各种差异总和（蔡继明，2010；孙敬水、丁宁，2019）。例如，Dickens 和 Katz（1987）把劳动者异质性界定为知识、管理技能、健康素质等方面的差异。Halici 等（2012）认为劳动者异质性包含人与人之间与生俱来的差异（如年龄、性别、出身背景、身体素质、大脑机能等）以及在社会化进程中形成的（如知识水平、地域背景、婚姻状况、工作经历、宗教信仰、行为习惯、交流方式等）。而 Parrotta 等（2014）则指出因教育差异而引起的劳动力投入差异对企业生产率的差异产生重要影响。由此可见，劳动者技能异质性内涵丰富，并无统一定义。从技能划分来看，劳动者技能异质性划分较多，如高技能劳动与低技能劳动、熟练劳动和非熟练劳动、生产性劳动和非生产性劳动、简单劳动和复杂劳动。虽然称呼各异，但其并无显著差异，因此，芬斯特拉（2013）在综合既有文献的基础上，将劳动者技能异质性划分为高技能劳动力和低技能劳动力，其中低技能劳动力表现为从事生产性活动的劳动者，而高技能劳动力表现为从事非生产性活动的劳动者。而按教育程度来衡量时，则以高中以下教育水平的劳动者来衡量低技能劳动力，以高中以上教育水平的劳动者来衡量高技能劳动力（陆铭等，2012）。

随着劳动者技能异质性的引入，传统经济学中有关劳动者同质性的假设逐渐被打破，使经济学研究越来越接近现实，促进了经济学研究的发展（熊捷，2014）。例如，由于劳动者技能异质性的引入，工资差异在一定程度上有了新的研究方向（Roy，1951；孙敬水和丁宁，2019）。由上可知，劳动者技能异质性的研究经历了由现象的描述到原因的探索、由逻辑推演到理论证明、由考察劳动者技能异质性本身到其影响，发展越来越丰富。

二 技能异质性在比较优势理论中的发展

劳动力要素禀赋决定了一个经济体经济增长模式和产业结构的选择。在国际贸易理论研究中，劳动力要素始终扮演着十分重要的角色。无论是在李嘉图模型中，还是在新贸易理论模型中，劳动力始终作为唯一要素纳入分析框架。虽然H-O要素禀赋理论加入了其他要素，但也未曾改变过劳动力这一要素的基础性作用。在现实经济社会活动中，劳动力作为经济社会活动的基本元素，一切经济活动都将由劳动者的行为产生和决定。然而，在既有的四大国际贸易理论分析中，均假定劳动者同质性，即不同的劳动者之间不存在差异。事实并非如此，由于劳动者技能的形成由先天和后天习得共同决定，因此不同的劳动者之间在技能方面存在显著差异。将劳动者同质性假设转变为劳动者异质性假设成为当前国际贸易理论研究的新突破口（Bombardini, et al., 2012）。

最早关注到劳动者技能异质性与国家贸易的文献源于对列昂惕夫之谜的解读。自列昂惕夫之谜提出以后，大量的文献开始思考其中的原因。1965年Keeing在计算美国贸易技术含量问题时，提出了劳动的差异化可以揭示美国贸易中的技术问题。为了继续检验，1966年Keeing进一步指出，国际贸易模式和国际分工布局主要由熟练工人和非熟练工人的相对丰裕度决定。资本较为丰裕的国家倾向出口熟练劳动密集型产品，资本相对缺乏的国家倾向于出口非熟练劳动密集型产品。发达国家在生产含有"高技能劳动密集型商品"方面具有比较优势，发展中国家在生产含有"低技能劳动密集型商品"方面具有比较优势。虽然，早在20世纪60年代，就有学者注意到了劳动者技能异质性在国家贸易中的作用，但是这一分支的发展则被新贸易理论的兴起而湮没。直到最近学者才进一步将劳动者技能异质性重新拾起，以考察劳动者技能异质性与国际贸易的关系，如Cabral等（2009）测算贸易中技能含量，指出国家间技能禀赋差异在解释净出口和垂直产业内贸易中发挥着十分重要的作用，而对水平产业内贸易解释力不重要。近期文献不仅关注劳动者技能异质性对国际贸易的影响，而且关注劳动者技能分布对国际贸易的影响，即技能的分散程度如何影响了一国比较优势的形成和发展（Grossman，2013）。技能分散与比较优势研究的出发点源自如下一种现象：从传统 H-O 要素禀赋理论来看，中国与印度在要素禀赋结构方面是相似的，但两国具有比较优势的产品却不同，如中国在制造业出口方面具有比较优势而印度在出口计算机和信息服务业方面具有比较优势；从规模经济理论来看，美国和日本同为发达国家，但是美国在软件和金融业方面具有比较优势而日本则在电子产品方面具有比较优势（邵文波等，2014）。因此，当贸易模式进一步考察到国家间产品层面时，既有的要素禀赋和规模经济理论均失效。沿着该思路，相关文献可分成理论证明和实证检验两个方面。

第一，理论证明。最早从理论上证明技能分散程度决定一个国比较优势的文献源于 Grossman 和 Maggi（2000）。文章指出，之所以美国、日本和意大利均为发达国家但其出口的产品却各有千秋的原因在于人力资本技能分布。利用超模①（Supermodularity）和子模②（Submodularity）论证人力资本技能分布与比较优势的关系。如果一个国家的人力资本技能分散程度较高，即高技能人力资本和低技能人力资本相对丰裕，在生产中更容易形成高低技能的互补匹配，则该国在子模部门具有比较优势；如果一个国家的人力资本技能分散程度较低，即人力资本技能相对集中于某种技能层次，在生产中更容易形成同等技能的互补匹配，则该国在超模部门具有比较优势。技能分散模型有效地解释了既有要素禀赋理论和规模经济理论无法解释的美国、日本与意大利或者中国与印度出口产品比较优势的差异。

---

① 超模是指当一种要素的投入增加时，另一种要素的边际产出随之提高，两种要素之间具有互补性（Complementarity）。

② 子模是指当一种要素的投入增加时，另一种要素的边际产出随之降低，两种要素之间具有替代性。

由于劳动力市场的摩擦导致劳动力市场信息不对策,进而对人力资本技能分散程度产生影响,Grossman（2004）考察了一个不完美信息的劳动合同与国际贸易的互动关系。在信息不对称的情况下,雇主无法有效观测雇员的技能水平,根据产出确定工资成为最有效方法。子模部门要求高技能和低技能互补,因此根据产出确定工资是有效的。而超模部门要求相同技能的互补,根据产出定工资会促进产出高于工资的技能工人转移至子模部门。最终实现了子模部门和超模部门劳动者技能的一般均衡,进行形成不同的比较优势。

在 Grossman 和 Maggi（2002）、Grossman（2004）开创性文献中,Bougheas 和 Riezman（2007）发展了一个两国两部门的贸易模式,两国之间的唯一区别是人力资本禀赋的分配。研究结果表明,即使两国拥有相同的总人力资本禀赋,贸易模式也取决于两种人力资本分配的属性。随后,Bombardini 等（2014）建立了一个不可观测技能的多国——多行业的贸易模式,以考察劳动者技能分布与比较优势的理论机制。研究结果表明,比较优势源于劳动者技能在行业间的替代性的差异和国家间劳动者技能分布差异。技能分散是否存在超模和子模关系,Bombardini 等（2013）从理论层面探讨了 Grossman 和 Maggi（2000）提出的假设,即具有较高技能分散的国家专注于以子模块生产函数为特征的行业。结果表明,当一个子模块部门表现为凸等产量线时,更高的技能分散程度并不会产生收益,而更高技能分散的国家可能会专注于超模块部门。

第二,实证验证。由于数据的可获得性和技能分散的测算难度使 Grossman 和 Maggi（2000）提出的技能分散与国际贸易的实证研究直到 2012 年才开始有所发展。Bombardini 等（2012）采用国际成人识字率调查（IALS）中提供的技能数据考察了技能分散与国际贸易的关系,研究结果表明技能分布与工资分布的协同效应可以显著促进出口。Alfonso（2018）利用国际成人识字调查数据,评估人才分配对贸易流量的影响,结果表明技能分布的均值和标准差均是贸易模式的重要决定因素。贸易模式更多的是由技能分布的跨国差异来解释，而不是资本存量的差异和国家体制框架指标的差异来解释。为了探寻具有相同禀赋结构的中国和印度在出口产品方面的比较优势差异，Asuyam（2012）利用中国和印度的数据进行了比较研究，结果表明人力资本技能更为集中的中国在生产链更长的行业里具有比较优势，而人力资本技能更为分散的印度在生产链条更短的行业里具有比较优势。

综上所述，自劳动者技能异质性被引入经济学研究中，劳动者技能异质性所产生的影响越来越被重视。而国际贸易中劳动者同质性假设极大地降低了既有国际贸易理论对现实世界中国际贸易模式的解释程度。劳动者技能异质性引入国际贸易领域后，极大地完善了国际贸易理论并提高了国际贸易理论对贸易模式的解释程度。

第三节　中国制造业出口的影响因素研究

历时40多年改革开放，中国实现了由一个封闭落后的农业国转变为一个具有世界影响力的工业国，成为全球第二大经济体、第一大货物贸易国。而制造业的快速发展，成为中美贸易摩擦的重要导火线。短短的40多年时间走完了西方发达国家200年才完成的工业化运动，中国创造了制造业发展的"奇迹"，成为世界上唯一一个拥有所有工业门类制造业能力的国家（黄群慧，2018）。根据WIOD数据库测算显示，中国制造业全球价值链国际竞争力由2001年的第八位攀升至2014年的第三位（戴翔和李洲，2017）。这种惊人的发展轨迹是如何产生的？是什么原因导致的？成为学者探讨的焦点和重点。通过梳理既有文献，发现关于中国制造业实现出口转型升级的原因中主要存在如下几种假说。

一　政府政策推动说

在由计划经济体制向市场经济体制转型的过程中，中国政府一直扮演着十分重要的角色，政府政策更是在推动中国产业升级方面发挥了重要的促进作用。关于中国制造业的成功发展，新结构经济学创始人林毅夫（2014）则指出，中国政府采取了渐进式改革方案，以遵循比较优势发展战略为基点，在正确的时点上推行了正确的改革方案。盛斌（2002）则进一步从政治经济的视角分析了中国改革开放以来的对外经济贸易政策，进而提出了中国对外贸易的政治经济学理论。同样地，余淼杰（2018）在总结中国过去40多年的对外开放发展历程后，将中国对外开放划分为三个阶段：广度开放、深度开放和全面开放，深刻体现了中国政府在对外开放中的重要推动作用。

政府推动经济发展、实现产业升级主要表现为政府推行一系列的产业政策。大量文献研究考察了产业政策对经济社会发展产生的影响。无论是在理论分析方面，还是在实证检验方面，都表现出不同的结论。关于产业政策绩效，林毅夫（2017）认为在全球范围内，产业政策是普遍存在的，但凡实现经济发展和产业升级的国家均或多或少地采取过产业政策。中国转型过程中，虽然一直致力于建立中国特色社会主义市场经济体制，但是在对外开放中政府的产业政策却始终未曾消失过（盛斌，2002）。Stilglitz（2015）指出，产业政策具有弥补市场失灵的作用，通过降低负外部性、提高正外部性、缩小市场协调失灵而提高市场运行效率。在中国，产业政策则更多地表现为设立各种类型的开发区和经济特区，如经济技术开发区、高新技术产业开发区、海关特殊监管区域、边境/跨境经济合作区、出口加工区等，同时产业政策包括各种类型的补贴（诺顿，2010；李力行和申广军，2015；余淼杰，2018）。开发区、经济特区作为要素集聚区，为实现制造业出口转型升级发挥了重要的作用（钱学峰，2010）。如下进一步细分中国产业政策对制造业出口转型升级的影响。

第一，经济技术开发区。经济技术开发区通过特殊的优惠政策、吸引外来资本流入、促进知识密集型和技术密集型产业集聚，促进制造加工业的发展。李力行和申广军（2015）利用工业企业数据库和城市统计数据，以经济技术开发区设立为准自然实验，考察了开发区设定对制造业产业结构变动的影响。研究结果表明，开发区的设定显著促进了制造业内部结构变动，当开发区设定的目标产业与当地既有的比较优势相符合时，则经济技术开发区的制造业产业升级效应就越突出。从企业生产率角度来看，国家级经济技术开发区的设定对开发区内企业全要素生产率产生显著的正向促进作用（林毅夫等，2018）。同时，周茂等（2018）利用开发区的设定考察了其对制造业升级的影响。研究结果表明，开发区设定通过促进制造业内部产业结构优化而有效地促进地区制造业升级。其结构升级效应则主要表现为开发区政策引导下的生产要素行业间再配置效应。同时，地区等级越高、政府效率越高、要素市场发育程度越差、初始技术水差异越大，开发区的制造业升级效应越明显。

第二，高新技术产业开发区。高新技术产业开发区开始于1988年的火炬计划，旨在创办高新技术企业、发展高新技术产业。高新技术产业开发区的设立通过集群发展，促进产业嵌入全球价值链，推动全球价值链升级（滕堂伟等，2009）。高新区作为高端要素的核心集聚区，依托税收政策、土地政策等，发挥自主创新能力，促进创新创业，推动科技产业的发展（刘友金和黄鲁成，2001；刘会武，2019）。王鹏等（2019）利用高新区设立这一政策构建准自然实验，考察高新区设定对城市产业结构优化的影响。研究结果表明，高新区设立显著促进了城市产业结构高级化和合理化。但其对产业结构高级化的促进效应随着时间的推移而递增，对产业结构合理化的促进效应随着时间的推移而衰减。另外，Fukugawa（2013）指出高新区内企业研发投入可以促进企业创新。谭静和张建华（2018）研究指出高新区设立显著促进了地区TFP的增长。而杨畅等（2013）的研究表明，高新区的贸易开放水平提高只能单纯促进高新区经营绩效，而对企业创新无显著正影响。同时，谢子远和鞠方辉（2011）以高新区为样本，研究发现高新区内的产业集群显著抑制了区域创新效率。高照军和武常岐（2014）则从新制度经济学角度指出，在高新区外部制度环境和内部制度环境的共同作用下，企业追求"合法性"的行为对企业的创新绩效有正向促进作用，但内部制度环境的耦合机制对企业创新绩效影响并不显著。

第三，出口加工区。出口加工区作为特殊的工业园区，通过减免各种税收，发展制造、加工、装配出口，大力发展"两头在外"的加工贸易，促进了加工贸易的发展和繁荣（Yu，2015）。出口加工区的大力发展促使企业享受进口料件免税等政策，使其受到政府更少的行政管制，有利于降低贸易成本，促进出口、增加经济多样性和加快工业化进程（Engman and Farole，2012）。胡浩然（2019）指出，出口加工区的设立有利于区域内企业的出口，但对企业生产效率则产生抑制效应。同样地，张鹏杨等（2019）指出，出口加工区的"主导产业"政策对企业出口全球价值链升级产生负面影响，而在比较优势较强的行业内，出口加工区的"主导产业"政策对GVC升级的负面影响不再存在并表现出促进效应。因此，出口加工区内的产业政策需要因地制宜，推动出口产业和加工贸易转型升级必须重视地区差异和民营企业发展水平。陈钊和熊瑞祥（2015）指出，出口加工区的出口鼓励政策有利于企业出口额的提高，对初始具备比较优势的行业出口绩效影响更大，并且随着时间的推移其促进效应更加显著。孙天阳等（2022）研究指出，以"放管服"为改革重点内容的港口管理制度创新显著提升了城市的出口结构升级，其能够通过"港口效率提高效应"和"中间品进口效应"发挥提升城市产品出口结构升级的作用。

第四，政府补贴。政府补贴作为政府产业政策的另一种形式，在产业升级中扮演着十分重要的作用。首先，政府补贴对生产率和创新活动产生影响。邵敏和包群（2012）指出，当政府对企业的补贴力度较小时，政府补贴可以促进企业生产率提高；当补贴力度较大时，政府补贴对企业生产率的促进作用不再显著，并表现为抑制效应。而郭迪（2017）则指出，政府对创新企业的直接补贴是无效的，大规模的国家引导基金很可能给国家带来巨大的风险。

政府补贴对制造业出口升级也产生了重要影响。鲁晓东（2015）指出，政府补贴不仅促进了中国企业出口产品技术复杂度和出口产品质量的提升，而且也推动了出口结构的优化。此外，政府补贴表现出推动出口转型升级的作用。张健和鲁晓东（2018）以政府补贴、企业所得税税率、信贷利率来量化产业政策，从产品质量、技术复杂度和产品差异化三个方面衡量出口产品结构转型升级，研究表明产业政策促进了企业的出口转型升级，同时除政策力度本身的影响之外，政策公平性也在其中扮演着重要角色，公平性越高则政策效果通常越好。许家云和徐莹莹（2019）研究也指出政府补贴显著提高了企业的出口国内附加值率（DVAR），并且对一般贸易企业的出口 DVAR 的促进效应更大，对民营企业的出口 DVAR 促进效应更大。从机制来看，创新激励效应是政府补贴的重要渠道。但是，张杰等（2015）则指出，政府补贴对企业出口产品质量产生显著抑制效应。而其中的机理表现为：获得政府补贴，降低企业生产成本，降低价格竞争能力，增强了对政府补贴的依赖性，导致企业出口产品质量提升缺乏内在动力。

通过对政府政策推动说的相关文献的回顾，结果发现政府推动中国制造业出口转型升级的作用十分模糊。各类型开发区和不同的政府补贴虽然产生了一定的积极效应，但是其负面效应也不容忽视。

二 人口结构说

长期以来，H-O 要素禀赋理论为国际贸易提供了强大的解释力，为发展中国家参与国际贸易提供重要的理论支撑。根据 H-O 要素禀赋理论，发展中国家要参与国际贸易，形成具有竞争力的出口产品，需要根据本国要素禀赋，发展比较优势行业。中国在改革开放以后，采取了遵循比较优势发展战略，其中的理论之一就是 H-O 要素禀赋理论。中国拥有丰裕的低技能劳动力资源，发展劳动密集型产业具有比较优势（林毅夫等，1994）。而传统要素禀赋理论只强调了劳动与资本的关系，而人口结构一直被要素禀赋理论所忽视。就发展中国家或者转型国家，特别是中国的发展经验表明，人口红利在中国出口方面发挥了重要的作用（姚洋和余森杰，2009）。Bloom 和 Williamson（1998）则将东亚国家经济增长的 1/3 以上的功劳归功于人口红利。田巍等（2013）将人口结构纳入引力模型，利用 176 个 IMF 成员 1970—2006 年的跨国数据考察人口结构对国际贸易的影响。研究结果表明，高劳动人口比会使出口国产出增加，从而增加出口；高劳动人口比会给进口国带来更多的劳动收入，从而增加进口。因此，人口红利是一国实现制造业出口的重要因素。中国作为转型中的大国，在改革开放以后充分发挥了人口红利而实现了出口增长。如果将中国与印度 1980—2005 年人口结构互换，那么中国出口总值下降幅度超过 30%，而印度出口总值上升幅度超过 30%，也即表明中国与印度在出口上的相对差异将减少 50% 左右。由此可知，中国人口红利在出口方面起着十分重要的作用。同样地，铁瑛等（2019）研究指出，城市人口结构变动显著影响出口，城市劳动人口比的提升或抚养比的下降显著促进出口。然而，借助于人口红利并不能有效地实现一国制造业出口的转型升级。

Cai 和 Stoyanov（2016）指出，国家间人口结构差异是国际贸易比较优势的来源。由于技能的高低与年龄的大小关系紧密，人口老龄化降低有效劳动的供给，进而提高了技能的相对价格。依赖年轻工人相对更高效的技能，劳动力年轻的国家具有更高的生产力，进而指出技能在一国贸易中更为重要。铁瑛等（2019）也指出，随着人力资本水平的提升，城市人口结构变动对出口的促进效应在弱化。在中国制造业出口升级的人口结构原因的探寻中，Wang 和 Wei（2010）指出，加工贸易和外商直接投资企业均不是使中国出口结构与高收入国家重合度上升的重要原因，而人力资本的提升和提供税收优惠政策的高新技术开发区对中国出口技术复杂度上升有显著贡献。同样地，戴翔和刘梦（2018）指出，充分发挥"人才红利"是实现中国价值链攀升的重要动力。

三　所有制结构说

转型过程中，中国所有制结构发生重大变化，由传统的国有企业一统天下到国有企业、民营企业、外资企业等共同发展的局面。由于国有企业激励机制的匮乏，使国有企业成为制约经济发展的重要因素。Megginson 和 Netter（2001）、Djankov 和 Murrel（2002）梳理全球各国不同所有制企业绩效的实证文献，总结到：国有企业效率低于民营企业，且民营化是有效的，并且民营化企业几乎总会变得更有效率。在中国，由于各种原因导致中国国有企业效率低于非国有企业。在改革开放以前，中国的对外贸易主要由 12 家国有外贸公司所垄断，其目的并不是源自自愿出口，而是在于换取进口所需外汇（余森杰，2013）。随着改革开放深入推进，中国所有制结构也随之发生变化，逐渐由国有企业一统天下的局面演变为国有企业、民营企业、外资企业等多种形式并存的局面。非国有企业在出口方面扮演着越来越重要的角色。截至 2019 年 1—5 月，出口总额中国有企业仅占 9.7%，同期增长 -11%；而民营企业占到 48%，同期增长 8.2%。所有制结构的变化为中国制造业出口提供了重要的视角。由于国有企业具有更优越的生存条件，而民营企业具有更严的约束条件，使民营企业为了进一步发展被迫更多地选择与国际市场接轨（Chen, et al., 2018）。许昌平（2014）指出，私人控股企业在出口学习效应方面更为明显。李伟和贺灿飞（2021）基于演化经济地理学理论研究指出，国有企业更有利于发展技术复杂度更高的新产业，民营企业更有利于发展技术复杂度相对较低的新产业。由此可知，所有制结构的变化为中国制造业出口提供了重要的研究视角。

所有制结构中外资对中国的制造业出口升级也产生了重要作用。外商具有更先进的管理理念和更高的技术水平，对中国企业的出口和转型升级有着十分重要的影响。Whalley 和 Xian（2010）则指出，中国的出口主要来自外商投资企业，中国经济的整体增长相当依赖于其经济中高生产率的外商投资企业。而关于外资在中国企业出口转型升级方面的影响并没有一致的结论。例如，Cheung 和 Ping（2004）指出外商直接投资（FDI）对中国企业的技术进步产生了显著的促进作用。杨红丽和陈钊（2015）指出，行业间的关联性可以强化 FDI 的行业内技术溢出效应，即外资企业的技术先传递给上游供应商，然后上游供应商再传递给同一行业的内资企业，FDI 具有通过垂直关联而促进技术溢出。而蒋殿春和张宇（2008）则认为 FDI 技术溢出受到价值低估、激励不足和制度缺陷的制约。另外，曲如晓和臧睿（2019）指出，中国自主创新是拉动制造业出口质量升级的主要动力，外商直接投资与进口贸易技术溢出显著促进制造业出口产品质量升级，外国企业是中国高技术行业出口产品质量提升的主要来源。

四 外因说

自第二次世界大战结束之后，世界经历了一次前所未有的和平年代，全球化迅速发展，科技发展使贸易成本迅速降低，国家间贸易自由化水平迅速提高，世界各国联系更为密切。有学者指出，中国制造业出口在一定程度上搭上了全球化浪潮这辆便车，在全球化浪潮的背景下，中国积极参与其中，为中国提供了良好的外部环境和巨大的国际市场，为中国经济增长发挥了重要的作用（李静萍，2001）。隆国强（2007）指出，经济全球化和信息技术的结合，引起全球产业价值链的变化成为最为引人注目的变化。在全球化背景下，产业结构升级的本质在于全球分工地位的提升。

全球化过程中，国际分工不断深化，产品内分工日益深入，离岸外包为发展中国家提供了良好的嵌入全球价值链的契机。20世纪90年代兴起的离岸外包[①]，发达国家实行产业转移，将技术水平低下的组装程序外包给经济发展水平滞后的劳动力丰裕的发展中国家

---

① 离岸外包又是产品内分工的必然结果。

(Feenstra，2010）。Feenstra 和 Hanson（1996）提出了一个简单的国际分工模式，即厂商选择在生产成本最低的国家里加工生产。在此背景下，中国借助丰裕且廉价的劳动力资源，大力发展劳动密集型加工贸易。自 20 世纪 90 年代，中国加工贸易迅速崛起。但是加工贸易的迅速崛起为中国制造业出口转型升级带来了重要且复杂的影响：一方面，加工贸易的快速发展，使中国能够快速地嵌入全球高端价值链条之中。在一定程度上给中国带来了技术溢出的效应（余淼杰，2013）；另一方面，加工贸易的快速发展，得益于中国丰裕且廉价的劳动力资源，属于遵循传统比较优势的典型做法。然而，加工贸易的低端化，又强化了中国产业的低端锁定。

同时，全球化也伴随着贸易自由化水平的提高，国家间贸易壁垒逐渐降低，为繁荣国际贸易提供了有利的外部条件。中国 2001 年成功加入世界贸易组织（World Trade Organization），为中国提供了更大的市场规模、更低的关税壁垒，显著地促进了中国制造业出口和转型升级。贸易自由化加快了中国企业生产率的提高、进口产品质量的提升（余淼杰，2010、2016）。毛其淋和盛斌（2013）指出，贸易自由化提高了企业的出口概率和企业的出口强度，但是出口强度效应大于出口概率效应。李平和姜丽（2015）指出，进口中间投入品对我国技术创新有明显的促进作用，中间品进口每增加 10%，中国的技术创新程度就提高 1.6%；进口中间品的贸易自由化每增加 10%，中国技术创新将提高 0.3% 等。中间投入品的竞争有利等中国制造业出口的转型升级。而苏理梅等（2016）则认为，在贸易自由化进程中，贸易政策不确定性的下降会降低中国出口产品质量，其原因在于在贸易政策不确定性下降幅度较大的产品中，更多的低质量产品企业进入出口市场，而存续企业并未对贸易政策不确定性的下降及时做出产品质量调整，进而无法改变中国产品质量短期内下降的趋势。

第四节　小结与评述

在过去两个多世纪的时间里，世界发生了翻天覆地的变化，国际分工形式由传统的产业间分工发展到了后来的产业内分工，以及近年来的产品内分工。伴随着国际分工形式的变化，国际贸易理论也不断发生变化，由李嘉图比较优势理论、H-O 要素禀赋比较优势理论到 Krugman 提出的新贸易理论，再到 Melitz 提出的新新贸易理论。历时 200 余年，国际贸易领域呈现出四大国际贸易理论。虽然既有的四大国际贸易理论能够在各自的领域对国际贸易模式进行有效的解读，但是国际贸易中的产业间贸易和产业内贸易并不是孤立的，而是相互联系的一个复杂系统。无论是传统比较优势理论还是新贸易理论、新新贸易理论，只能独立地解读世界贸易中的产业间贸易和产业内贸易，而无法有效地将二者纳入同一个框架内进行分析，从而大大降低了既有国际贸易理论对国际贸易模式的解释力（裴长虹和刘斌，2020）。Davis（1995）从 Heckscher-Ohlin-Ricardo 角度研究产业内贸易，将李嘉图贸易理论引入到 H-O 框架内，指出产业内贸易的基本特征说明了生产率的差异是非常重要的，而规模报酬并不是产业内贸易的必要条件，奠定了从比较优势视角分析要素禀赋相似国家出口贸易问题的基础（Krugman, et al., 2015）。

随着经济社会的发展，劳动者技能差异化现象越来越突出，经济学研究者也越来越重视劳动者技能差异化在经济社会发展中产生的影响。劳动者技能差异化也逐渐纳入经济学研究框架，逐渐扩展了传统的劳动者同质性假设。基于具有相同要素禀赋结构的中国与印度在出口产品方面的比较优势差异和具有规模经济的美国、日本和意大利等国在出口产品方面的比较优势差异这一现象，贸易理论家将劳动者技能差异化纳入国际贸易理论分析框架，成功地解释了传统要素禀赋比较优势和规模经济贸易理论无法解释的这一现象。

将劳动者技能差异化纳入比较优势分析框架中，既可以解释传统要素禀赋理论解释的产业间贸易，又可以解释规模经济贸易理论解释的产业内贸易。因此，劳动者技能差异化在解释国际贸易模式中具有较高的现实解释力。

中国自 1978 年改革开放以来成功地实现了制造业出口转型升级，创造了中国对外贸易奇迹。根据既有的国际贸易理论，中国作为低技能劳动者丰裕的国家，应该充分发展劳动密集型产业，并出口劳动密集型产品。如果中国一味地遵循要素禀赋比较优势理论，充分发展低劳动密集型产业，那么中国制造业的出口转型升级将无法实现，而只能实现中国制造业出口的低端化。事实上，历时 40 余年的发展，中国制造业不仅实现了大规模出口，而且在世界贸易中也形成了较高的竞争优势。面临中国制造业出口成功地实现了转型升级，学者对这一奇迹般的现象给予了充分的解读，大体而言可概括为政府政策推动说、人口结构说、所有制结构说和外因说等外部因素推动说。综合上述文献，大致可得到如下共识：

第一，国际贸易理论中比较优势原则依然重要，并且随着时间的推移其重要性会持续提高。第二，劳动者技能差异化逐渐取代劳动者同质化假设，劳动者技能差异化研究将越来越丰富。第三，劳动者技能差异化在国际贸易理论中对国际贸易模式的解释具有更为丰富的解释力。第四，发挥人口红利，利用丰裕且廉价的低技能劳动者，在过去 40 多年转型中发挥了不可忽视的作用。中国制造业出口得益于充裕且廉价的低技能劳动者。第五，关于中国制造业的出口转型升级，政府发挥了重要的作用。

虽然既有文献达成了较多的共识，但是其也存在一定的不足，具体表现如下：

第一，既有的国有贸易理论主要研究的是发达国家的贸易模式，尤其是新贸易理论和新新贸易理论。而发展中国家的贸易模式则相对薄弱，尤其是像中国这样的转型国家成功地实现了制造业出口规模扩张和转型升级。第二，既有的国际贸易理论主要以既定的国际贸易模式为主要考察对象，而未曾涉及一国制造业出口后的转型升级问题。由于既有的国际贸易理论考察的是发达国家的贸易模式，因此其忽视了发展中国家应该如何实现制造业出口的转型升级。第三，将劳动者技能差异化纳入国际贸易理论分析框架中丰富了国际贸易理论。但是对于发展中国家而言，劳动者技能需要不断地演进，以实现由低技能向高技能和特殊技能的转变。而既有的劳动者技能差异化并未考虑到一国劳动者技能是如何演进的。第四，虽然政府在中国制造业出口转型升级方面发挥了重要的作用，但是政府如何更加精准地发挥推动作用并未明确，并且政府政策的重要体现——产业政策是否发挥了正向作用，无论是理论分析还是实证研究都褒贬不一。因此，政府在中国制造业出口转型升级方面的作用有待进一步深入研究。

综上所述，本书在比较优势理论分析框架中纳入劳动者技能差异及其演变，进而考察一个经济大国在转型过程中制造业如何从无到有、从小到大、从弱到强、从规模扩张到转型升级，最终达到在国际分工中由追随者到领导者转型。

第 三 章

概念界定与理论框架

第一节 基本概念界定

一 劳动者技能异质性

劳动者技能的准确界定是本书研究的出发点。关于技能的内涵,既有文献并没有给出明确的界定。在界定劳动者技能时,本书将分析对象限定于制造业企业。一方面是由于本书考察的行业为制造业;另一方面是由于企业作为一个组织结构,是经济运行过程中最为重要的经济活动组织。相对于其他行业企业而言,制造业企业是包含劳动者技能最为全面的企业。在制造业企业内部,一个健全的组织结构安排包括流水线作业的生产性工人和从事管理岗位的非生产性工人,也即文献中对应的蓝领和白领、低教育者和高教育者等(Feenstra,2010)。从技能角度来看,由于非生产性工人需要接受更高的教育,主要从事服务活动、企业内部的管理活动或者企业内部的创新活动,因而被称为"高技能型工人"(Skilled);由于流水线作业的生产性工人只需较低水平的教育或者未曾接受过正规的教育,主要从事产品的加工和组装工作,因而被称为"低技能型工人"(Less Skilled)(Feenstra,2016)。在既有文献中,往往根据受教育程度，将劳动者技能划分为高技能劳动者和低技能劳动者，即将大学本科教育及以上者界定为高技能劳动者，将大学本科教育以下者界定为低技能劳动者①（Feenstra，2010；Feenstra，2016；陆铭等，2012）。因此，从既定的制造业企业结构来看，制造业企业内部主要包括高技能劳动者（企业的非生产性工人）和低技能劳动者（企业的生产性工人）。

孤立的考究已经形成的制造业企业内部就业人员的技能结构固然重要，却往往忽视了制造业企业从无到有、从小到大、从弱到强的过程中的另一种技能的作用②。企业的形成和发展壮大是研究企业的另一个重大问题，而往往被研究者所忽视。企业的形成以及企业在发展过程中出现结构性突变都离不开企业家的决策（Spulber，2009）。企业家才能的存在是企业形成的根本，如果没有企业家—企业家才能，就不会有新企业的产生、旧企业的消失以及企业的更新换代（张维迎，2016）。企业家才能是指内置于每一个个体决策者内部的才能，具有强烈的冒险精神，在市场激烈的竞争中从事创新和创业活动（程锐，2019）。在企业家强烈的冒险精神驱动下，决策者基于自身所内置的企业家才能，通过市场的激烈竞争并表现为创新活动和创业活动进而形成新企业组织和实现企业组织的发展。由于企业家才能是内置于个体决策者内部的才能，因此企业家才能也是一种技能。但这种技能更多的是源于先天禀赋（Schumpeter，1934；Kirzner，1973），与后天的学历教育关系微弱（杨轶清，2009），因

---

① 从理论上讲，以教育层次高低来区分技能高低并非最优标准。但是本书依然选择以教育层次来区分技能高低，原因如下：第一，既有文献中往往都采用受教育年限来区分不同技能水平；第二，采用受教育年限衡量技能水平存在不完美之处，但其依然是最能体现出技能高低的最佳衡量方式，尤其是近年来用人单位招聘广告中越来越明确地提出学历要求；第三，从现实情况来看，并没有其他更优的方式可以替代用受教育年限来衡量技能水平。

② 虽然，高低技能劳动者的分工与协作，在一定程度上可以推动企业从小到大、从弱到强。但这种推动力量是十分有限的，因为高低技能劳动者的分工与协作只能带动企业小幅度的变化，而不会产生结构性的突变。

此，这种技能有别于用教育衡量的高技能和低技能，本书称为"特殊技能"。正如马歇尔指出的那样，企业家是具有特殊才能的人。每一个个体都具有一定的企业家才能（k），这种技能均匀地分布于每一个个体之间（$k \in [0,1]$），但是每一个个体企业家才能又存在高低之分，只有超过一定的临界值φ^*（$k>\varphi^*$）之后，该个体才会选择成为企业家，否则成为非企业家。就个体而言，这种技能则主要表现为成为企业家；就企业角色而言，这种技能则主要表现为建立企业、为企业的发展做出重大决策，即企业创始人。因此，当从企业的生命周期来考察时，就不得不引入特殊技能——企业家才能。

综上所述，准确区分劳动者技能异质性，就需要从企业完整的生命周期角度进行考察，即企业的形成所需要的企业家才能、企业的运行所需要的高技能劳动者和低技能劳动者[①]。根据上述分析，本

[①] 企业家才能是否能够从高技能劳动者和低技能劳动者中分离出来，是一个值得探讨的问题。本书认为，根据企业家才能内涵可知，企业家才能是内置于每一个个体，处于一种均匀分布状态。高技能劳动者和低技能劳动者是否能够成为企业家，与劳动者受教育程度并没有显著的直接关系。正如 Schumpeter 和 Kirzner 等经济学家认为企业家才能源于先天禀赋，与后天的学历教育关系微弱（杨轶清，2009）。杨轶清（2009）对文献的总结指出，企业家才能包含 7 种类型，而专业技能只是众多素质中的一种。从现实情况来看，中国作为一个发展中国家，市场化过程中，企业家才能与学历教育关系进一步被弱化。例如，浙江民营企业中呈现的"低学历高创业能力"现象。因此，企业家才能与以学历为依据而划分的高技能劳动者和低技能劳动者进行区分，从理论上和实践上均是可行的。企业家既可以是受过高等教育的劳动者也可以是未受过高等教育，甚至未受过教育的劳动者。在实证研究中并未直接考察教育程度与创业的关系，但大量文献在考察创业时，受教育程度是不得不控制的因素，从研究结果来看，并没有统一的结果，如汪伟和咸金坤（2020）认为受教育程度与创业可能性负相关、宋渊洋和赵嘉欣（2020）认为受教育程度与创业概率呈正向关系、黄亮雄等（2020）认为二者无显著关系。因此，教育程度与企业家才能关系需要更加深入、准确的研究，但至少可以发现并不是教育程度越高，企业家才能就越强（张云亮等，2020）。

书将制造业企业的劳动者技能异质性做出如下划分，如图3-1所示①：特殊技能即企业家才能②，对应于企业家角色——企业家和企业创始人，企业家成功地创建一家企业可以为市场提供一种新产品，这种新产品无论是在技术复杂度方面还是在产品质量方面都会或多或少地有别于现有市场上的产品；高技能劳动者，对应于企业中的非生产性工人——管理者和研究者，他们往往不直接从事产品的加工和组装活动③，主要从事企业的管理工作或者产品的创新研究工作，对于管理者而言，其目的在于为企业的持续经营提供一个公司

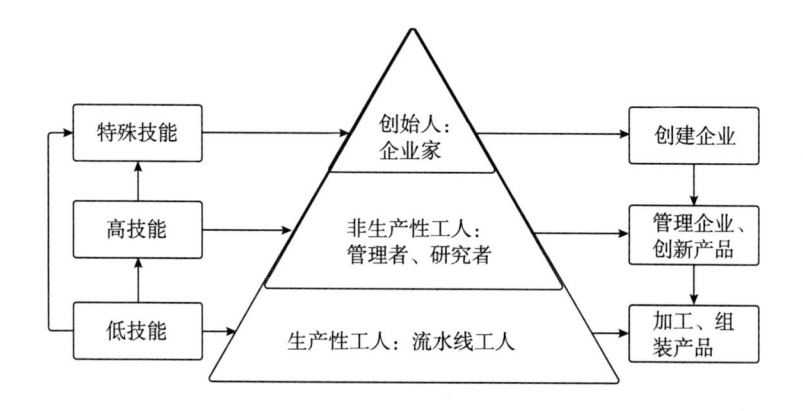

图3-1 制造业企业技能异质性分布结构

---

① 需要指出的是，本书将企业家才能界定为特殊技能，其原因在于，企业家才能是一种极为稀缺的资源，虽然每一个个人都具备一定的企业家才能，但是要成为企业家、充分展示企业家才能却很难被后天教育所培育。真正的企业家、高质量型企业家精神是无法在商学院习得、MBA教育中形成的。在商学院或MBA中仅仅培育的是企业中的管理者，即高技能劳动者。

② 关于企业家技能的论述方面，早在马歇尔那里就已经指出企业家是具有特殊才能的人，从而使企业彼此之间存在差异。

③ 高技能劳动者为了更好地管理企业和创新产品，在必要的时候会了解、熟悉和掌握产品的生产流程、加工组装的程序等直接生产活动。任何一个优秀的管理者和研究者，往往是需要了解、熟悉和掌握产品实际的生产情况。因此，非生产性工人并非与生产活动没有任何联系。

管理结构和公司治理结构，对于研究者而言，其目的在于为企业的产品技术改进、产品质量提升和增加新品种提供研究工作；低技能劳动者，对应于生产性工人——流水线作业的工人，生产性工人直接从事产品的加工、组装等生产性活动①，其对产品的技术复杂度提高、产品质量提升和产品种类增加的直接作用较弱，往往在管理者和研究者领导下去完成产品的加工、组装。

二　制造业出口演进：规模扩张与转型升级

准确界定制造业出口演进是本书研究内容的另一个核心概念。根据本书研究内容，本书考察的制造业出口演进包括两个方面：制造业出口的规模扩张和制造业出口的转型升级②。关于制造业出口的规模扩张内涵、衡量方式相对一致，主要指制造业出口总量的提升，不同贸易方式下出口规模的扩大（一般贸易和加工贸易）以及不同地区出口规模的扩大。

在现有文献中，制造业出口的转型升级内涵、衡量方式各有不同。主要有以下四种情况③：第一，基于全球价值链分工的视角所形成的价值增加值，该方法认为制造业出口升级在于国内附加值的增加和全球价值链位置的提高（Koopman, et al., 2014）；第二，基于技术进步视角所形成的技术复杂度，该方法认为制造业出口升级在于技术进步而引起的出口产品复杂度的提升（Hausmann, et al.,

---

① 低技能劳动者由于直接接触产品的加工、组装等生产环节，在"干中学"效应下可以形成经验性知识，从而在一定程度上积累有限的生产流程管理经验和产品工艺改进经验。因此，低技能劳动者并非与管理和研究工作没有任何联系。

② 需要特别指出的是"转型"与"升级"之间的关系。"转型"与"升级"在概念上存在一定的差异。"转型"是指事物的结构形态、运转模式发生转变的一个过程，是一种创新的过程；"升级"是指事物从一个相对较低的状态发展到一个相对较高的状态，是一种发展的过程。制造业出口结构变迁不仅是一个创新过程也是一个发展过程，"转型"与"升级"结合在一起才能更好地反映出制造业出口的结构变迁。因此，需要以"转型升级"来反映出制造业出口的结构变迁。

③ 上述四种视角分别衍生出了四个研究方向，并且产生大量文献。

2007）；第三，基于产品品质视角所形成的产品质量，该方法认为制造业出口升级在于出口产品品质的改进而引起的产品质量升级（Jaimovich and Merella，2015）；第四，基于产品异质性视角所形成的产品多样性，该方法认为制造业出口升级在于产品异质性引起的出口产品种类的丰裕（Hoberg and Phillips，2016）。上述四种界定制造业出口升级的内涵与衡量方式极大地丰富和深化了本书对制造业出口转型升级的认识。然而，制造业出口转型升级是一个复杂的系统，其内涵不仅仅限于某一个方面，而是多方面的集合体，如张健和鲁晓东（2018）从产品质量、技术复杂度和产品差异三个维度刻画出口产品结构的转型升级；王思语和郑乐凯（2019）则从出口产品质量和出口技术复杂度双重视角刻画出口产品升级。

本书认为，价值链角度考察制造业出口升级固然具有十分重要的作用，但价值链的位置基于国内附加值，而国内附加值则与某一国家、某一行业的开放程度有关，开放程度或者国际分工参与程度越低，则其国内附加值就越高、全球价值链位置就越高；反之则越低。例如，如果 A 国具有比较优势的纺织业不采取跨国分工的形式，而是全部由本国生产，则 A 国纺织业的国内附加值基本全部由本国创造，从而其全球价值链位置也最高。另外，当假定一定的开放程度或者国际分工参与程度，全球价值链的参与者也是十分有限的，尤其是考察细分的制造业行业时大量的行业无法在全球范围内进行分布，并且多数国家由于比较优势的差异而无法参与国际生产和制造[①]。基于上述两个原因，价值链视角考察制造业出口升级的作用则大为降低。因此，综合上述文献本书对制造业出口的转型升级的界定如下。

第一，制造业出口升级在于出口产品复杂度的提高。产品复杂

[①] 根据 WIOD 数据库可知，全球 40 个国家 GDP 总和占据了全球 GDP 总和的 85%之多，而另外 160 多个经济体却不足 15%的比重（Timmer et al.，2015）。由此可见，全球大多数国家并未参与到国际分工中，或者是参与程度十分有限。

度反映了某一产品所蕴含的技术复杂程度和生产过程的复杂性。技术复杂程度越高,生产过程越复杂,产品复杂度就越高;技术复杂程度越低,生产过程越简化,产品复杂度就越低。在行业间,纺织业产品的技术复杂度低于电子计算机行业产品的技术复杂度,比如一件衬衣的技术复杂度低于一件手机的技术复杂度;在行业内,低端电子计算机行业产品的技术复杂度低于高端电子计算机行业产品的技术复杂度,比如一部诺基亚老人机的技术复杂度低于一部苹果手机的技术复杂度。如果制造业出口产品由以纺织业产品为主逐步发展到以电子计算机行业产品为主,则表明制造业出口实现了升级;如果制造业出口产品由以低端电子计算机行业产品为主发展到以高端电子计算机行业产品为主,则表明制造业出口实现了升级。因此,如果一国制造业出口实现了由以低技术复杂度产品出口为主转移到由高技术复杂度产品出口为主,则表明该国制造业出口实现了升级。

第二,制造业出口升级也在于出口产品质量的提升[①]。产品质量反映了某一产品所蕴含的品质、属性等(Garvin,1984),内涵十分丰富。由于产品质量赋予主观评价,而产品复杂度仅反映产品的客观技术复杂性,因此产品质量不同于产品复杂度。低复杂度的产品也可以具有高产品质量,高复杂度的产品也可以具有低产品质量,比如在纺织品行业内部,不同品牌服装的质量存在较大的差异,一件精心制作的手工服装质量高于简单的机械生产服装质量,正如周其仁(2019)在《中国制造业跟过去的发展轨迹告别》一

---

① 虽然已有文献指出,从跨国横向比较来看,产品技术复杂度提升并不代表产品质量提升,如在劳动密集型产品上中国产品质量未必低于发达国家,而在资本和技术密集型产品上中国产品质量可能远低于发达国家(施炳展等,2013;刘伟丽等,2017)。但是从产业结构演进层次角度而言,产品技术复杂度的提升代表着产品质量的提升,如高技术产品的质量高于低技术产品的质量(施炳展和邵文波,2014;刘伟丽等,2017)。因此,就产业结构层面而言,产品技术复杂度的提升可以带来产品质量的提升。

文中指出的那样"不一定做高尖端的东西，把品质做好就可以"，并且以同仁堂的成功经验为案例进行说明。虽然产品质量不同于产品复杂度，但就某一行业而言，随着技术水平的提高，产品质量会逐渐提高。因此，如果一国制造业出口实现了由以低产品质量出口为主向高质量产品出口为主，则表明该国制造业出口实现了升级。

第三，制造业出口升级还在于出口产品多样化的提升。产品多样化反映了产品种类的增加，即新产品被生产。无论产品复杂度如何、产品质量如何，新产品总能被发掘。在低产品复杂度或者低产品质量行业，新产品总会被发现以取代旧产品；在高产品复杂度或者高产品质量行业，新产品也依然会被发现而取代旧产品。例如，就中国 HS8 位数层面的出口产品种类而言，无论是何种复杂度的行业或者何种质量的行业，HS8 位数的出口产品种类总是在不断增加。产品种类的增加说明了产品结构由单一化向多样化发展。因此，如果一国制造业出口产品种类不断增加，则该国制造业出口实现了升级。

与此同时，在经典的 Barro 和 Sala-i-Matin《经济增长》理论一书中，产品质量的升级和产品种类增加均来源于技术变革。在上述三种不同角度对制造业出口转型升级的界定下，出口产品复杂度的提升、出口产品质量的提高和出口产品多样性的增加，均源自技术的进步或技术的变革。因此，制造业出口的转型升级表现为基于技术进步或者技术变革所引起的出口产品技术复杂度的提升、出口产品质量的提高和出口产品多样性的增加。

虽然制造业出口演进包含出口的规模扩张和出口的转型升级，但是从演进的角度来看，规模扩张和转型升级之间也存在显著的递进关系（见图3-2）。在制造业出口演进的过程中，只有在制造业出口规模扩张到一定程度以后，贸易盈余不断扩大，制造业基础不断提升，制造业出口才能够逐渐演变为转型升级阶段。

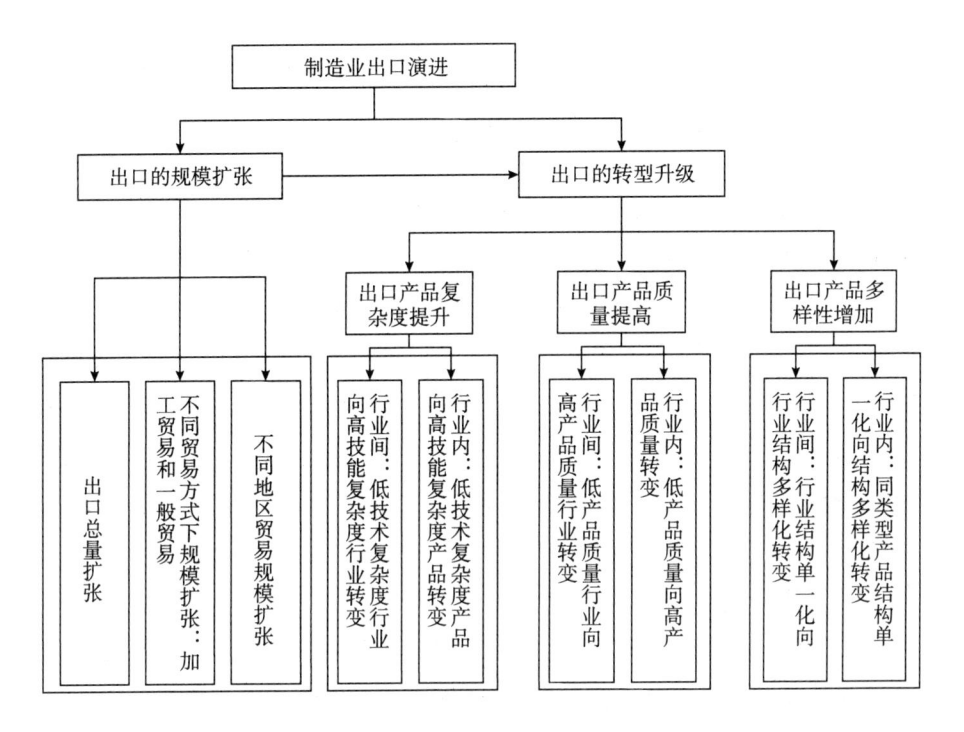

```
                        制造业出口演进
                    ┌──────────┴──────────┐
              出口的规模扩张            出口的转型升级
           ┌──────┼──────┐        ┌──────────┼──────────┐
                                出口产品复        出口产品质       出口产品多
                                杂度提升          量提高           样性增加
        ┌──┬──┐              ┌──┴──┐        ┌──┴──┐         ┌──┴──┐
```

图 3-2 制造业出口演进概念界定

三 遵循与优化比较优势

比较优势（Comparative Advantage）一词源自 1817 年的李嘉图《政治经济学及赋税原理》一书中对国家间为什么会产生贸易而提出的。其内涵为：当一个国家生产某种产品的机会成本低于另一个国家，则该国在生产该种产品中具有相对优势或者比较优势。遵循"两利相权取其重，两弊相权取其轻"的原则。例如，假设单一同质劳动者要素，一国比较优势如式（3.1）所示。

$$\frac{a_{LC}}{a_{LF}} < \frac{a_{LC}^*}{a_{LF}^*} \tag{3.1}$$

其中，C 表服装（Clothes），F 表示食物（Food）。a_{LC} 表示本国生产服装的劳动成本，a_{LF} 表示本国生产食物的劳动成本；a_{LC}^* 表示外国生产服装的劳动成本，a_{LF}^* 表示外国生产食物的劳动成本。

式（3.1）意味着本国生产服装（a_{LC}）的机会成本低于外国$\left(a_{LC}<a_{LF}\dfrac{a_{LC}^{*}}{a_{LF}^{*}}\right)$，即本国在生产服装方面具有比较优势。自李嘉图提出比较优势概念以来，经济学家以比较优势理论为根基探寻国家间比较优势差异的源泉。赫克歇尔—俄林于20世纪初从生产角度解释国家间比较优势差异的源泉，认为各国要素禀赋的差异是决定一国比较优势差异的重要原因。如果A国某一要素丰裕，则该国在生产中将会密集使用该丰裕要素，并出口密集使用该要素的产品。在具体实证检验H-O定理时，文献中往往假设一国拥有两种生产要素劳动（L）和资本（K），即劳动丰裕型国家或者资本丰裕型国家，劳动丰裕国出口劳动密集型产品，资本丰裕国出口资本密集型产品。

比较优势理论在H-O要素禀赋理论的发展下，逐渐成为研究和考察国际贸易的主流理论。围绕H-O定理，产生了大量的实证文献以论证要素禀赋理论成立的现实根基。由于H-O定理简单地考察了要素禀赋丰裕度对一国出口的影响，而忽视了要素禀赋的变化，进而导致了H-O定理在一定程度上只能解释既定时点上的某一国出口行为，而无法解释一国在连续时间点上的出口行为。尤其是"二战"后部分新独立的经济体经过几十年的发展，成为世界上重要的经济体，在国际贸易中占据重要的地位。因此，有必要进一步丰富和完善比较优势理论，以更符合真实世界[①]。

比较优势学说虽然从理论上解释了一国因何出口以及出口何种

---

① 传统的比较优势理论只能解释产业间贸易而无法解释产业内贸易或产品内贸易，但是近年来越来越多的文献发现比较优势理论的优越性，进而完善和丰富了比较优势理论。将比较优势理论与新贸易理论结合可以解释产业间贸易，如Bernard等（2003）将Bertrand竞争引入Ricardian框架中获得了与新贸易理论一致的结论。将比较优势理论与异质性劳动者结合既可以解释产业间贸易，也可以解释产业内贸易，还可以解释产品内贸易，如Grossman和Maggi（2000）、Grossman和Maggi（2002）、Grossman（2013）等文献。因此，在既有文献的支撑下，利用比较优势理论进行解释制造业行业层面的出口和转型升级是可行的。

产品，但是，无法考察一国尤其是发展中国家如何利用和发挥比较优势实现出口和转型升级。以林毅夫为代表的新结构经济学家，根据对以中国为典型代表的发展中国家的长期考察，提出一国在经济发展过程中需要采取遵循比较优势的发展战略，同时在适当时机不断优化比较优势以逐渐偏离既定的比较优势战略，培育并发展壮大新比较优势（林毅夫，2014）。其将传统国际贸易中的比较优势引入一国经济发展轨迹中，由分析国家间要素禀赋差异的关系转移到分析一国内部要素禀赋差异对国家经济发展的影响。因此，本书在新结构经济学的基础上，进一步探寻遵循比较优势和优化比较优势的关系。

根据新结构经济学的看法，遵循比较优势即表现为比较优势战略。在一国经济发展过程中，在既定的时点上，该国要素禀赋结构决定了该国的产业结构。如果该国为劳动要素资源丰裕型国家，则该国产业结构为劳动密集型产业结构；如果该国为资本丰裕型国家，则该国产业结构为资本密集型产业结构；如果该国为技术丰裕型国家，则该国产业结构为技术密集型产业结构。从初始条件出发，一国在经济发展的初期，相对于资本而言，劳动力相对更为丰裕，形成劳动密集型产业结构。如果一个国家在经济发展初期，能够充分发挥劳动力资源优势，发展劳动密集型产业，形成相对丰裕的经济剩余，那么该国的发展策略就是采取遵循比较优势的发展策略。由于新结构经济学中将劳动者同质化，忽视了技能异质性，从而只是将劳动作为一种单一的要素。根据本书的分析指出，劳动者技能是异质性的，劳动者同质化假定需要进一步扩展。因此，本书认为，遵循比较优势策略是指一国在经济发展的初期及相当长的时间内，通过利用低技能充裕这一优势[①]，大力发展低技能密集型产业，以实现经济剩余的积累，促进低技能密集型产业的发展和壮大，简称为

---

① 纵观全球经济发展过程可知，一国经济发展的初期，要素结构总是表现为：低技能劳动力资源充裕，高技能劳动力和特殊技能劳动力资源匮乏，同时资本要素也表现得相对匮乏。

"遵循初始比较优势策略"。

由于低技能劳动者的技能所固有的局限性，如果一味地采取遵循初始低技能比较优势策略，那么一国出口将会陷入低技能比较优势陷阱或者低端锁定的困局。为了摆脱陷入低技能比较优势陷阱或低端锁定的困境，必须采取措施挖掘新技能劳动者以优化或者发展低技能比较优势。优化比较优势即表现为对遵循初始比较优势策略的一种补充和发展，而非脱离初始比较优势。根据上述对遵循初始比较优势策略的定义可知，一国在经济发展的过程中，如果一味地采取遵循传统比较优势策略，就会禁锢于低技能密集型产业结构而无法自拔，进而陷入低技能密集型产业结构锁定困境。如果一国要想跳出低技能密集型产业结构，就需要在遵循低技能劳动力充裕比较优势的基础上通过一定的政策冲击挖掘、提升并培育新技能劳动力要素结构以形成新的产业结构，跳出低技能密集型产业结构锁定困境。因此，本书认为，优化比较优势策略，是指在经济发展过程中，在经济体中培育、发展并壮大新技能（高技能和特殊技能）生产要素的比重，推动经济体技术进步或技术变革，为实现产业结构转型升级提供基本技能要素支撑，如图 3-3 所示。

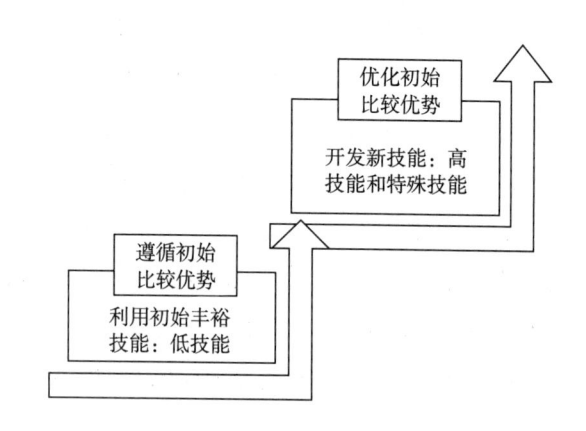

图 3-3 遵循与优化比较优势

第二节　逻辑框架

本书逻辑框架起始于李嘉图比较优势理论，但扩展了李嘉图比较优势理论中劳动同质性假设，将技能异质性引入分析框架。本书依然主要从劳动一元要素入手的主要原因如下：第一，从理论上讲，李嘉图比较优势理论是劳动价值论体系的分析范式（高师岸根，1983；蔡继明，2010；Meoqui，2011），而 H-O 要素禀赋比较优势理论是要素价值论体系的分析范式①。从根源上讲，劳动，包括简单劳动（低技能劳动者的劳动）、复杂劳动（高技能劳动者的劳动和特殊技能劳动者的劳动）是一种活劳动，是价值创造②的真实来源（马克思，2004）。而土地、资本、原材料等物质生产资料是完成一项生产活动的必备投入并且参与结果分配，这种投入虽然是必备要素并且十分重要，但是由于其缺乏活劳动的主观能动性而无法在既定的条件下创造价值。第二，从实证结果来看，测算贸易要素含量的文献均显示劳动（包括熟练劳动和非熟练劳动）占据着不可忽视的比例，并且随着劳动者技能的细化、行业技术水平的提高，贸易中劳动要素占比不降反增（Feenstra，2016）。即使是美国，Leontief（1953）也指出美国参与国际分工是以劳动密集型而不是资本密集型的生产专业化为基础，即美国参与对外贸易的目的在于节省资本和处理过剩劳动（安佳，2012）。虽然这一论断被称为"里昂惕夫悖

---

① 从李嘉图比较优势理论到 H-O 要素禀赋比较优势理论（H-O-V），体现出从单一劳动要素在生产中的作用到多要素（包括资本、土地、原材料等可观测要素）在生产中的作用，反映出了劳动价值论向要素价值论转变的过程。

② 本书所指的价值创造更倾向于技术进步。技术进步源于两个方面：第一，创新活动直接推动的技术进步；第二，要素配置效率的改进，降低无谓损失，推动技术进步。从根源上看，活劳动是创新活动的核心。因此，本书的价值创造是技术进步所产生的新价值。

论"（Leontief's Paradox），并且随后大量文献进行批评①，但是当进一步细化劳动时，即将劳动细分为熟练劳动和非熟练劳动，美国出口劳动密集型产品就不足为奇（Keeing，1965，1966；Feenstra，2016）。因此，Deardorff（1984）总结到"里昂惕夫悖论"在某些情况下仍然存在。综上所述，无论从理论层面还是从实证结果，均表明劳动（无论是低技能劳动者的劳动还是高技能劳动者的劳动和特殊技能劳动者的劳动）是分析对外贸易的基础和根本②。

一　基本逻辑

劳动作为一种活劳动具有显著异质性，而资本作为一种物化要素具有显著同质性。由于资本的同质性和劳动者技能的异质性，导致传统要素比较优势理论无法有效地解释发展中国家如何能够实现制造业出口从规模扩张到转型升级的演进规律。传统动态比较优势理论研究了劳动数量与资本数量的相对变化，认为随着经济社会的发展，劳动相对数量减少、资本相对数量增加，引起比较优势发生变化（Klein，1973；Cypher and Dietz，1998）。随着劳动相对数量的减少、资本相对数量的增加，产业结构也会逐渐由劳动密集型产业转向资本密集型产业，出口模式也由劳动密集型产业转移到资本密集型产业（Romalis，2004；Hanson et al.，2015）。虽然资本丰裕程度代表了社会的富裕程度，却不能天然地实现一国制造业出口由规模扩张到转型升级的演进，即从劳动密集型产业发展至资本密集型产业、从低技术密集型产业发展到高技术密集型产业，例如世界上资本富裕的中东石油国家并非是制造业出口的强国。原因在于资本并非具有能动性，资本的积累和使用均需要由劳动者来实施，当缺

---

① 关于货物贸易中不同要素所占比例，可以阅读 Feenstra（2016）的文献。其总结了自 H-O 要素禀赋理论问世以来，对其进行实证检验的所有重要文献。

② 本书并不否认资本要素在降低生产活动中资金约束力的作用，并且在制造业出口和转型升级过程中也发挥着调整、优化资源配置的作用。

乏劳动者的能动性之后资本变得毫无意义①,从而无法解决资本在制造业发展中的融资问题。资本的丰裕程度不能代表一国制造业的竞争力,更不能机械地认为一国资本积累到一定程度后该国的制造业就可以自然地实现由出口规模扩张到转型升级的演进。正如文献中里昂惕夫之谜解读一样,美国虽然是资本丰裕型国家,但是其出口的产品中更多的是技能因素而非资本因素(Keeing,1966)。一国产品价值链上的特定生产环节或阶段所具有的优势主要源于生产要素的优势(戴翔和张二震,2017),不同的生产环节或不同的生产阶段对生产要素的需求是不同的,尤其是对技能劳动者的差异化需求(臧旭恒等,2011)。因此,研究一国制造业出口由规模扩张到转型升级不能运用传统的劳动——资本要素禀赋比较优势理论进行解读,而应该基于技能异质性考察随着劳动者技能异质性及其演化所形成的比较优势的变化进而引起制造业出口由规模扩张到转型升级。

假设一国劳动者总量为 L,劳动者由低技能劳动者数量、高技能劳动者数量和特殊技能劳动者数量构成,其中低技能劳动者数量为 L_U、高技能劳动者数量为 L_S 和特殊技能劳动者数量为 L_E,即 $L=L_U+L_S+L_E$。同时为了简化起见,假定相对于低技能而言,高技能和特殊技能为新技能②。

(一)遵循初始比较优势:释放低技能实现制造业出口的规模扩张

在经济发展的初始阶段,一国内部禀赋结构往往表现为低技能劳动者十分丰裕。在国内生产要素市场上,相对于其他技能劳动的生产要素,低技能处于无限供给状态,同时其价格也相对廉价。此时,如果该国大力发展低技能密集型产业,则具有强大的竞争力。通过发展低技能密集型产业,一方面通过利用充裕的低技能劳动者

---

① 资本的重要性不在于资本本身的多少,而在于资本的使用。资本由谁使用、如何使用,是决定资本重要性的核心。

② 在一个转型经济体中,转型初始阶段,低技能是丰裕的,而高技能和特殊技能都是稀缺的。因此,此处将高技能和特殊技能统称为新技能。

可以化解低技能劳动者过剩现象，另一方面由于低技能劳动者禀赋结构可以形成较低价格和较高的产业竞争力，最大化获得经济剩余，进而积累经济财富。

　　根据遵循与优化比较优势的定义可知，遵循初始比较优势是指一国在经济发展的初期及相当长的时间内，通过利用低技能劳动者充裕这一优势，大力发展低技能劳动密集型产业，以实现经济剩余的积累。一国经济发展的初始阶段能够充分认识到低技能劳动者禀赋结构，大力发展低技能密集型产业，将会最优化一国产业结构，低技能密集型产业将会成为该国的优势产业。当一国内部优势产业根据低技能禀赋结构确定之后，该国所形成的低技能劳动密集型产业在国际市场中就会具有一定的竞争优势。按照李嘉图比较优势理论可知，一国充分发展自身比较优势产业将会在国际市场上出口该产品。经济发展初始阶段，一国根据国内低技能劳动者禀赋结构确定低技能劳动密集型这一优势产业，并充分发展该优势产业将会形成强大的国际市场竞争力，进而出口该优势产业。如果一国充分利用该国丰裕的低技能劳动者禀赋优势，发展低技能劳动者密集型产业，那么该国在国际贸易中就会出口低技能劳动密集型产品。因此，一个封闭型国家转向开放型后，如果能够采取遵循该国初始比较优势，充分发挥低技能劳动者禀赋优势，大力发展低技能劳动密集型产业，那么该国将会实现制造业出口规模的迅速扩张。

　　在经济发展的初始阶段，低技能劳动者数量 L_U 十分丰裕，另外两种技能劳动者数量十分稀缺。在国内劳动力市场上，相对于另外两种技能劳动者供给弹性而言，低技能劳动者数量供给弹性极低，同时低技能劳动者价格也极低。如图3-4所示，相对于高技能劳动者和特殊技能劳动者而言，低技能劳动者供给在相当长的时间范围内处于无限供给状态，此时低技能劳动者相对工资较低 w_0^U。当低技能劳动密集型制造业对低技能劳动者需求增加时，即需求曲线由 D_1^U 右移至 D_2^U，低技能劳动者相对工资并不发生任何变化，依然为 w_0^U，而低技能劳动者就业量由原来的 $L_{S_1}^U$ 增加至 $L_{S_2}^U$①。由此可见，采取遵循初始比较优势发展策略，在相对较低且稳定的工资率水平状态下，可以增加低技能劳动者就业，减少低技能劳动者过剩。

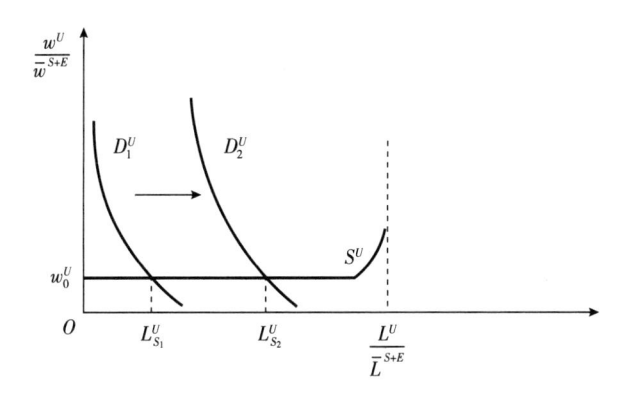

图 3-4　低技能劳动者需求与供给

当一国采取了遵循初始低技能比较优势发展策略时，低技能劳动者供给增加，根据生产理论②可知，低技能劳动密集型产业产量也会随之增加。如图 3-5 所示，当低技能劳动者供给量为 S_1^U 时，低技能劳动密集型产业产量为 Y_1^U；当低技能劳动者供给量为 S_2^U 时，低技能劳动密集型产业产量为 Y_2^U；当低技能劳动者供给增加 $S_2^U - S_1^U$ 时，低技能劳动密集型产业产量增加 $Y_2^U - Y_1^U$。由此可见，当采取遵循初始比较优势发展策略时，不断提高低技能劳动者就业量，可以不断扩大低技能劳动密集型产业产量。

---

① 为了简化起见，将高技能劳动者和特殊技能劳动者的相关变量综合在一起，例如将高技能劳动者数量与特殊技能劳动者数量之和表示为 $\overline{L}^{S+E}$。原因在于，高技能劳动者和特殊技能劳动者在制造业出口中起着转型升级的相似作用。

② 假设生产函数形式为：$Y=F(L_U, L_S, L_E)$。满足边际报酬递减规律，一阶导数大于零，二阶导数小于零，即 $\frac{\partial Y}{\partial L_U}>0$，$\frac{\partial^2 Y}{\partial L_U^2}<0$。

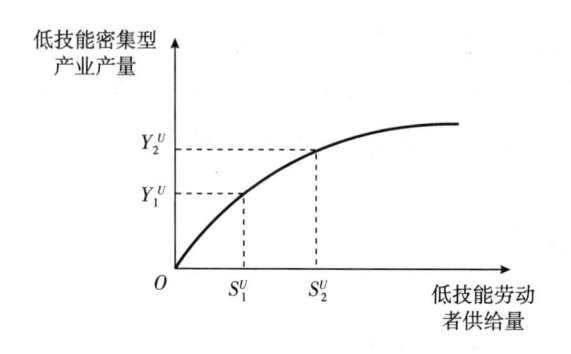

图 3-5 低技能劳动者供给与低技能密集型产业产量

随着低技能密集型产业的发展，低技能密集型产业产量在全部产品市场上供给增加，此时生产可能性曲线则沿着其他技能密集型产业产量点向外移动，低技能劳动密集型产品将会相对变得便宜。等值线如式（3.2）所示。

$$P^U Y^U + \bar{P}^{S+E} \bar{Y}^{S+E} = V \quad (3.2)$$

其中，P^U为低技能劳动密集型产业产品价格指数，$\bar{P}^{S+E}$为高技能和特殊技能密集型产业产品价格指数，V为两类产业产品的总价值。将式（3.2）可转换成式（3.3）。

$$Y^U = \frac{V}{P^U} - \frac{\bar{P}^{S+E} \bar{Y}^{S+E}}{P^U} \quad (3.3)$$

当Y^U迅速增加时，P^U会下降，而$\bar{P}^{S+E}$则会相对上升。表现为生产可能性曲线的边际转换率将会变大。如图3-6所示，当低技能劳动密集型产业产量迅速增加时，低技能劳动密集型产业产量与其他技能密集型产业产量的边际转换率将提高，更多单位的低技能劳动密集型产业的产品才能够换得一单位的其他技能劳动密集型产业产品，即$MRT_2 > MRT_1$。

当一国采取了遵循初始低技能劳动者比较优势发展策略时，该国就会逐渐专业化于低技能劳动密集型产业生产，从而进一步增加对低技能劳动者需求以进一步发展低技能劳动密集型产业。由

$a^U Y^U = L^U$ 和 $\overline{a}^{S+E} \overline{Y}^{S+E} = \overline{L}^{S+E}$ 可得到式（3.4）。

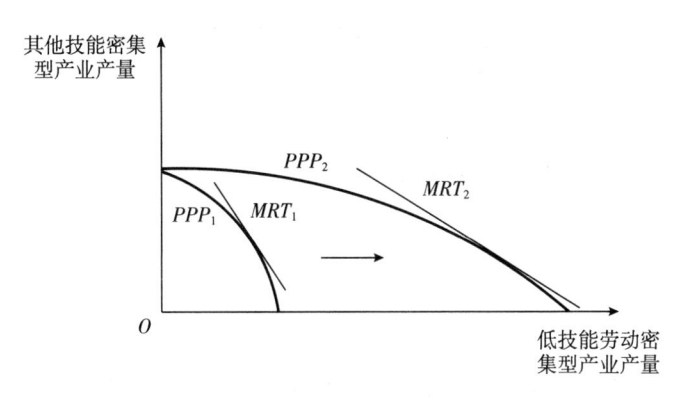

图 3-6　低技能劳动密集型产业产量的生产可能性曲线变化

$$L^U \left(\frac{P^U}{a^U} - \frac{\overline{P}^{S+E}}{\overline{a}^{S+E}} \right) = V - \frac{\overline{P}^{S+E}}{\overline{a}^{S+E}} L \qquad (3.4)$$

式（3.4）大于零，则 $\frac{P^U}{a^U} > \frac{\overline{P}^{S+E}}{\overline{a}^{S+E}}$，即专业化生产低技能劳动密集型产品。其中，$\frac{1}{a^U}$ 表示低技能劳动密集型产业劳动生产率，$\frac{1}{\overline{a}^{S+E}}$ 表示新技能劳动密集型产业劳动生产率。此时，该国将会在国际市场上变得有竞争优势，从而出口低技能劳动密集型产品。如图 3-7 所示。

由于在遵循初始低技能比较优势发展策略下本国专业化生产低技能劳动密集型产业产品。自由贸易环境下世界市场的均衡显示，只有当 $\frac{a^U}{\overline{a}^{S+E}} \leq \frac{P^U}{\overline{P}^{S+E}} \leq \frac{a^{*U}}{a^{*S+E}}$ 时，本国专业化生产低技能劳动密集型产业产品，从而出口低技能劳动密集型产业产品。

综上所述，如果一国在经济发展初始阶段能够遵循初级低技能

$$P^U/\bar{P}^{S+E}$$

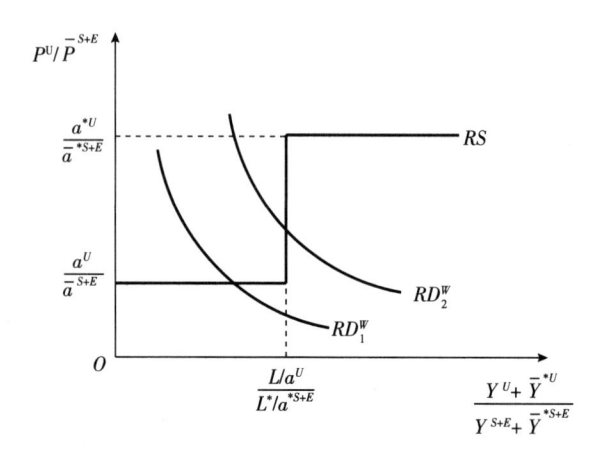

图 3-7　遵循比较优势的自由贸易环境下世界市场的均衡

丰裕这一禀赋结构，专业化生产低技能密集型产业，将会降低低技能密集型产业产品价格，增强低技能密集型产业产品竞争优势，在国际市场上具有比较优势，实现低技能密集型产业产品出口规模的扩张。当一国初始低技能劳动者越丰裕，低技能劳动者禀赋结构越突出，其专业化生产低技能密集型产业产品将会获得更大的价格优势，在国际市场上低技能密集型产业产品比较优势越明显，将会实现更大的出口规模绩效。

（二）优化初始比较优势：培育新技能以实现制造业出口的转型升级

在经济发展的初始阶段，充分发挥低技能劳动者丰裕禀赋优势，大力发展低技能密集型产业，形成比较优势产业结构，既可以化解低技能劳动者过剩现象，又可以最大化获得经济剩余、积累经济财富。在发展低技能劳动密集型产业过程中，不断地消耗低技能劳动者供给池，造成低技能劳动者剩余现象逐渐消失，推动低技能劳动者工资率的提升，低技能劳动者丰裕禀赋优势逐渐消失，低技能劳动密集型产业比较劣势逐渐凸显。同时由于经济发展的初始阶段，低技能劳动密集型产业是优势产业，可以形成巨大的经济剩余，积累社会财富，从而为发展更高级产业提供了一定的资金支持。

根据遵循与优化比较优势的定义可知，优化比较优势策略是指在经济发展过程中，在经济体中培育、发展并壮大新技能劳动力生产要素的比重，为实现产业结构转型升级提供基本技能要素支撑。随着时间的推移，初始低技能劳动禀赋优势逐渐消失，需要引入新技能劳动，以扩大新技能劳动比重，培育新技能禀赋优势，弥补低技能劳动禀赋劣势所产生的比较优势陷阱和低端锁定之不足。根据劳动者技能定义可知，新技能劳动者包括高技能劳动者和特殊技能劳动者。对于一个低技能劳动者禀赋优势极强的国家而言，逐渐培育和壮大高技能劳动者和特殊技能劳动者，就表现为对初始低技能劳动者禀赋结构比较优势的优化。这种优化是建立在遵循初始低技能劳动禀赋结构基础上并且比较优势充分发挥的前提下。只有当初始比较优势发挥到一定程度，才能够更大规模培育并壮大高技能劳动者和特殊技能劳动者规模，否则会因为经济发展阶段不适宜而出现高技能劳动者或特殊技能劳动者过剩，引发经济资源浪费。

　　随着低技能劳动者数量的减少，高技能劳动者和特殊技能劳动者数量的增加，高技能劳动者和特殊技能劳动者禀赋优势日益突出，根据比较优势原则，高技能劳动密集型产业和特殊技能劳动密集型产业将会逐渐发展壮大，成为该国的优势产业。相对于低技能劳动者，高技能劳动者和特殊技能劳动者具有更高的技能，其生产的产品技术复杂度更高、产品质量更优，并且能够产生更多差异化的产品种类。当高技能劳动密集型产业和特殊技能劳动密集型产业逐渐在国内具有一定发展优势之后，其在国际市场上也将会变得具有竞争力，促使该国制造业出口由传统的规模扩张到出口更高技术复杂产品、更高质量产品和更多差异化产品等转型升级转变。

　　由图 3-8 劳动者技能禀赋结构变化与工资率变化可知，当低技能劳动者相对减少时，刘易斯拐点将会到来，低技能劳动者供给曲线会向左移动（由 S_1^U 左移至 S_2^U），此时增加对低技能劳动者的需求会提高低技能劳动者工资率（由 w_0^U 上涨至 w_1^U），而低技能劳动者供给量则减少（由 $L_{S_2}^U$ 减少至 $L_{S_3}^U$）。此时，当对低技能劳动者相对需求越多，低技能劳动者相对工资率就会越高，在边际报酬递减规律驱使下低技能劳动密集型产业的成本优势将呈现出持续下降的趋势。如果能够通过培育、壮大新技能，培育新技能禀赋优势，发展新技能劳动密集型产业将会是帕累托效率改进型策略选择。因此，高技能劳动者和特殊技能劳动者需求增加、供给增加，其相对工资也会有所下降，从而促进高技能劳动密集型产业和特殊技能劳动密集型产业发展。

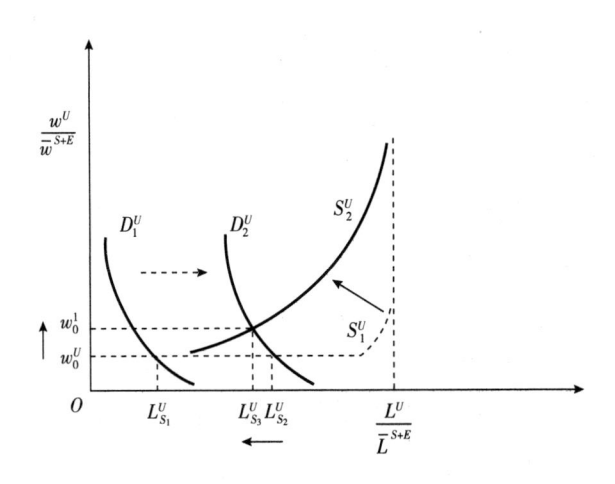

图 3-8　低技能劳动者需求与供给变化

低技能劳动者禀赋劣势的凸显，降低低技能劳动者相对生产率，继而降低其国际市场竞争力。另外，新技能劳动者禀赋优势凸显，提高新技能劳动者相对生产率，提高其国际竞争力。如图 3-9 所示，当低技能劳动者禀赋劣势凸显，低技能劳动密集型产业产品国际竞争力下降，相对于新技能劳动密集型产业产品生产率会下降（由 $\dfrac{a^U}{a^{S+E}}$ 下降到 $\dfrac{a'^U}{a'^{S+E}}$），世界相对供给曲线向左移（由 RS_1^W 左移至 RS_2^W），低技能劳动密集型产品供给量也会下降（由 $\dfrac{L/a^U}{L^*/a^{*S+E}}$ 左移至 $\dfrac{L/a'^U}{L^*/a'^{*S+E}}$）。当低技能劳动密集型产品供给量下降越多，即 $\dfrac{L/a'^U}{L^*/a'^{*S+E}}$ 越接近于原点，新技能劳动密集型产品世界相对供给量就会越多（$\bar{Y}^{S+E} = \dfrac{V}{\bar{P}^{S+E}} - \dfrac{P^U Y^U}{\bar{P}^{S+E}}$）。

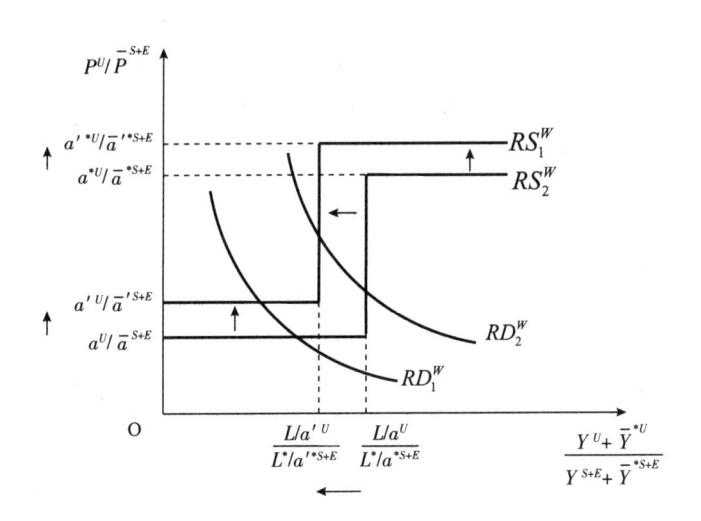

图 3-9　比较优势变化后自由贸易环境下世界市场的均衡

综上所述，当比较优势逐渐由低技能禀赋结构内生形成的低技能密集型产业结构偏向于高技能和特殊技能禀赋结构内生形成的产业结构时，高技能密集型产业和特殊技能密集型产业将会具有一定的竞争力。随着高技能劳动者和特殊技能劳动者禀赋优势的积累，高技能密集型产业和特殊技能密集型产业的竞争力也会随之越来越强，其产品国际市场竞争优势也会随之提高，并最终表现出高技能密集型产业和特殊技能密集型产业的比较优势。因此，在优化传统低技能比较优势策略下，培育、壮大高技能劳动者和特殊技能劳动者，以形成新的优势产业，并增强优势产业的竞争力，继而增强新优势产业的国际竞争力，促进制造业出口的转型升级。随着时间的推移，新技能禀赋越积累，禀赋优势也会越凸显，越能实现制造业出口的转型升级①。

二 分析框架

一国制造业出口能够实现由规模扩张到转型升级，是内因和外因共同作用的结果。从现有文献来看，对一国制造业出口实现由规模扩张到转型升级的分析往往侧重于外因的作用，并且分析较为零散。本书则从内因决定事物本质的角度构建分析框架。具体而言，在比较优势理论分析框架下，将技能异质性及其演变对制造业出口由规模扩张到转型升级影响的解读，如图3-10所示。

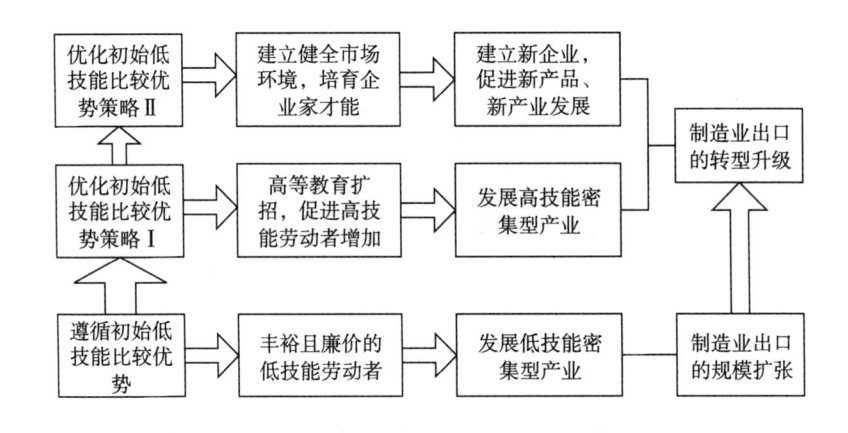

图3-10 比较优势视角下技能异质性与制造业出口演进的分析框架

首先，从遵循比较优势来看，一国要想实现制造业出口规模扩张，必须充分尊重初始发展阶段的低技能丰裕的禀赋结构。在经济

---

① 新技能会形成新的优势产业，而新的优势产业由于具有更强的竞争力，从而会对出口的规模扩张产生促进效应。由于新技能的重点在于制造业出口的转型升级而非制造业出口的规模扩张，因此本书对新技能的考察只限于制造业出口的转型升级。

发展初始阶段，低技能丰裕且廉价是一国最重要的禀赋结构。如果不能充分发挥并利用好此禀赋结构，那么将会走向违背比较优势发展的道路上来，从而造成经济结构、产业结构和对外贸易结构的扭曲，经济体也会逐渐走向封闭状态（林毅夫等，1994）。因此，在经济发展的初始阶段，一国低技能劳动者要素丰裕，低技能要素禀赋结构明显，充分利用丰裕且廉价的低技能劳动，可以促进低技能密集型产业快速发展，推动一国制造业出口规模的快速扩张。

其次，从优化比较优势来看，培育壮大新技能劳动者数量，促进产业结构升级，实现制造业出口的转型升级。在遵循初始比较优势发展策略的同时，需要逐渐培育和壮大新技能劳动者数量。如果放弃培育和壮大新技能劳动者，而一味地采取遵循初始低技能劳动比较优势，那么将会出现比较优势陷阱和低端锁定，并最终损害制造业出口。如何培育和壮大新技能劳动者？一方面，需要完善高等教育。以扩大高等教育招生规模为主要措施，扩大接受高等教育的人数，提高高技能劳动者禀赋优势。另一方面，通过建立健全市场体制机制，逐步鼓励具有较高企业家才能的个体发挥企业家精神，促进全社会创业和创新活动，增强特殊技能劳动者禀赋优势。高等教育完善和扩招，壮大高技能劳动者，促进高技能密集型产业规模扩大，推动低技能劳动密集型产业向高技能劳动密集型产业转型，实现制造业出口的转型升级。激发市场活力，培育和壮大企业家精神，促进新企业的建立，发展新产品、新产业，替代旧产品、旧产业，实现制造业出口的转型升级。通过发展高等教育、壮大高技能劳动者规模，激发市场活力、培育企业家精神，不断优化初始比较优势，建立新比较优势，突破低端锁定和高端封锁，实现制造业出口由规模扩张到转型升级的演进。

第三节　本章小结

为了更好地阐述本书核心思想，本章从概念界定到逻辑框架。首先，本章界定了本书涉及的三大核心关键词：技能异质性、制造业出口演进和比较优势。具体而言，技能异质性具体分为低技能、高技能和企业家才能（其中后两个又称为新技能）；制造业出口演进具体分为制造业出口的规模扩张（制造业出口总量的提升、不同贸易方式下出口规模的扩大、不同地区出口规模的扩大）和制造业出口的转型升级（具体包括产品技术复杂度提升、出口产品质量升级和出口产品多样化增加）；比较优势包括遵循初始低技能比较优势和优化初始低技能比较优势。在概念界定的基础上，本书构建了比较优势视角下技能异质性及其演进与制造业出口演进的逻辑框架。具体而言，逻辑框架从基本逻辑和分析框架两个角度入手。基本逻辑包括遵循初始比较优势，即释放低技能实现制造业出口的规模扩张；优化初始比较优势，培育新技能实现制造业出口的转型升级。

本书认为，如果一国在经济发展初始阶段能够遵循初始低技能丰裕这一禀赋结构，专业化生产低技能密集型产业，将会降低低技能密集型产业产品价格，增强低技能密集型产业产品竞争优势，在国际市场上具有比较优势，实现低技能密集型产业产品的出口。当一国初始低技能劳动者越丰裕，低技能禀赋结构越突出，其专业化生产低技能密集型产业产品将会获得更大的价格优势，在国际市场上低技能密集型产业产品比较优势越明显，将会实现更大的出口规模绩效。同时，当比较优势逐渐由低技能禀赋结构内生形成的低技能密集型产业偏向于高技能和企业家才能禀赋结构内生形成的产业结构时，高技能密集型产业和企业家才能密集型产业将会具有一定的竞争力。随着高技能和企业家才能禀赋优势的积累，高技能密集型产业和特殊技能密集型产业的竞争力也会随之越来越强，其产品在国际市场竞争优势也会随之提高，并最终表现出高技能密集型产业和特殊技能密集型产业的比较优势。因此，在优化传统低技能比较优势策略下，培育、壮大高技能和企业家才能，以形成新的优势产业，并增强优势产业的竞争力，继而增强新优势产业的国际竞争力，促进制造业出口的转型升级。随着时间的推移，高技能和企业家才能禀赋越积累，禀赋优势也会越凸显，越能实现制造业出口的转型升级。

第 四 章

技能异质性与中国制造业出口演变：40余年的发展历程

作为一个发展中大国，中国改革开放40余年的发展，结构变迁成为过去经济发展过程中最为显著的一个特征。从技能异质性角度来看，主要表现为低技能劳动者数量的变化、高技能劳动者数量的变化和特殊技能企业家才能的变化。从制造业出口的角度来看，主要表现为制造业出口的规模变化和制造业出口的结构变化。本章则主要基于中国过去40余年的发展历程，勾勒出技能异质性和制造业出口变化基本事实。

第一节 技能异质性的演变历程

中国由一个发展中的封闭型大国转变为一个发展中的开放型大国，初始要素禀赋表现为丰裕的低技能劳动者。在持续释放低技能劳动者的过程中，为培育和壮大高技能劳动者规模和比重，中国政府不断完善高等教育，通过扩大高等教育招生规模，促进高技能劳动者规模扩大和比重提高，尤其是1999年推行的高等教育扩招政策，更是极大地增加了高技能劳动者供给。与此同时，中国政府在转型时期，逐步引入市场经济成分，探索并完善社会主义市场经济体制，促使市场发育，创造良好的市场环境，从而激发了企业家才能，尤其是2014年李克强总理提出"大众创业、万众创新"，以及近年来对企业家的支持，进一步发展和提高了企业家才能在全社会中的影响力度。

一 初始改革的突破口：释放充裕的低技能劳动者

（一）低技能劳动者总量规模扩张

中国作为世界上人口规模最大的国家，1978年中国总人口规模为9.6亿人，到2019年年末中国总人口规模超过14亿人，达到14.0005亿人[①]。如此巨大的人口规模远远高出西方发达国家全部人口总额。同时，如此巨大的人口规模必然伴随着巨大的低技能劳动者人口规模。如表4-1所示，1982年中国低技能劳动者比重高达91.8%，即使到2017年中国低技能劳动者比重依然高达62.6%。由此可见，无论是从低技能劳动者总规模还是从比重来看，中国低技能劳动者在全部技能劳动者中的比重占据绝对优势，尤其是改革开放初期，中国低技能劳动者十分丰裕，从而凸显了经济发展阶段初期低技能劳动者的禀赋结构优势。

表4-1　　全部人口中低技能劳动者比重（1982—2017年）　　单位：%

年份	未上过学	小学	初中	合计
1982	31.9	39.9	20.0	91.8
1990	53.2		33.4	86.6
2000	42.6		39.8	82.4
2005	7.8	29.2	44.1	81.1
2010	3.4	23.9	48.8	76.1

---

① 1978年的数据来源于《中国统计年鉴》，2019年年末的数据来源于2020年1月17日国家统计局官网。

续表

年份	未上过学	小学	初中	合计
2015	2.8	17.8	43.3	63.9
2017	2.3	16.9	43.4	62.6

资料来源：1982年、1990年和2000年数据来源于第三次、第四次和第五次人口普查数据，2005—2017年的数据来源于2006—2018年的《中国劳动统计年鉴》。其中，第四次和第五次人口普查未区分未上学和小学人数。

与此同时，从各地区低技能劳动者分布情况来看，如表4-2所示，1982年中国31个省份低技能劳动者占比最高可达到99.4%，到2017年最高依然可达到82.9%，只有少数几个省份低技能劳动者比重相对较低，具体表现为：北京市为23.1%、天津市为42.0%、上海市为33.8%。因此，从地区层面来看，低技能劳动者禀赋结构存在一定的差异，但是总体上呈现出低技能劳动者比重较大的特点，尤其是经济发展相对滞后的中西部地区。

表4-2　　　各地区低技能劳动者占比（1982—2017年）　　单位：%

省份	1982年	1990年	2000年	2005年	2010年	2015年	2017年
北京	75.5	65.3	58.3	42.6	39.5	24.7	23.1
天津	82.8	74.1	68.7	62.2	57.9	42.4	42.0
河北	91.0	88.0	85.6	82.7	79.8	64.3	63.0
山西	90.9	86.4	83.6	78.1	74.0	60.4	58.1
内蒙古	90.8	83.6	81.2	73.8	73.0	65.3	61.7
辽宁	88.4	83.1	79.6	77.2	72.1	63.5	62.9
吉林	86.9	80.6	78.9	77.2	73.9	65.2	64.0
黑龙江	88.6	81.9	80.3	76.5	75.0	64.7	67.1
上海	74.2	67.6	64.8	52.5	50.2	35.0	33.8
江苏	91.6	85.8	82.1	77.4	71.4	55.7	53.2
浙江	93.7	88.6	85.1	81.9	73.5	56.8	54.0
安徽	95.0	90.2	89.3	87.1	83.0	73.2	73.8
福建	92.7	88.0	85.5	80.2	75.7	64.3	61.7

续表

省份	1982年	1990年	2000年	2005年	2010年	2015年	2017年
江西	93.0	88.0	86.4	83.7	80.1	68.1	69.5
山东	93.0	88.3	84.7	83.1	77.1	64.6	63.5
河南	92.5	88.5	86.3	84.3	80.2	68.2	67.9
湖北	90.8	85.0	82.5	81.0	75.7	62.7	63.1
湖南	92.1	87.6	85.0	81.5	75.7	64.8	60.3
广东	90.4	86.1	82.0	74.9	69.7	56.4	53.1
广西	91.9	89.4	87.0	84.7	81.3	70.9	70.6
海南		83.1	82.8	77.1	75.3	67.4	66.1
重庆			89.6	85.3	77.3	63.3	62.4
四川	95.2	91.2	89.1	89.0	83.3	73.0	72.0
贵州	96.1	91.7	91.5	89.5	86.4	81.2	79.7
云南	96.3	91.3	90.5	90.3	86.3	80.1	80.1
西藏	99.4	89.3	94.5	97.7	88.8	84.8	82.9
陕西	90.2	83.5	82.3	79.3	75.1	62.9	59.5
甘肃	92.4	93.7	86.3	84.2	80.9	70.2	70.0
青海	93.1	81.9	85.1	80.5	78.7	69.7	66.9
宁夏	92.9	83.8	83.7	78.6	74.9	64.7	61.4
新疆	91.7	82.4	81.0	75.1	74.6	60.1	58.4

资料来源：1982年、1990年和2000年数据来源于第三次、第四次和第五次人口普查数据，2005—2017年的数据来源于2006—2018年的《中国劳动统计年鉴》。其中，第四次和第五次人口普查未区分未上学和小学人数。

（二）低技能劳动者跨区流动和空间集聚

为了进一步释放中国农村和内陆地区低技能劳动者，充分利用低技能劳动者剩余，中国政府不断调整人口流动政策，促进了中国人口的城乡间、区域间的流动。如表4-3所示，在改革开放以前，中国人口自由流动被禁止，改革开放以后，随着大城市和东部地区低技能劳动者剩余的下降，中国人口流动限制逐步放松，到2003年以后人口流动政策表现为敞开流动。

表 4-3　　　　　　　　　　中国人口流动政策

时期	流动程度	政策
1958—1978 年	不允许流动	自 1958 年起,开始实施严格的户籍管制,除国家管理工作所需和婚姻之外,其他情况均不允许自由流动
1979—1983 年	限制流动	农村改革后促进了农村人口流入到城市,城市出现了走街串巷的农村小商小贩。总体而言,人口流动受到很大的限制
1984—1988 年	开始允许流动	1984 年费孝通提出小城镇发展道路理论,国家开始允许农民自带口粮、自筹资金进入小城镇。同时,广东沿海的加工贸易增大了对内地工人的需求。此阶段,出现了较大规模的跨区域人口流动
1989—1991 年	控制"盲流"	限制农民进城和乡镇企业的发展
1992—2002 年	从控制到"规范"	1992 年邓小平同志南方谈话之后,改革重启,劳动者流动增加。但是,流动需要许多证件,比如暂住证、计划生育证等。此外,面临城市改革步履维艰,部分城市出台了歧视性政策,比如北京市的"腾笼换鸟"政策
2003 年至今	敞开流动	歧视农村移民的法律文件《城市流浪乞讨人员收容遣送办法》被基本废止。之后中央颁布保障进城务工人员收益的"十七点意见"

资料来源:根据姚洋《发展经济学(第二版)》整理。

在人口流动政策变化的背景下,低技能劳动者在空间上表现出空间集聚。如表 4-4 所示,东部地区低技能劳动者占比由 1982 年的 37.18% 上升至 2010 年的 39.72%,而中部地区、西部地区分别由 33.76%、29.15% 下降至 31.89%、28.40%。与此同时,虽然北京市、天津市、上海市低技能劳动者占全市劳动者比例在下降,但是其空间集聚程度在提高,分别由 0.78%、0.72%、0.99% 上升至 0.90%、0.80%、1.30%。因此,人口流动政策的放开,通过低技能劳动者空间配置的改善,进一步释放了农村、内陆地区丰裕的低技能劳动者。

表 4-4　　　　低技能劳动者人口集中度 (1982—2010 年)　　　　单位:%

省份	1982 年	1990 年	2000 年	2010 年
北京	0.78	8.4	0.8	0.9

续表

省份	1982年	1990年	2000年	2010年
天津	0.72	0.76	0.68	0.80
河北	5.21	5.50	5.62	5.52
山西	2.50	2.73	2.62	2.64
内蒙古	1.88	1.85	1.87	1.82
辽宁	3.46	3.84	3.32	3.22
吉林	2.13	2.22	2.12	2.00
黑龙江	3.12	3.22	2.90	2.92
上海	0.99	1.06	1.08	1.30
江苏	6.12	6.01	5.98	5.64
浙江	4.01	3.85	3.86	4.16
安徽	5.11	4.49	5.15	4.76
福建	2.55	2.64	2.88	2.79
江西	3.25	3.29	3.37	3.40
山东	7.6	7.59	7.54	7.22
河南	7.42	7.67	7.71	7.16
湖北	4.72	4.66	4.90	4.13
湖南	5.42	5.74	5.32	4.86
广东	5.72	5.84	6.76	7.52
广西	3.50	3.97	3.70	3.63
海南	0.00	0.55	0.60	0.64
重庆	0.00	0.00	2.01	2.21
四川	10.59	10.28	7.14	5.49
贵州省	2.88	2.47	3.01	2.92
云南省	3.28	2.80	3.64	3.84
西藏	0.19	0.07	0.23	0.26
陕西省	2.84	2.67	2.86	2.70
甘肃省	1.97	1.51	2.09	2.00
青海省	0.38	0.29	0.39	0.44
宁夏	0.37	0.34	0.43	0.47
新疆	1.26	1.27	1.43	1.61
东部地区	37.18	38.47	39.12	39.72

续表

省份	1982 年	1990 年	2000 年	2010 年
中部地区	33.67	34.03	34.07	31.89
西部地区	29.15	27.51	26.81	28.40

资料来源：数据来源于第三次、第四次、第五次和第六次人口普查。

在低技能劳动者流动中，农民工表现得最为明显。2003 年以后，农民进城务工的限制基本消除，农民工流动规模迅速增加。由图 4-1 展示了，2008—2018 年农民工流动规模。数据显示 2008 年农民工流动规模高达 2.25 亿人，到 2018 年达到 2.88 亿人。如此规模的农民工，使农民工工资长时间内一直处于相对较低的状态，数据显示 1979—2003 年，中国农民工实际月工资低于 150 元（卢锋，2012）。由此说明，改革开放以来，中国充分发挥了充裕且廉价的低技能劳动者优势。

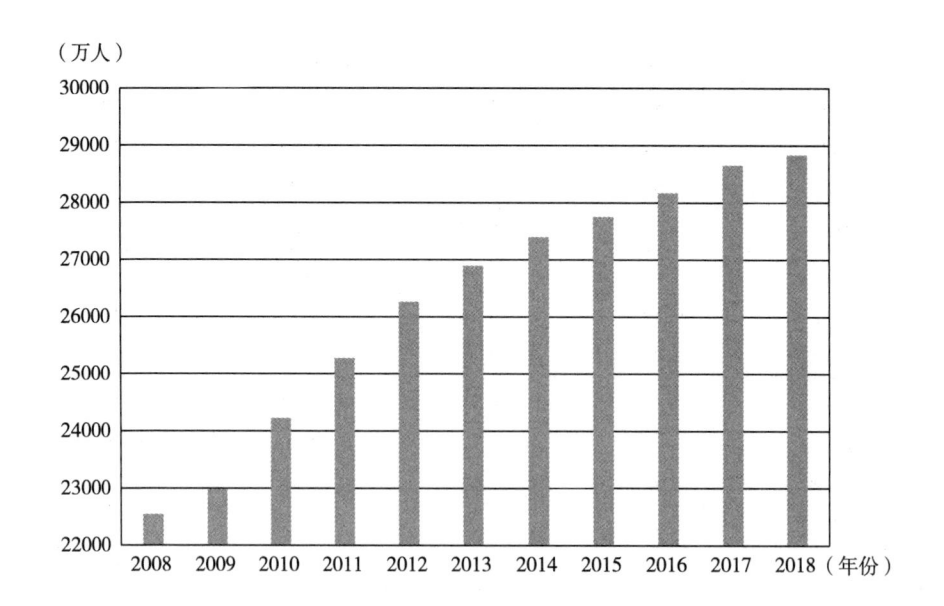

图 4-1 农民工数量（2008—2018 年）

资料来源：2013 年和 2018 年的《农民工监测调查报告》。

综上所述，一方面，中国作为人口规模最大的国家之一，低技能劳动者无论从绝对规模还是相对规模，均具有显著的禀赋结构优势；另一方面，为了进一步释放低技能劳动者，缓解低技能劳动者过剩现象，中国政府不断放松人口流动政策，促进农村、内陆地区人口流入到城市和东部沿海地区，提高了低技能劳动者的空间集聚程度。

二 发展途中的转折点：迅速扩张的高技能劳动者

既有文献研究表明2003年以后中国农民工工资开始呈现出快速上涨的趋势，东南沿海地区出现了"用工荒"的现象①（卢锋，2012；Zhang, et al., 2011）。中国在2003年前后出现了刘易斯拐点，农村剩余劳动力逐渐减少，农民工工资快速上涨（蔡昉和都阳，2011；蔡昉，2022）。此时，如果继续以既有的速度发展低技能密集型产业，加大对低技能劳动者的需求将变得日益困难。由于低技能劳动者技能水平较低，其边际递减效应会呈现出加速下降趋势，面临低技能劳动者工资快速上涨局面，必须采取以提高质量弥补数量下降的措施加以应对（Fleisher, et al., 2010）。同时，21世纪是创新的世纪，中国要想实现创新升级、增加竞争力，也必须提高劳动者技能。快速增加高技能劳动者的供给成为此时中国发展的转折点。

改革开放以来，中国政府一直致力于发展教育，数据显示，2017年中国拥有51.2万所学校，1578万名教师，2.65亿在校学生，

---

① 根据卢锋（2012）测算中国农民工实际工资结果可知，从1979年到2002年农民工实际工资由90元/月左右增长到150元/月左右，年平均增长率仅为2%左右；从2003年农民工实际工资相对于2002年农民工实际工资增长率超过10%；从2003年到2009年农民工实际工资由170元/月左右增长到350元/月左右，年平均增长率达到14%左右。由此可见，中国农民工实际工资在2003年以前增长速度十分缓慢，在2003年以后增长速度大幅度提高。

各级各类教育规模均居世界首位①。与高技能劳动者相对应的高等教育事业更是得到了显著的发展。自 1977 年恢复高考以来，中国高等教育事业处于一个相对缓慢的发展阶段，1978—1991 年每年高等教育招生规模不足 70 万人，1993—1998 年每年高等教育招生规模在 90 万—100 万人。由于中国巨大的低技能劳动者禀赋优势，使改革开放以后，中国产业结构升级对高技能劳动者的需求十分有限。随着低技能劳动者红利的削弱，以提高质量来弥补数量不足的需求日益突出。1998 年，中国政府推行了高等教育扩招政策，1999 年高校招生规模相比 1998 年增加了 54 万人，增长率高达 50%，此后，高校招生规模持续走高，2017 年招生规模高达 761.5 万人，录取率超过 75%，如图 4-2 所示。由此可见，中国在改革开放前 20 年，缓慢推动高技能劳动者数量增加，后 20 年大规模推动高技能劳动者数量增加。

图 4-2　高校招生规模（1978—2017 年）

资料来源：1987—2018 年的《中国教育统计年鉴》。

---

① 数据来源于中华人民共和国中央人民政府官网，《努力让十三亿人民享有更好更公平的教育——党的第十八次全国代表大会以来中国教育改革发展取得显著成就》，http：//www.gov.cn/xinwen/2017-10/17/content_5232238.htm。

高等教育事业发展的结果是高技能劳动者规模逐渐增加、占比逐年提高。如图4-3所示,1982年全国高技能劳动者占比仅为0.49%,1990年占比为1.99%,2000年占比为4.36%,2005年占比达到6.78%,2010年占比超过10%,达到10.09%,2015年和2017年占比分别为17.4%和18.2%。由此可见,随着时间的推移,中国高技能劳动者在就业群体中所占比例逐渐提高,并且已经接近1/5比重。从各地区高技能劳动者占比情况来看,改革开放初期,各地区均存在一定程度的高技能劳动者就业比例,随着高等教育事业的发展和高技能劳动者数量的增加,各地区高技能劳动者就业比例逐渐提高,到2017年北京市高技能劳动者就业比例高达50%以上,其他省市也均达到了较高的就业比例(见附录一)。

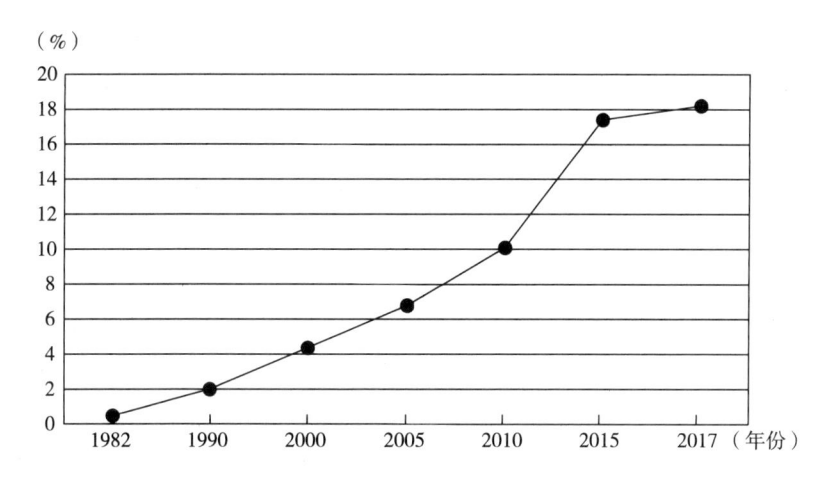

图4-3 全国高技能劳动者占比(1982—2017年)

资料来源:1982年、1990年和2000年数据来源于第三次、第四次和第五次人口普查数据,2005—2017年的数据来源于2006—2018年的《中国劳动统计年鉴》。

综上所述,自1977年恢复高考以来,中国高等教育事业发展经历了两个阶段:1978—1998年缓慢发展阶段,1999年至今快速发展阶段。前20年的高等教育事业缓慢发展适应了当时充分发挥低技能劳动者禀赋优势的特点,而此后高等教育事业快速发展则弥补了低技能劳动者禀赋劣势，需要通过提高劳动者技能弥补低技能劳动者数量衰减所产生的负面效应。低技能劳动者与高技能劳动者数量的变化极大地展现出了渐进式改革的优点，根据不同经济发展阶段，发挥不同技能劳动者禀赋，以实现制造业出口由规模扩张到转型升级的过程。

三 夹缝生存的新力量：不断壮大的企业家群体

中国作为一个社会主义国家，受到历史因素的影响，计划经济时期企业家才能受到严格的限制，改革开放以后市场经济因素逐渐引入，市场环境逐渐改善，市场发育程度逐渐提高，企业家才能也得到了快速释放。纵观改革开放40多年，中国企业家的创业出现三次浪潮：第一次为20世纪70年代末到80年代末乡镇企业的发展[①]。乡镇企业的发展得益于改革开放初期的农村改革，使大量具有较高企业家才能的个体开展个体经营或创办乡镇企业。20世纪80年代，乡镇企业如雨后春笋般快速发展。如图4-4所示，1978—1998年，中国乡镇企业发展十分迅猛，尤其是1984年开始快速增长，到1994年总共有2494.5万个企业，从而达到了历史顶峰。

第二次为20世纪90年代到21世纪初政府及事业单位工作人员下海经商。1992年邓小平南方谈话之后确立了社会主义市场经济体制建设的改革目标，一大批政府、事业单位员工开始创办私人工商业。据统计，1992年有12万名政府工作人员辞职，约1000万人停薪留职以兴办工商业，数以千计的事业单位员工加入创业大军（张维迎和王勇，2019）。此阶段的创业浪潮释放了企事业单位里具有较高企业家才能的个体发挥企业家精神而创办企业。

---

① 从产权角度讲，乡镇企业并不是一个现代意义上的公司企业。同时乡镇企业的建立在一定程度上存在不合理性。但是乡镇企业的快速兴起确实说明了农村地区具有较高企业家才能的企业家精神得到释放。

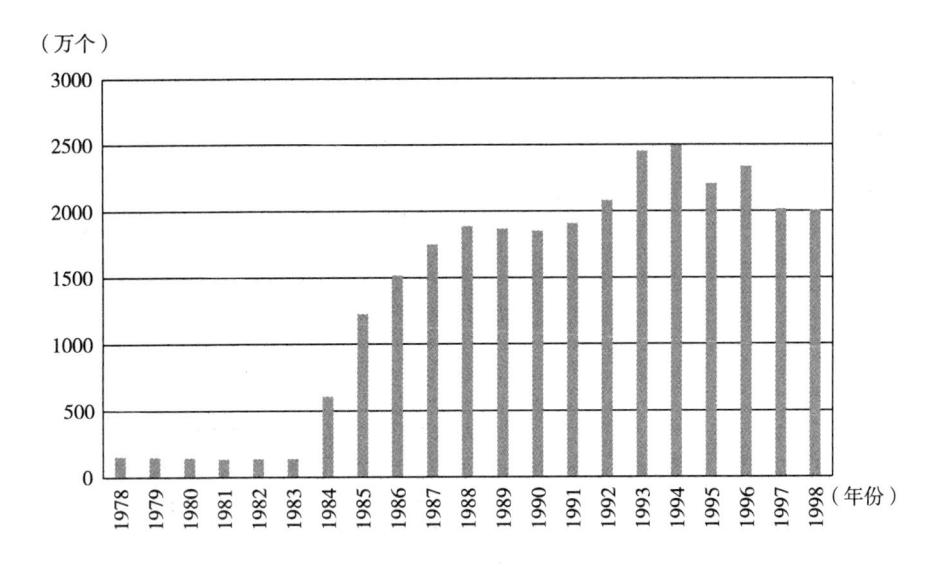

图 4-4 中国乡镇企业数量（1978—1998 年）

资料来源：1984—1999 年的《中国统计年鉴》。

第三次为 21 世纪初海外归国人员和工程师转入创业活动。21 世纪初互联网等高新技术迅速发展，大量的海外归国人员和工程师借助自身高技能水平和专业素养，迅速投身于创业活动，出现了大量的学者型企业家。此阶段的创业浪潮释放了高学历群体中具有较高企业家才能的个体发挥企业家精神而创办高新技术企业，从而成为推动中国高新技术产业发展的中坚力量。

图 4-5 为 1992—2017 年民营企业和个体企业发展情况。由图 4-5 可知，1992—2017 年民营企业呈现出持续增长的态势，由 1992 年的 13.96 万家增加到了 2017 年的 2726.4 万家，年平均增长率高达 21.10%；1992—2017 年个体企业呈现出波动型快速增长的态势，由 1992 年的 1533.92 万家增加到了 2017 年的 6579.2 万家，年平均增长率达到 5.82%。

为加快我国企业家精神的培育和发展，2014 年李克强总理提出了"大众创业、万众创新"的口号，进一步激发全社会的企业家热情。2017 年 9 月 8 日国务院下发《关于营造企业家健康成长环境弘

（万家）

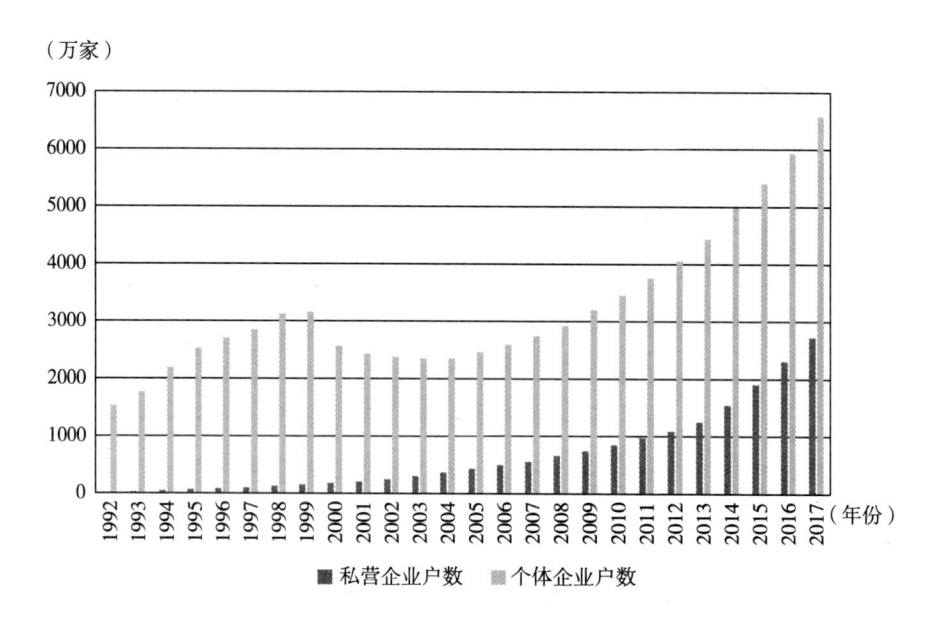

图4-5 民营企业和个体企业户数（1992—2017年）

资料来源：1993—2018年的《中国统计年鉴》。

扬优秀企业家精神更好发挥企业家作用的意见》文件，其中指出"营造企业家健康成长环境，弘扬优秀企业家精神，更好发挥企业家作用，对深化供给侧结构性改革、激发市场活力、实现经济社会持续健康发展具有重要意义。"面临2018年上半年的社会舆论，2018年11月1日民营企业座谈会上习近平总书记强调要"大力支持民营企业发展壮大"。2019年10月31日党的十九届四中全会通过《中共中央关于坚持和完善中国特色社会主义制度、推进国家治理体系和治理能力现代化若干重大问题的决定》强化了"两个毫不动摇"。因此，随着社会主义市场经济体制的完善，中国政府越来越重视优化市场环境，强调企业家精神的重要性，支持和壮大企业家精神。

综上所述，由于历史原因，中华人民共和国成立以来，在相当长的时间内，企业家精神受到排斥。即使是改革开放以后相当长的时间里，企业家精神依然不被重视，呈现出在夹缝中生存并壮大的特点，为中国经济发展做出了重要贡献。随着社会主义市场经济体制的建立健全，企业家精神作为一种特殊技能逐渐得到中央政府的重视、肯定和支持，企业家精神得到了进一步发展。

第二节 中国制造业出口演变历程

改革开放以前，中国制造业出口规模小、技术水平低。随着改革开放的推进，中国经济逐渐融入世界经济体系，成为世界第二大经济体。中国出口贸易历经40余年发展，逐渐演变成为世界第一大货物出口国。与此同时，出口贸易规模持续扩张的过程中，21世纪开始中国制造业出口不断升级，由低附加值向高附加值、由低质量向高质量、由品种单一向多样化转变。因此，中国制造业出口既表现出规模扩张又表现出在规模扩张到一定程度以后开始转型升级，呈现出量质并进的特征（岳云震，2019）。

一 中国制造业出口总量：规模扩张

（一）制造业出口的总量规模扩张

中华人民共和国成立以后，为了迅速实现国富民强的目标，中国政府采取了以优先发展重工业为目标的发展战略。由于重工业的基本特征与中国当时的经济状况不匹配，违背中国当时的资源比较优势，缺乏内生经济发展动力，导致国民经济的内向化。1978年年底，中国政府实施了改革开放，放弃优先发展重工业的发展战略，转向以充分发挥中国密集型劳动力资源的相关产业，形成内生经济发展动力，转向了外向型经济发展战略。

如图4-6所示，自1978年以来，中国货物出口发展十分迅速。从中国货物出口总额来看，1978年中国出口总额为97.5亿美元，到2017年中国出口总额为22633.7亿美元，40多年的时间中国货物出口总额由不到100亿美元发展到2.3万亿美元左右。从中国货物出口总额增长率来看，改革开放后的第一年 1980 年增长率高达 33%，之后虽然有所下降但一直处于相对较高的状态，年平均增长率高达 14%，高于同期的国内生产总值的增长率 13.8%。除 2008 年国际金融危机和 2015—2016 年中美贸易摩擦外，中国货物出口总额增长率始终处于正的增长率。从中国货物出口总额占国内生产总值比例来看，1978 年中国出口占 GDP 的比重仅为 4.6%，2006 年达到历史峰值的 35.6%，后下降至 2017 年的 18.5%。由此可知，中国自 1978 年以来，货物出口增长十分迅速，无论是从绝对量还是相对量均表现出良好的发展态势①，并且其增长速度高于同期国内生产总值的增长速度。

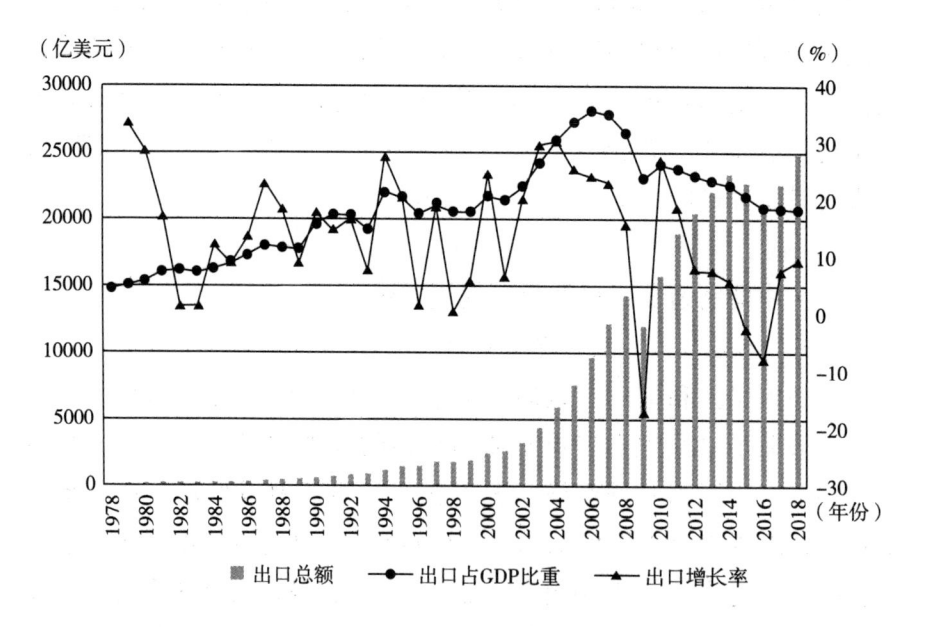

图 4-6 中国货物出口总额、增长率及其占 GDP 比重（1978—2018 年）

资料来源：1992—2019 年的《中国统计年鉴》。

---

① 从图 4-6 的出口总额柱状图直观看，中国货物出口总额呈现出时间结构突变，但是从增长率曲线来看并没有明显证据证明中国货物出口总额呈现出时间结构突变。

(二) 不同贸易方式下出口规模扩张

中国货物出口总额快速增长的同时，不同贸易方式下的出口总额也呈现出快速增长的态势。如图 4-7 所示，一般贸易出口总额和加工贸易出口总额均呈现出持续增长的态势。一般贸易出口总额由 1981 年的 208 亿美元增加到 2017 年的 12300.2 亿美元，年平均增长率为 11.33%；加工贸易出口总额由 1981 年的 11.31 亿美元增加到 2017 年的 7587.68 亿美元，年平均增长率为 18.08%。由此可见，无论是一般贸易出口还是加工贸易出口，均表现出规模迅速扩张的特征。

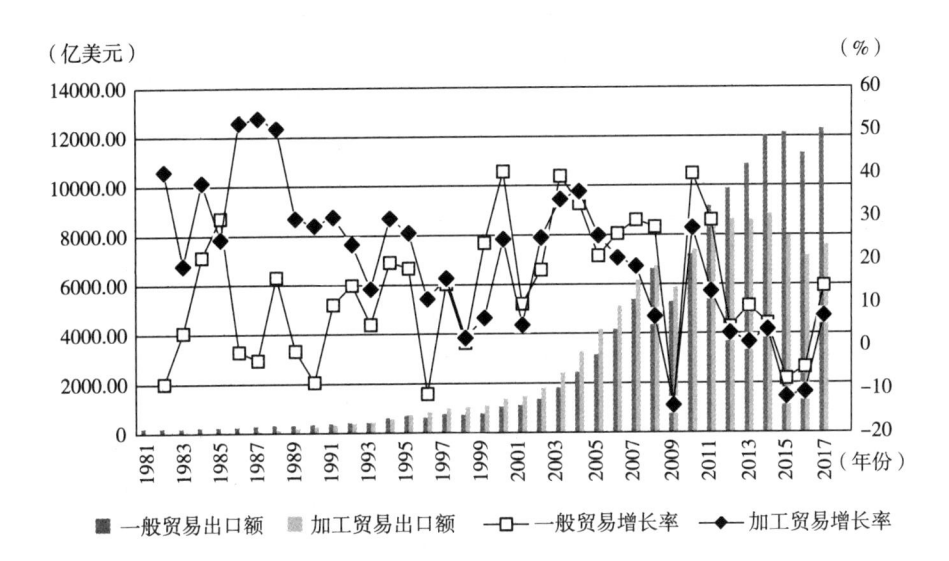

图 4-7 一般贸易和加工贸易出口总额及其增长率（1981—2017 年）

资料来源：1990—2018 年的《中国贸易外经统计年鉴》。

(三) 不同地区出口规模扩张

此外，在出口规模快速扩张的过程中，不同地区出口总额也呈现出快速增长的态势。如表 4-5 所示，各个地区出口总额均呈现出持续增长的态势。例如，从出口规模最大的广东省情况来看，1992 年广东省出口总量为 333.25 亿美元，到 2017 年达到 6763.10 亿美元，出口总量增长了 20 余倍，年平均增长率达到 12.04%；从出口规模最小的青海省情况来看，1992 年青海省出口总量为 0.85 亿美元，到 2017 年达到 2.80 亿美元，出口总量增长了 3 倍之余，年平均增长率达到 4.76%。由此可见，无论是出口规模最大的省份还是出口规模最小的省份，均表现出出口规模迅速扩张的特征。

表 4-5　　　　　不同地区出口规模（1992—2017 年）　　　　单位：亿美元

省份	1992 年	1995 年	2000 年	2005 年	2010 年	2015 年	2017 年
北京	15.25	59.58	76.67	183.97	307.17	290.01	264.80
天津	18.40	44.37	76.74	260.32	377.71	483.60	426.40
河北	19.48	24.88	32.78	120.34	279.74	476.56	437.30
山西	3.72	18.03	20.91	63.05	67.41	114.39	138.60
内蒙古	5.67	5.13	11.14	22.87	43.57	61.34	58.10
辽宁	58.41	70.93	105.89	246.72	429.43	511.00	494.30
吉林	11.52	11.25	14.87	27.64	45.07	53.63	52.60
黑龙江	18.70	29.55	24.24	57.89	85.06	63.17	52.70
上海	64.86	131.34	246.40	865.83	1732.55	1786.99	1741.30
江苏	40.02	100.62	263.77	1245.97	2814.49	3488.33	3749.70
浙江	35.73	82.79	204.82	815.51	2009.44	2830.03	2924.00
安徽	6.70	13.26	21.19	50.81	109.27	276.54	300.10
福建	43.82	81.06	136.23	359.46	666.19	937.95	922.40
江西	6.48	8.44	11.88	26.54	118.07	301.41	248.10
山东	40.26	90.30	160.93	477.21	1103.01	1484.94	1573.00
河南	8.16	14.89	15.87	56.13	121.94	457.79	501.20
湖北	11.58	18.19	19.03	41.87	139.10	270.98	290.10
湖南	11.37	13.52	16.32	38.56	85.78	190.85	176.70
广东	333.25	590.48	934.28	2409.75	4671.77	7301.88	6763.10
广西	8.84	16.30	16.40	28.72	65.25	140.56	144.00
海南	8.98	4.81	6.09	8.52	21.62	42.68	43.00
重庆	3.42	5.69	10.60	23.98	69.94	399.38	378.30
四川	8.82	14.68	14.34	40.92	124.03	283.87	351.70
贵州	2.07	3.97	4.82	11.35	20.16	54.50	55.00

续表

省份	1992年	1995年	2000年	2005年	2010年	2015年	2017年
云南	6.13	11.77	10.93	23.86	51.08	106.65	96.60
西藏	0.94	0.13	1.09	1.07	5.38	5.27	3.70
陕西	6.23	10.36	13.27	38.41	56.35	146.22	238.10
甘肃	2.65	3.42	4.21	11.06	12.75	21.59	16.90
青海	0.85	1.18	1.34	3.13	3.18	3.67	2.80
宁夏	0.65	1.67	3.54	8.08	15.52	23.69	26.70
新疆	4.33	5.19	11.47	49.93	125.55	125.23	162.50

资料来源：1993—2018年的《中国统计年鉴》。

（四）中国出口在世界贸易中的地位变化

在中国出口总量规模迅速扩张的同时，中国出口占世界出口总额的比重也在快速地发生变化。如图4-8所示，在改革开放之初，中国出口总额占世界出口总额比重仅占1.1%，发展到2015年的13.8%。与之相对应的是，中国出口总额在世界出口总额中的排名也不断上升，由1980年的第26位上升至2009年的第1位，成为世界上出口规模最大的国家。

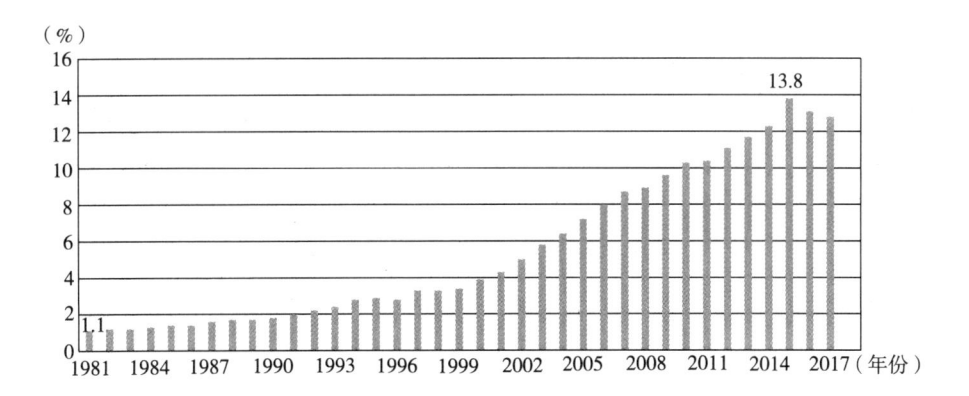

图4-8 中国出口占世界出口总额的比重（1981—2017年）

资料来源：1990—2018年的《中国贸易外经统计年鉴》。

二 中国制造业出口结构：转型升级

（一）不同贸易方式下出口结构变化

中国货物出口总量快速增长的同时，中国制造业出口内部结构也在不断地发生变化，包括制造业出口贸易方式的变化、制造业出口技术行业的变化。根据相关的法律和已有的文献定义可知，加工贸易和一般贸易存在显著的差异。加工贸易不是一种全要素贸易，而是一种以劳动力为基础的生产要素贸易，其本质是一种特殊形式的"劳务输出"（袁欣和张辰利，2014）。加工贸易主要以低技能劳动力通过简单加工、组装等形式形成最终产品并销售；而一般贸易则不仅包括低技能的简单加工、组装，更重要地体现了一国综合国力的竞争（李菲菲，2012）。因此，在一国对外贸易结构中，一般贸易比重的提高、加工贸易比重的下降，意味着该国出口竞争力的提升。

如图4-9所示，1981—2017年，中国制造业出口中贸易方式比例发生了显著的变化，一般贸易比例呈现出"U"形结构、加工贸易比例呈现出倒"U"形结构。具体而言，1978—1993年，一般贸易比重持续下降，加工贸易比重持续上升，但一般贸易比重始终处于优势位置；1994—2010年，一般贸易比重开始低于加工贸易比重，但是1996—2006年加工贸易比重并未呈现出持续上升的态势而是维持在55%的比重左右，一般贸易比重并未呈现出持续下降的态势而是维持在42%的比重左右；2011年至今，一般贸易比重再次呈现快速上升的趋势并超过了加工贸易比重，而加工贸易比重则持续下降到2017年的34%低于1989年的36%。由此说明，中国外贸自主发展能力逐渐增强。

（二）不同技术层次下贸易结构变化

第一，如图4-10所示，1980—2017年三类技术行业的出口比重。其中，轻纺和金属制品为低技术行业、化学品及有关产品为中

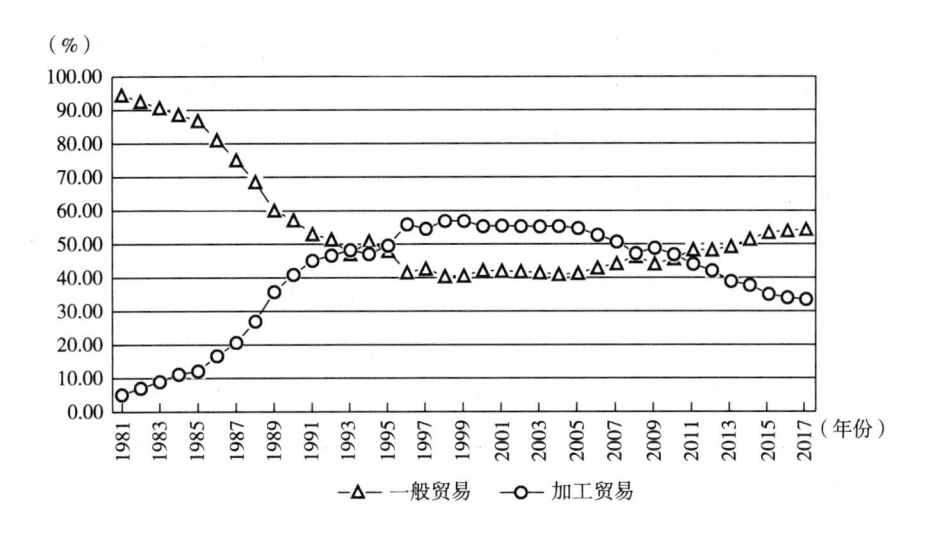

图 4-9　一般贸易和加工贸易比重（1981—2017 年）

资料来源：1990—2018 年的《中国贸易外经统计年鉴》。

技术、机械及运输设备为高技术①。由图 4-10 可知，轻纺和金属制品②在工业制成品中所占比例始终处于较高的位置，均超过 40%的水平，说明低技术制造业出口是中国制造业出口重要组成部分。与此同时，从时间趋势来看，轻纺和金属制品在改革开放初期发挥着重要的作用，一直处于 50%以上的比例，但是在改革开放的过程中其又表现出了持续下降的趋势。由此说明，低技术行业在中国制造业出口中扮演着参与国际分工、促进制造业出口的重要作用，但是随着时间的推移，由于其技术水平的限制使其在出口比重中呈现出不断下降的趋势，比较优势逐渐下降。从化学品及有关产品在工业制成品中所占比例来看，始终处于相对稳定的比重状态之下，但处于缓慢下降的态势，其 1980 年所占比重为 12%，到 2017 年仅为 6.5%。由此说明，作为中技术的化学品及有关产品，在中国制造业

---

① 根据统计数据可知，工业制成品包括轻纺和金属制品、化学品及有关产品、机械及运输设备、杂项制品四大类。

② 在计算过程中，将杂项制品归入了轻纺和金属制品行业中。

出口中扮演的角色相对较弱，并且随着时间的推移，在中国制造业出口中的比例逐渐下降。从机械及运输设备在工业制成品中所占比例来看，比例处于不断攀升的状态之中，由1980年的9%上升至2017年的50%。从时间节点来看，1980—1991年，机械及运输设备所占比重相对稳定，维持在10%比重左右；1992—2003年，机械及运输设备所占比重快速上升，由1992年的19%上升至2003年的46%；2004年至今，机械及运输设备所占比重逐渐超过轻纺和金属制品比重达到50%左右的比重。由此说明，高技术行业出口在中国制造业出口中发挥着越来越重要的作用，体现出中国制造业出口的技术升级效应。

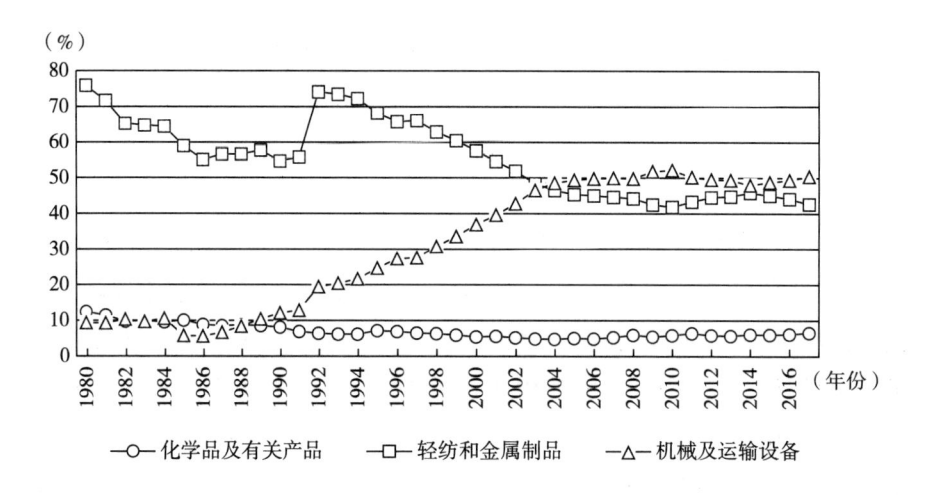

图 4-10 三类技术行业的出口比重（1980—2017年）

资料来源：1990—2018年的《中国贸易外经统计年鉴》。

第二，表4-6给出了1992年以来一般贸易出口中主要行业出口总额。由表4-6可知，纺织业行业出口比重持续下降，由1992年的32%下降至2017年的19%；化工产品、塑料行业出口缓慢上升，由1992年的9%上升至2017年的13%；机械、电子产品行业出口快速上升，由1992年的6%上升至2017年的23%，其中2016年达到29%。由此说明，在代表综合国力的一般贸易出口中，低技术行业出口持续下降,中技术行业出口缓慢上升,而高技术行业出口则快速上升。

表4-6 主要制造业行业的一般贸易出口 单位:10亿美元

年份	化工产品、塑料	纺织业	鞋帽	金属制品	机械、电子产品	交通工具	杂项制品
1992	0.09	0.32	0.02	0.06	0.06	0.02	0.03
1993	0.10	0.35	0.03	0.06	0.07	0.01	0.04
1994	0.09	0.37	0.03	0.06	0.07	0.01	0.05
1995	0.11	0.31	0.03	0.08	0.09	0.02	0.06
1996	0.12	0.29	0.03	0.08	0.08	0.02	0.06
1997	0.11	0.32	0.03	0.08	0.08	0.01	0.07
1998	0.12	0.31	0.04	0.09	0.08	0.01	0.07
1999	0.12	0.30	0.04	0.09	0.11	0.02	0.07
2000	0.11	0.30	0.03	0.10	0.11	0.03	0.08
2001	0.11	0.29	0.04	0.09	0.13	0.03	0.08
2002	0.11	0.30	0.04	0.09	0.14	0.03	0.08
2003	0.10	0.30	0.04	0.09	0.15	0.03	0.08
2004	0.10	0.28	0.03	0.12	0.16	0.03	0.08
2005	0.10	0.27	0.03	0.13	0.17	0.04	0.08
2006	0.10	0.26	0.03	0.16	0.18	0.04	0.08
2007	0.10	0.24	0.03	0.17	0.20	0.05	0.08
2008	0.10	0.21	0.03	0.18	0.22	0.05	0.08
2009	0.11	0.25	0.04	0.11	0.24	0.04	0.10
2010	0.11	0.23	0.04	0.12	0.25	0.04	0.08
2011	0.12	0.22	0.04	0.12	0.25	0.05	0.09
2012	0.12	0.21	0.04	0.12	0.25	0.05	0.11
2013	0.11	0.21	0.04	0.11	0.25	0.05	0.11
2014	0.11	0.21	0.04	0.12	0.26	0.05	0.10
2015	0.11	0.19	0.04	0.12	0.27	0.04	0.11
2016	0.11	0.19	0.03	0.11	0.29	0.04	0.11
2017	0.13	0.19	0.03	0.12	0.23	0.05	0.12

资料来源:1992—2006年的数据来源于罗伯特·芬斯特拉、魏尚进主编的《全球贸易中的中国角色》的"引言"部分,2007—2017年的数据来源于2008—2018年的《中国贸易外经统计年鉴》。

第三，表4-7给出了1992年以来加工贸易出口中主要行业出口总额。从表4-7可知，纺织业行业出口比重持续下降，由1992年的33%下降至2017年的4%；化工产品、塑料行业出口缓慢上升，由1992年的5%上升至2017年的6%；机械、电子产品行业出口快速上升，由1992年的22%上升至2017年的66%。由此说明，在代表一国技能劳动力资源优势的加工贸易出口中，低技术行业出口持续下降，中技术行业出口缓慢上升，而高技术行业出口则快速上升。体现出加工贸易在历时多年的发展中也在不断地转型升级，由传统的低技术行业加工向现代化的高技术行业加工转变，并且其转型速度较快。

表4-7　　　　　主要制造业行业的加工贸易出口　　　　单位：10亿美元

年份	化工产品、塑料	纺织业	鞋帽	金属制品	机械、电子产品	交通工具	杂项制品
1992	0.05	0.33	0.10	0.05	0.22	0.03	0.15
1993	0.05	0.30	0.11	0.05	0.24	0.03	0.16
1994	0.05	0.28	0.10	0.05	0.27	0.03	0.15
1995	0.06	0.26	0.08	0.08	0.28	0.04	0.14
1996	0.06	0.26	0.08	0.06	0.30	0.04	0.14
1997	0.06	0.24	0.07	0.07	0.31	0.04	0.14
1998	0.06	0.22	0.07	0.05	0.35	0.05	0.14
1999	0.06	0.20	0.06	0.05	0.39	0.04	0.14
2000	0.06	0.18	0.05	0.04	0.43	0.04	0.13
2001	0.06	0.17	0.05	0.04	0.47	0.04	0.12
2002	0.05	0.14	0.04	0.04	0.52	0.04	0.12
2003	0.05	0.11	0.03	0.04	0.58	0.04	0.10
2004	0.05	0.10	0.03	0.04	0.61	0.04	0.10
2005	0.08	0.08	0.03	0.03	0.62	0.04	0.11
2006	0.05	0.08	0.02	0.03	0.63	0.04	0.10
2007	0.05	0.07	0.03	0.03	0.65	0.05	0.10
2008	0.05	0.06	0.02	0.02	0.64	0.05	0.10
2009	0.05	0.06	0.02	0.02	0.65	0.06	0.09

续表

年份	化工产品、塑料	纺织业	鞋帽	金属制品	机械、电子产品	交通工具	杂项制品
2010	0.05	0.06	0.02	0.02	0.64	0.07	0.09
2011	0.06	0.06	0.02	0.02	0.62	0.08	0.09
2012	0.05	0.05	0.01	0.02	0.61	0.07	0.09
2013	0.06	0.05	0.01	0.02	0.62	0.05	0.09
2014	0.04	0.05	0.02	0.02	0.62	0.06	0.09
2015	0.05	0.05	0.02	0.02	0.64	0.06	0.09
2016	0.06	0.04	0.01	0.02	0.65	0.05	0.10
2017	0.06	0.04	0.01	0.02	0.66	0.05	0.10

资料来源：1992—2006 年的数据来源于罗伯特·芬斯特拉、魏尚进主编的《全球贸易中的中国角色》的"引言"部分，2007—2017 年的数据来源于 2008—2018 年的《中国贸易外经统计年鉴》。

（三）不同企业性质下贸易结构变化

改革开放以后，社会主义市场经济体制的建立健全，非公有制经济的引入、发展和壮大，丰富了不同所有制经济成分。图 4-11 给出了 1981—2017 年国有企业、外商投资企业和其他企业[①]出口结构变化。从图中可以看出，在改革开放初期国有企业出口比重高达 99%，随后开始快速下降，到 2000 年其比重被外商投资企业超过，到 2006 年被其他企业超过；外商投资企业占比从 20 世纪 80 年代末开始快速上涨，到 21 世纪初占比增长放缓，从 2006 年开始占比逐渐下降；其他企业在改革开放以后 20 年里其占比十分微小，直到 2000 年才达到 5.4%，随后开始快速上涨，2006 年占比超过了国有企业，2015 年超过了外商投资企业。由此可见，改革开放以来，出口企业性质方面表现出多元绽放，同时民营企业出口在 2000 年以后呈现出快速上涨的态势，并于近年来成为出口规模最大的企业。2000 年来，民营企业出口的快速增长，彰显了中国制造业出口自生能力的增强。

---

① 其他企业主要包括集体企业、民营企业和个体工商户，而集体企业、民营企业和个体工商户均为民营企业。

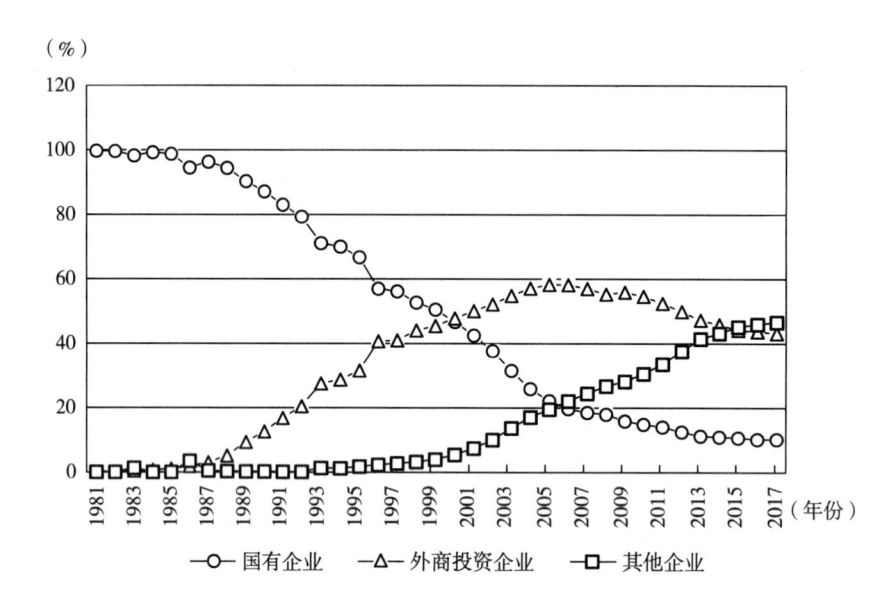

图 4-11 不同企业性质下贸易结构（1981—2017 年）

资料来源：《改革开放 40 年中国对外贸易发展报告》。

综上所述，从制造业出口规模来看，自改革开放以来，无论是制造业出口总量还是不同贸易方式下的出口总量，均表现出制造业出口规模迅速扩张。从制造业出口结构来看，21 世纪以来，一般贸易方式出口比重持续提高并超过了加工贸易比重，高技术行业出口比例占据半壁江山，不论是一般贸易还加工贸易，机械、电子产品出口占比迅速提高，民营企业出口快速增长并成为当前占比最大的出口企业。由此可见，21 世纪以来，中国制造业出口自生能力逐渐提升，制造业出口正在经历快速转型升级的过程。

第三节 技能异质性与制造业出口演变的基本判断

基于本书第三章理论分析框架和第四章技能异质性与制造业出

口基本事实特征可知，改革开放以来中国制造业出口的规模扩张和转型升级与技能异质性比较优势变化呈现出高度一致性。因此，通过上述分析可以得到如下基本判断：

第一，从技能异质性角度来看，改革开放以来，中国拥有丰裕且廉价的低技能劳动者，到了21世纪初低技能劳动者成本开始了不断上涨的趋势，与此同时在不断完善高等教育体制和市场环境的情况下，21世纪初以来高技能劳动者和高质量型企业家精神得到了迅速扩张。

第二，从制造业出口来看，改革开放以来，无论是制造业出口总量还是不同贸易方式下的出口总量，均表现出制造业出口规模迅速扩张，同时21世纪初以来，中国制造业出口结构逐渐发生了变化，一般贸易出口占比、高技术行业出口占比、机械电子产品出口占比和民营企业出口占比均表现出快速上涨趋势并占据半壁江山，凸显了中国制造业出口自生能力的增强，实现了制造业出口的转型升级。

第三，从二者基本关系来看，改革开放以来，中国利用丰裕且廉价的低技能劳动者，为中国制造业出口的规模扩张做出了重要贡献；21世纪初开始，高校扩招政策和第三创业浪潮，极大地丰裕了高技能劳动者和企业家群体，为21世纪初开始的制造业出口的转型升级做出了重要贡献。

第四节　本章小结

本章通过梳理改革开放以来，中国不同技能劳动者结构变化和制造业出口变化特征，以揭示技能异质性与中国制造业出口演变历程。通过本章分析可知，改革开放以来中国具备充裕的低技能禀赋结构，包括低技能劳动者总量规模不断扩张和通过调整人口流动政策以促进低技能劳动者的空间集聚，为发展低技能劳动密集型产业提供了充裕且廉价的低技能劳动者。同时，中国政府自1977年高考恢复以来，逐渐完善发展高等教育事业，改革开放前20年高等教育事业缓慢发展，适应了低技能劳动力充裕的禀赋结构。21世纪初，低技能劳动者稀缺性逐渐提高，需要以提升劳动者技能来弥补低技能劳动者数量下降所产生的负面效应，1999年的高校扩招极大地促进了高技能劳动者的供给，提高了高技能劳动者在全社会中的就业比重，增强了高技能劳动者的禀赋优势。另外，社会主义市场经济体制建立健全，特殊技能劳动者得到了壮大和发展。但不可否认的是，这一特殊技能——企业家才能——在改革开放之初相当长的时间里并未得到政府的重视，而是在夹缝中生存并壮大。尤其是，第三次创业浪潮，海外归国人员和工程师开启的高新技术的创业活动，成为21世纪创业的中坚力量。

从中国制造业出口情况来看，1978年以后，中国出口规模迅速扩张，尤其是加工贸易出口规模，其保持着将近年平均18%的增长速度。进入21世纪以来，中国制造业出口结构发生了重大变化，一般贸易方式出口比重持续提高并超过了加工贸易比重，高技术行业出口比例占据半壁江山，机械、电子产品出口占比迅速提高，民营企业出口快速增长并成为当前占比最大的出口企业。由此可见，自21世纪以来，中国制造业出口自生能力逐渐提升，制造业出口正在经历快速转型升级的过程。历时40余年发展，中国制造业出口经历了由规模扩张到转型升级的发展历程。

综上所述，改革开放以来，中国利用充裕且廉价的低技能劳动者发展劳动密集型产业并实现了制造业出口规模的迅速扩张。与此同时，中国也在培育和壮大高技能劳动者和企业家才能，尤其是1999年推行的高校扩招政策极大地增加了高技能劳动者供给和第三次海外归国人员和工程师的创业活动，为中国21世纪初以来的制造业出口实现转型升级发挥了重要的作用。

第 五 章

遵循比较优势策略：释放低技能劳动者的出口规模扩张效应

根据理论框架分析可知，一国在经济发展的初始阶段应该采取遵循比较优势策略，通过充分发挥低技能劳动者充裕且廉价这一禀赋优势，大力发展低技能劳动密集型产业，迅速嵌入全球价值链，实现制造业出口规模的迅速扩张。与此同时，根据第四章的事实特征可知，中国在改革开放以后相当长的时间里一直处于低技能劳动者十分丰裕且廉价的阶段，并且此阶段中国制造业出口规模呈现出井喷式发展态势。因此，基于理论框架和第四章的事实特征，本章则重点考察中国改革开放以来遵循比较优势策略下，通过释放低技能劳动者以促进中国制造业出口规模扩张的影响，即包括制造业出口总额和比例、不同贸易方式下出口规模和比例、不同技术层面下出口规模和比例。

第一节 引言

1978年以来，中国制造业出口规模经历了快速增长的阶段。数据显示，中国出口规模由改革开放初期的不足100亿美元发展到

2018年的24866.8亿美元，年均保持13.85%的增长速度，其中加工贸易出口规模增长率则高达18.08%，远远高于同期中国GDP的增长率。与之相应的是，中国出口总额占世界出口总额比重也由改革开放之初不足1%上升至13%左右，其出口规模的排名也由第26位上升至世界第1位。中国出口规模如此迅速的扩张速度，堪称中国出口的奇迹。面对中国出口奇迹，探寻其背后的原因成为学者们讨论的焦点。

关于中国制造业出口奇迹形成原因，文献中主要根据H-O要素禀赋比较优势理论出发，认为中国制造业出口奇迹归因于中国丰裕的劳动力。例如，姚洋和余淼杰（2009）指出中国之所以采取了出口导向型发展模式是由于中国低人口抚养比和低城市化率决定的。田巍等（2013）则进一步指出高劳动人口比例会使出口国产出增加，进而增加出口。如果将中国与印度的人口结构进行互换，中国与印度出口的相对差异将下降50%左右。铁瑛和张明志（2017）认为，城市劳动参与率的提高通过繁荣加工贸易而促进企业出口量的扩张。铁瑛等（2019）指出城市劳动人口比的提升或城市抚养比的下降可以显著促进出口。而另有部分文献认为，中国制造业出口的惊人发展是中国政府实施的有效政策推动的结果，例如盛斌（2002）利用政治经济学的分析范式分析了中国政府在推动制造业出口增长中的作用。

由此可知，关于中国制造业出口奇迹形成原因的解析中，基本形成了一致的结论，认为中国丰裕的劳动者资源是形成中国出口奇迹的重要原因，甚至是最重要的原因。本书并不否定这一结论，而是在此基础上进一步完善。正如本书第三章指出劳动者是差异化的，不同的劳动者具有不同的技能，具体包括低技能劳动者、高技能劳动者和特殊技能劳动者。改革开放以来，中国劳动者资源中主要以低技能劳动者为主，即使到了改革开放40余年的今天，低技能劳动者依然占据了绝对比例。考察中国制造业出口奇迹，必须进一步考察不同技能劳动者影响差异。如果忽视劳动者技能差异而同质化劳动者技能对制造业出口规模扩张的影响，将会引起理论的偏误和解释力的下降。基于此，本章内容将在第三章理论分析框架的基础上，重点考察中国利用丰裕且廉价的低技能劳动者对制造业出口规模扩张的影响。

第二节　理论分析

一　理论机理：遵循比较优势策略下释放低技能劳动者促进制造业出口

中国经济发展经历了两个阶段：改革开放前的计划经济时期和改革开放后的社会主义市场经济时期。在计划经济时期，由于历史原因，中国政府采取了重工业优先发展的赶超战略，无视中国低技能劳动者禀赋结构特征，选取了违背比较优势的发展战略，引起市场扭曲，导致生产成本高昂，降低产品的市场竞争力，最终形成了一个相对封闭的对外状态（林毅夫等，1994）。改革开放以后，中国逐渐放弃了重工业优先发展的赶超战略，走上了遵循比较优势发展战略的道路（林毅夫等，1994）。禀赋结构决定了一国产业结构的选择。改革开放以后中国选择了出口导向型发展模式，而这种出口导向型发展模式正是内生于中国劳动力丰裕的禀赋结构（姚洋和余淼杰，2009；田巍等，2013）。

根据第四章劳动者技能事实特征可知，中国劳动者禀赋结构主要是低技能劳动者禀赋结构，因此中国出口导向型发展模式可以进一步表述为内生于中国低技能劳动者禀赋结构。中国采取遵循比较优势策略，可以在很大程度上纠正改革开放前违背比较优势所产生的出口抑制效应。

由于采取了遵循比较优势发展策略，充分利用充裕的低技能劳动者，可以极大地降低生产成本，形成较低的产品价格，提高中国制造的国际竞争力。由于中国低技能劳动者规模较为庞大，使世界其他国家望尘莫及，中国制造在国际市场上形成了无法匹敌的低成本、低价格和高竞争力①。因此，在采取遵循比较优势策略下，充分释放低技能劳动者，致使中国制造形成了极低的生产成本、极低的销售价格和极高的国际竞争力，推动中国制造业出口规模的迅速扩张。

低技能劳动者技能层次低、知识水平有限，制约了其管理技能和创新技能。因此，采取遵循比较优势策略所催生的产业是以低技术水平为主的低技能劳动密集型产业。在国际分工模式不断深化的背景下，低技能劳动密集型产业包括两类：第一类，传统分工模式下自生生产型的低技术产品，即所谓的一般贸易模式下的低技术行业；第二类，产品内分工模式下外包生产型的各类技术产品，即所谓的加工贸易模式下的各类技术行业。20世纪90年代，产品内分工兴起，离岸外包迅速发展，中国大力发展离岸外包分工中的加工、组装环节，促进加工贸易出口规模迅速扩张，正如第四章图4-7所示。因此，中国采取比较优势发展策略，充分利用低技能劳动者，对加工贸易出口规模的扩张影响更为显著，而对一般贸易出口规模的扩张影响相对较弱。

综上所述，改革开放以前，中国忽视低技能劳动者比较优势，推行追赶战略，优先发展重工业，形成了高生产成本、高销售价格和低国际竞争力，进而形成了相对封闭的对外开放模式。改革开放以后，中国放弃了计划经济时期的重工业优先发展的赶超战略，采取了比较优势发展策略，充分利用充裕且廉价的低技能劳动者，形成了成本极低、价格极低、国际竞争力较高的中国制造，促进了中国制造业出口规模的迅速扩张。由于低技能劳动技能特性，使充分利用充裕的低技能劳动者只能催生低技能劳动密集型产业的发展，

---

① 由于中国极低的产品价格，使其他国家无法匹敌，以致欧美等发达国家不断地对中国提出了反倾销诉讼。而事实上，中国庞大的低技能劳动者规模，形成了低技能劳动者无限供给，是中国制造成本极低、价格极低的根本原因。

而在新的国际分工模式下，低技能劳动密集型产业除了传统分工模式下的低技术行业外，还包括离岸外包模式下形成的加工贸易。图5-1综合了上述理论机理。

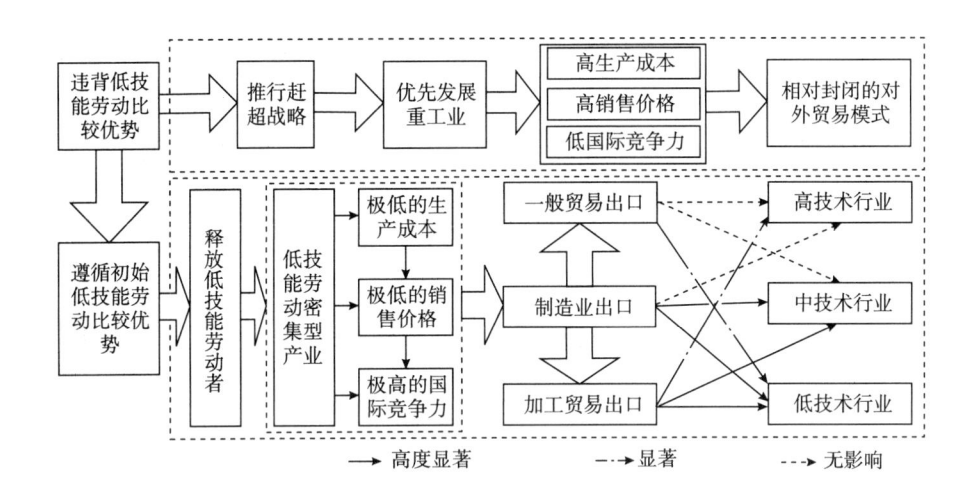

图5-1 遵循比较优势策略下低技能劳动者与制造业出口

二 数理模型：低技能劳动者与制造业出口规模扩张

借鉴 Chor（2010）的方法，基于扩展的 Eaton 和 Kortum（2002）的模型，将劳动者技能纳入李嘉图模型之中。假定 $n=1,\cdots,N$ 个地区。$k=0,1,\cdots,K$ 个行业，行业 0 是不可贸易的同质性行业。可贸易部门（$k \geq 1$）是异型性的产品，且行业内产品是连续性的，即 $j^k \in [0,1]$。n 地区的代表性消费者的效用函数为 CES 效用函数：

$$U_n = (Q_n^0)^{1-\eta} \left(\sum_{k \geq 1} \left\{ \int_0^1 [Q_n^k(j^k)]^\alpha dj^k \right\}^{\frac{\eta}{\beta}} \right), \quad \alpha, \beta, \eta \in (0,1)$$

(5.1)

其中，$Q_n^k(j^k)$ 表示 n 地区消费 k 行业的 j^k 产品种类数量。定义 $\varepsilon = \dfrac{1}{(1-\alpha)} > 1$ 为同一个行业内部不同产品种类之间的替代弹性，$\varphi =$

$\frac{1}{(1-\beta)}>1$ 为不同行业之间的产品种类替代弹性。进一步假设 $\varepsilon>\varphi$，产业内部的产品之间的替代弹性大于产业间产品之间的替代弹性，也就是说，产业内的产品之间的差异性更小，产业间的产品之间的差异性更大。总效用函数采用包括不可贸易商品和可贸易商品的加总的 C-D 效用函数，其中可贸易商品的收入支出份额为 η。

n 地区代表性消费者效用最大化受到如下收入条件的约束：

$$p_n^0 Q_n^0 + \sum_{k\geqslant 1}\left[\int_0^1 p_n^k(j) Q_n^k(j) \mathrm{d}j\right] = Y_n \tag{5.2}$$

其中，Y_n 表示 n 地区的总收入，$p_n^k(j)$ 表示 n 地区 k 行业 j 产品的价格，p_n^0 表示不可贸易商品的价格。可贸易商品的需求函数为：

$$Q_n^k(j) = \frac{\eta Y_n (P_n^k)^{\varepsilon-\varphi}}{\sum_{k\geqslant 1}(P_n^k)^{1-\varphi}} p_n^k(j)^{-\varepsilon}, \quad k\geqslant 1 \tag{5.3}$$

其中，$(P_n^k)^{1-\varepsilon} = \int_0^1 \left[p_n^k(j)\right]^{1-\varepsilon}\mathrm{d}j$ 表示 n 地区消费者面临的行业 k 的理想价格指数。同质性商品的需求函数为：$Q_n^0 = \frac{(1-\eta) Y_n}{p_n^0}$。

在完全竞争市场经济条件下，产品价格等于边际成本，因此产品价格表示：

$$p_{ni}^k(j) = \frac{c_i^k d_{ni}^k}{z_i^k(j)} \tag{5.4}$$

其中，c_i^k 表示出口地 i 地区的生产商品单位成本，$d_{ni}^k \geqslant 1$ 表示冰山运输成本，$z_i^k(j)$ 表示 i 地区生产 j 商品的 Ricardian 生产率水平。在完全竞争市场经济条件下，n 地区消费者购买 i 地区出口的产品是所有地区出口到 n 地区的最低价格，即 $p_n^k = \min\{p_{ni}^k(j); i=1, \cdots, N\}$。

i 地区的单位生产成本采用 C-D 加总形式的反映要素价格，即 $c_i^k = \prod_{f=0}^{F}(w_{if})^{s_f^k}$，其中 $f=0, 1, \cdots, F$ 表示生产要素，w_{if} 表示生

产要素 f 的本地单位成本，s_f^k 表示 k 行业 f 生产要素的支付份额。在规模报酬不变的情况下，$\sum_{f=0}^{F} s_f^k = 1$。

将式（5.4）对数线性化得到：

$$\ln p_{ni}^k(j) = \ln(c_i^k d_{ni}^k) - \ln z_i^k(j) \tag{5.5}$$

借鉴 Chor（2010）和张明志、吴俊涛（2019）的做法，具体将生产率 $z_i^k(j)$ 分解为三个部分，表示如下：

$$\ln z_i^k(j) = \lambda_i + \mu_r + \sum_{k \in K} \rho_k^* I_i^k \times Skill_r + \sum_{\{n,m\}} \rho_{nm} L_i^n \times M_r^m + \beta_0 \xi_i^k(j) \tag{5.6}$$

其中，λ_i、μ_r 分别代表地区和行业的生产率；L_i^n 代表行业 i 的特征 n，比如行业是否是高新技术产业；M_r^m 代表地区 r 的特征 m，比如制度因素；系数 ρ_{nm} 反映了地区特征和行业特征的相互作用对生产率的影响力度。地区 r 行业 i 的生产率与行业技能密集度 I_i^k 和地区技能结构 $Skill_r$ 均相关，$k \in K$，K 代表技能的集合；随机扰动项 $\beta_0 \xi_r^j(j)$ 服从 Gumbel 分布，代表地区 r 行业 i 内不同种类产品生产率的差异；β_0 代表生产率冲击的调节系数。假设各行业雇佣工人的技能分布于地区的劳动者技能分布状况相同，即在其他条件不变的情况下，低技能劳动者有利于密集使用低技能劳动者行业生产率的提高，即 $\rho_k^* > 0$，不利于使用其他技能行业生产率的提高，即 $\rho_k^* < 0$。

将式（5.6）代入到式（5.5）中可得到：

$$\ln p_{ni}^k(j) = \ln(c_i^k d_{ni}^k) - [\lambda_i + \mu_k + \sum_{k \in K} \rho_k^* I_i^k \times Skill_r + \sum_{\{n,m\}} \rho_{nm} L_i^n \times M_r^m + \beta_0 \xi_i^k(j)] \tag{5.7}$$

Finicelli 等（2013）研究指出，对生产率的概率分布函数的准确运用，是研究贸易开放后对生产率影响的关键性因素之一。因此，对于生产率随机项，假设服从极值 I 型分布（Gumbel distribution），其累积概率分布为：$F(\xi) = \exp[-\exp(-\xi)]$。该假设不同于 EK 模型中的极值 II 型概率分布（Fréchet distribution），因为自然对数化后的 Fréchet 随机变量继承了 Gumbel 分布。因此，产品价格也服从 Gumbel 分布，结合式（5.4）、式（5.6）和式（5.7），即得到式（5.8）。

$$G_{ni}^k(p) = \Pr[-(c_i^k d_{ni}^k)^{-\theta} p] = \Pr\left[\frac{c_i^k d_{ni}^k}{z_i^k(j)} < p\right]$$

$$= \Pr\left(\frac{c_i^k d_{ni}^k}{\exp\{\lambda_i + \mu_k + \beta_j \ln[\gamma(j)] + \beta_0 \xi_i^k(j)\}} < p\right)$$

$$= 1 - \exp[-(c_i^k d_{ni}^k)^{-\theta} p^{\theta} \varphi_i^k] \tag{5.8}$$

式（5.8）中，$\theta = \frac{1}{\beta_0}$，$\varphi_i^k = \exp(\theta\lambda_i + \theta\mu_k + \theta\sum_{k\in K}\rho_k^* I_i^k \times Skill_r +$

$$\theta\sum_{\{n,m\}}\rho_{nm}L_i^n \times M_r^m) \tag{5.9}$$

进一步地，国家 n 的产品价格分布函数为：

$$G_n^k(p) = 1 - \prod_{i=1}^N [1 - G_{ni}^k(p)] = 1 - \exp\left\{-\left[\sum_{i=1}^N (c_i^k d_{ni}^k)^{-\theta} \varphi_i^k\right]p^{\theta}\right\}$$

$$\tag{5.10}$$

定义 π_{ni}^k 为 i 国以最低价格出口的概率，即

$$\pi_{ni}^k = \int_0^{\infty} \prod_{s\neq i} [1 - G_{ns}^k(p)] dG_{ni}^k(p) = \frac{(c_i^k d_{ni}^k)^{-\theta} \varphi_i^k}{\sum_{s=1}^N (c_s^k d_{ns}^k)^{-\theta} \varphi_s^k} \tag{5.11}$$

加总贸易流量 $X_n^k = \sum_{i=1}^N X_{ni}^k$ 表示 n 国在 k 行业的全部消费。进一步得到：

$$\frac{X_{ni}^k}{X_n^k} = \frac{\pi_{ni}^k \int_0^{\infty}\int_0^1 p_n^k(j) Q_n^k(j) dj dG_n^k(p_n^k)}{\sum_{i=1}^N \pi_{ni}^k \int_0^{\infty}\int_0^1 p_n^k(j) Q_n^k(j) dj dG_n^k(p_n^k)} = \pi_{ni}^k \tag{5.12}$$

将式（5.12）可以重新表述成如式（5.13）所示：

$$\frac{X_{ni}^k}{X_{nu}^k} = \frac{(c_i^k d_{ni}^k)^{-\theta} \varphi_i^k}{(c_u^k d_{nu}^k)^{-\theta} \varphi_u^k} \tag{5.13}$$

式（5.13）表明，国家 i 在国家 n 的市场份额与相对单位生产成本 $\frac{c_i^k}{c_u^k}$ 和相对双边贸易障碍 $\frac{d_{ni}^k}{d_{nu}^k}$ 成反比，与相对生产率水平 $\frac{\varphi_i^k}{\varphi_u^k}$ 成正比。

将生产成本函数式（5.9）代入式（5.13），得到式（5.14）：

$$\frac{1}{\theta}\ln\left(\frac{X^i_{r_1}}{X^i_{r_2}}\right) = \sum_{k\in K} \rho^*_k I^k_i \times (Skill_{r_1} - Skill_{r_2}) + \sum_{\{n,m\}} \rho_{nm} L^n_i \times (M^m_{r_1} - M^m_{r_2}) +$$

$$(\mu_{r_1} - \mu_{r_2}) - (\ln d^i_{r_1} - \ln d^i_{r_2}) \tag{5.14}$$

设 $\beta_k = \theta \rho^{*'}_k$，则式（5.14）可转化为式（5.15）：

$$\ln(X^i_r) = \sum_{k\in K} \beta_k I^k_i \times Skill_r + \gamma Control^i_r + \gamma_r + \mu_i + \xi_{ri} \tag{5.15}$$

由式（5.15）可得到式（5.16）：

$$E\left[\ln\left(\frac{X^i_{r_1}}{X^i_{r_2}}\right) - \ln\left(\frac{X^j_{r_1}}{X^j_{r_2}}\right)\right] = \sum_{k\in K} \beta_k (I^k_i - I^k_j)(Skill_{r_1} - Skill_{r_2}) \tag{5.16}$$

对于低技能劳动者丰裕程度高的地区，密集使用低技能劳动力的行业具有出口的比较优势；对于低技能劳动者丰裕程度较低的地区，密集使用低技能劳动力的行业具有出口的比较劣势。对于密集使用低技能劳动力的行业，行业出口与地区低技能劳动力比重呈正相关（$\beta_k > 0$），即随着低技能劳动者丰裕程度的提高，行业出口也随之逐渐增加。

第三节 实证模型与变量说明

一 实证模型设定

本章考察遵循比较优势策略下，如何利用低技能劳动力实现制造业出口。为检验低技能劳动力在制造业出口方面的作用，本章设定如下计量模型：

$$Export_{it} = \alpha_0 + \alpha_1 Low\_skill_{it} + \beta Control_{it} + \tau_i + \upsilon_t + \xi_{it} \tag{5.17}$$

其中，$Export_{it}$ 表示 i 地区 t 年的出口，Low_skill_{it} 表示低技能劳动者，$Control_{it}$ 表示相关控制变量，τ_i、υ_t 分别表示个体固定效应和时间固定效应，ξ_{it} 表示随机扰动项。

二 变量说明与数据来源

（一）被解释变量

制造业出口（Export）。根据前文的分析，制造业出口包括制造业总出口、不同贸易方式下的出口、不同技术层次下的出口。不同贸易方式下的出口包括一般贸易和加工贸易。由于制造业贸易方式中包括一般贸易、补偿贸易等20种贸易方式[1]，因此一般贸易直接由贸易方式中的"一般贸易"获得，而加工贸易数据根据来料加工装配贸易、进料加工贸易、加工贸易进口设备、出料加工贸易四种贸易方式加总获得。

不同技术层次下的出口包括低技术行业出口、中技术行业出口和高技术行业出口。根据 Lall（2000）的方法将制造业行业划分为低技术行业、中技术行业和高技术行业。利用中国国民经济行业分类标准 GB（2002）和国际产业标准分类（ISIC3.0）进行匹配，获得行业与技术层次的关系[2]。各技术类别的行业划分如表 5-1 所示。

表 5-1　　　　　　　　　技术水平划分的制造业行业

技术分类	行业名称
低技术行业	纺织服装服饰业、皮革毛皮羽毛及其制品业、制鞋业、造纸和纸制品业、橡胶和塑料制品业、非金属矿制品业
中技术行业	化学纤维制造业、石油加工炼焦和核燃料加工业、通用设备制造业、汽车制造业、电气机械器材设备制造业

---

[1] 根据国研网——对外贸易数据库中的贸易方式划分可知，贸易方式总共包含20项，分别为：一般贸易，国家间、国际组织无偿援助和赠送的物资，华侨、港澳台同胞、外籍华人捐赠物资，补偿贸易，来料加工装配贸易，进料加工贸易，寄售代销贸易，边境小额贸易，加工贸易进口设备，对外承包工程出口货物，租赁贸易，外商投资企业作为投资进口的设备、物品，出料加工贸易，易货贸易，免税外汇商品，保税仓库进出境货物，保税区仓储转口货物，出口加工区进口设备，其他，免税品。

[2] 匹配结果参考了向铁梅和黄静波（2008）的文献。

续表

技术分类	行业名称
高技术行业	通信设备仪器仪表制造业、计算机电子设备制造业、废弃资源综合利用业、医药制造业

(二) 核心解释变量

低技能劳动者（Low_skill）。遵循本书第三章对劳动者技能的界定，本章以受教育程度作为劳动者技能的衡量标准。根据文献，将未受教育者、小学教育者、中学教育者界定为低技能劳动者（梁文泉和陆铭，2015）。

(三) 控制变量

为了降低估计偏误、消除遗漏变量问题，避免出现制造业出口规模扩张是由于其他原因而非低技能劳动力引起的，本章加入既有文献中认为影响制造业出口规模扩张的重要因素作为控制变量。

第一，经济发展水平（Pergdp）。按照引力模型可知，经济发展程度代表着经济规模，经济规模越大越有利于出口。遵循既有文献做法，采用人均实际GDP进行衡量。本章以1985年为基期，将各年份名义GDP调整为实际GDP，然后除以总人口，进而得到以1985年为基期的历年人均实际GDP。

第二，人力资本存量（HC）。人力资本水平的提高有利于制造业出口（程锐和马莉莉，2019）。遵循文献常用做法，采用人力资本存量进行衡量，即平均受教育年限。平均受教育年限＝（小学学历人口数×6+初中学历人口数×9+高中学历人口数×12+大专及以上学历人口数×16）÷6岁以上人口数。同时为了消除中等教育者对制造业出口产生的影响，本章也考虑将中等教育者变量引入，即采用高中和中专教育者比例进行衡量。

第三，市场竞争采用市场发育程度，即采用市场化指数（Mark）衡量。在经济转型过程中，市场发育程度的提高，会激发其他要素配置效率的改进，进而促进制造业出口。市场化指数借鉴韦倩等（2014）的方法。具体操作如下：首先，以1997—2009年的市场化总指数作为因变量，以非国有企业工业产值比重作为解释变量，根据以下方程估计系数 θ_1、θ_2 与 δ_i：$market_{it} = \theta_1 + \theta_2 non\_state_{it} + \delta_i + \varepsilon_i$。根据本书估计的参数 $\bar{\theta}_1$、$\bar{\theta}_2$ 与 $\bar{\delta}_i$ 作为2010—2017年的近似参数，利用公式 $market_{it} = \bar{\theta}_1 + \bar{\theta}_2 non\_state_{it} + \bar{\delta}_i$，计算各省份2010—2017年的市场化指数 $market_{it}$。

第四，政府行为包括政府财政支出情况和招商引资情况，前者采用财政支出率衡量（Gov），即地方财政支出占GDP的比重，后者采用外商直接投资率衡量（Fdi），即外商直接投资占GDP的比重。中国经济发展的成就不可忽视的角色是政府行为，政府强大的执行力是中国贸易奇迹的重要影响因素，因此需要作为控制变量加以引入。

第五，交通基础设施（Tran）。采用铁路总里程、公里总里程和内河航运总里程之和除以总人口（程锐和马莉莉，2019）。交通基础设施的改善具有降低交易成本、提高交易效率的作用，对制造业出口规模的扩张具有一定的作用。

第六，优惠政策指数（Policy）。在改革开放以后，中国政府推行的点—线—面的开放格局，为制造业出口提供了良好的政策优惠，参考刘渝琳和刘明（2011）测算优惠政策的方法计算各省市优惠政策指数。借鉴刘渝琳和刘明（2011）做法，考虑到不同层次优惠政策差异，政府优惠政策指数构建如下：其一，将经济特区、浦东新区、滨海以及两江新区优惠政策指数设定为 $\omega_1 = 3 + \frac{(n-1)}{1}$；其二，将国务院批准的经济技术开发区、高新技术产业开发区和边界/跨境经济合作区的优惠政策设定为 $\omega_2 = 2 + \frac{(n-1)}{2}$；其三，将省级人民政府批准设立开发区的优惠政策指数设定为 $\omega_3 = 1 + \frac{(n-1)}{3}$；其四，加总获得各省优惠政策指数，即 $\sum \omega_i$。其中，n 表示该省同类开发区的数量。该算法进一步加入了省级人民政府批准设立开发区的因素。

本书所用到的原始数据来源如下：地区 GDP、地区人口数、财政预算支出、人民币汇率、铁路总里程、公路总里程、内河航运总里程数据来源于历年的《中国统计年鉴》；外商直接投资金额来源于各省历年统计年鉴；非国有企业工业总产值、工业总产值数据来源于《中国工业统计年鉴》；开发区数据来源于《中国开发区审核公告目录（2018）》；受教育程度比例数据来源于《中国劳动统计年鉴》，教育程度的数据仅限于就业人员，其统计上不包含在校生，扣除在校生以后，可以获得更为准确的衡量指标；制造业出口数据来源于国研网—对外贸易数据库。样本数据的时间跨度为 2002—2017 年①，截面单位为 30 个省份，各变量的描述性统计如表 5-2 所示。

表 5-2　　　　　　　　　　变量描述性统计

	变量	观测值	均值	标准差	最小值	最大值
被解释变量	出口总额	480	468.7	1047	1.543	7293
	出口比重	480	0.588	0.156	0.133	0.930
	一般贸易出口总额	480	224.5	487.7	1.183	3380
	一般贸易出口比例	480	0.606	0.216	0.109	0.999
	加工贸易出口总额	480	203.7	506.4	0	3314
	加工贸易出口比例	480	0.299	0.196	0	0.805
核心解释变量	低技能劳动者比例	480	0.7201	0.1283	0.2310	0.9330
控制变量	人均实际 GDP	480	9542	6730	1216	39124
	人力资本存量	480	8.613	1.018	6.040	12.53
	中技能劳动者比例	480	0.1509	0.0484	0.0460	0.3610
	市场化指数	480	7.232	1.864	2.680	11.18

---

① 从全书的逻辑来讲，本章实证考察的样本期间应该是 1978 年至今。但是由于数据的局限性，本书无法获得 1978—2001 年不同技术层面的不同贸易方式下的制造业出口数据。虽然无法获得 1978—2001 年的数据，但是本章基于规范的计量经济学方法利用 2002—2017 年的数据依然可以获得与理论预测相一致的结论。

续表

	变量	观测值	均值	标准差	最小值	最大值
控制变量	外商直接投资	480	0.0249	0.0197	0.000386	0.105
	政府支出	480	0.198	0.0936	0.0598	0.627
	交通基础设施	480	32.20	21.19	5.008	140.3
	优惠政策指数	480	20.98	13.38	4.667	61

第四节 实证结果

一 基准检验

为了检验本章的基本结论，根据式（5.17）进行实证检验。估计结果如表5-3所示。在实证检验中，加入时间效应和个体效应，以控制不随时间变化和不随个体变化的不可观测因素，并采用稳健标准误进行估计。首先，模型1和模型2考察了低技能劳动者就业比重对制造业总出口（包括绝对值和出口占进出口总额比重）的影响。具体而言，模型1考察的是低技能劳动者就业比重对制造业总出口额的影响。估计结果显示，低技能劳动者就业比重显著促进了制造业总出口额的增长。模型2考察的是低技能劳动者就业比重对制造业总出口额占进出口总额比重的影响。估计结果显示，低技能劳动者就业比重显著提高了制造业总出口占进出口总额的比重。因此，综合模型1和模型2可知，低技能劳动者就业比重的提高具有促进制造业出口总额的增长和制造业出口比例的提高。

表5-3　　　　低技能劳动者与制造业出口：基准检验

	总出口		一般贸易出口		加工贸易出口	
	(1)	(2)	(3)	(4)	(5)	(6)
Low_skill	2649.10***	0.8536***	1230.36**	0.1231	1119.34***	0.3385**
	(974.897)	(0.174)	(538.778)	(0.277)	(384.421)	(0.163)

续表

	总出口		一般贸易出口		加工贸易出口	
	(1)	(2)	(3)	(4)	(5)	(6)
Pergdp	0.1045***	0.0000**	0.0560***	0.0000***	0.0366***	0.0000***
	(0.015)	(0.000)	(0.008)	(0.000)	(0.006)	(0.000)
Hc	408.15	−0.0077	154.67	0.4268*	417.66	0.4132*
	(857.161)	(0.153)	(473.712)	(0.244)	(337.996)	(0.231)
Middle_skill	82.09***	0.0128***	44.08***	−0.0090**	29.72***	0.0102**
	(14.819)	(0.003)	(8.190)	(0.004)	(5.843)	(0.004)
Mark	−425.58	−0.1430	−102.01	0.3409***	−252.83**	−0.2864***
	(288.446)	(0.151)	(159.410)	(0.082)	(113.740)	(0.078)
Fdi	−15903.23***	0.7299*	−7867.90***	−2.6854***	−6217.85***	2.8228***
	(2,089.521)	(0.373)	(1,154.778)	(0.594)	(823.941)	(0.563)
Gov	−1087.97*	0.1284	−660.48*	0.3337*	−239.79	−0.2247
	(610.888)	(0.109)	(337.609)	(0.174)	(240.886)	(0.165)
Tran	−374.2231***	0.0097	−172.8424**	0.0281	−146.7759***	−0.0097
	(136.881)	(0.024)	(75.647)	(0.039)	(53.975)	(0.037)
Policy	6.6880*	0.0002	3.1213	−0.0013	3.4042**	0.0014
	(3.665)	(0.001)	(2.026)	(0.001)	(1.445)	(0.001)
时间效应	YES	YES	YES	YES	YES	YES
个体效应	YES	YES	YES	YES	YES	YES
常数项	−2122.79	−0.1712	−1158.80	−0.8761	−1248.87	1.7905***
	(2,110.117)	(0.377)	(1,166.160)	(0.600)	(832.062)	(0.568)
观测值	480	480	480	480	480	480
R^2	0.5193	0.3019	0.4936	0.2575	0.4803	0.2501

注：括号内数据为异方差稳健标准误。***、**、*分别表示1%、5%和10%的显著性水平，下同。

其次，模型3和模型4考察了低技能劳动者就业比重对制造业一般贸易（包括绝对值和一般贸易出口占总出口的比重）的影响。具体而言，模型3考察的是低技能劳动者就业比重对制造业一般贸易出口额的影响。估计结果显示，低技能劳动者就业比重显著促进了制造业一般贸易出口额的增长。模型4考察的是低技能劳动者就业比重对制造业一般贸易出口额占出口总额比重的影响。估计结果显示，低技能劳动者就业比重不能显著提高制造业一般贸易出口占出口总额的比重。因此，综合模型3和模型4可知，低技能劳动者就业比重的提高具有促进制造业一般贸易出口总额的增长，但不能显著促进制造业一般贸易出口比例的提高。

最后，模型5和模型6考察了低技能劳动者就业比重对制造业加工贸易（包括绝对值和加工贸易出口占总出口的比重）的影响。具体而言，模型5考察的是低技能劳动者就业比重对制造业加工贸易出口额的影响。估计结果显示，低技能劳动者就业比重显著促进了制造业加工贸易出口额的增长。模型6考察的是低技能劳动者就业比重对制造业加工贸易出口额占出口总额比重的影响。估计结果显示，低技能劳动者就业比重显著提高了制造业加工贸易出口占出口总额的比重。因此，综合模型5和模型6可知，低技能劳动者就业比重的提高具有促进制造业加工贸易出口总额的增长和制造业加工贸易出口比例的提高。

从控制变量来看，人均实际GDP估计系数均显著为正，由此说明经济发展水平的提高、经济规模的扩大可以显著促进制造业出口增长和出口比例的提高。人力资本存量估计系数不显著，说明人力资本存量在制造业出口方面并没有发挥显著的促进效应。中等技能劳动力就业比重估计系数显著为正，说明中等技能劳动力就业比重的提高可以显著地促进制造业出口增长和出口比例的提高。市场化指数估计系数不一致，其中市场发育程度的提高可以显著促进一般贸易出口比重的提高，而市场发育程度的提高却不利于加工贸易出口总额的增长和出口比例的提高。外商直接投资比例估计系数不一致，其中外商直接投资比例的提高可以显著促进制造业出口比例和加工贸易出口比例的提高，但显著抑制了制造业出口额的增加和一般贸易出口比例的提高。政府支出变量估计系数基本不显著，说明政府财政支出尚未对制造业出口产生显著影响。交通基础设施估计系数不一致，其中交通基础设施的改善显著抑制了制造业出口额的增长，包括总出口额的增长、一般贸易出口额的增长和加工贸易出口额的增长，但是对出口比例的提高并无显著影响。优惠政策指数估计系数不一致，其中政策优惠只能显著促进制造业总出口的增长和加工贸易出口的增长，而对一般贸易出口额的增长无显著影响，同时对出口比例的提高也无显著影响。

因此，综合表5-3的估计结果可知，低技能劳动力就业比重的提高，可以显著地促进制造业出口额的增长，包括总出口、一般贸易出口额和加工贸易出口额；同时还能显著地促进制造业出口比重的提高，包括总出口占进出口总额的比重和加工贸易出口额的比重，但是不能显著地促进一般贸易出口比重的提高。改革开放以来，中国采取遵循传统比较优势的策略，充分利用丰裕且廉价的低技能劳动力，为中国制造业出口规模的迅速扩张发挥了重要的促进作用。

二 行业异质性检验

基准检验结果表明，低技能劳动者就业比重的提高会显著促进制造业出口额的增长，但不能区分出低技能劳动者就业比重的提高对哪种技术层面的产品出口产生显著影响。因此，本小节将进一步考察不同技术层面的行业异质性。

首先，表5-4考察了低技能劳动者就业比例对不同技术层面制造业总出口的影响。模型1-3考察了低技能劳动者就业比例对三种不同技术层面行业出口额的影响，其中模型1为低技术行业、模型2为中技术行业、模型3为高技术行业。从估计结果来看，低技能劳动者就业比例的提高能够显著地促进三类不同技术层面行业的出口。但是，由估计系数来看，其估计结果依次递减，即表现为低技能劳动者就业比例的提高对行业出口的促进效应会随着制造业行业技术水平的提高而下降。技术水平越高的行业，低技能劳动者就业比例提高的出口促进效应越小。进一步地，模型4-6考察了低技能劳动者就业比例对三种不同技术行业层面出口比例的影响。从估计结果来看，低技能劳动者就业比例的提高只能显著促进低技术行业层面出口比例的提高，而显著抑制了中技术行业层面出口比例的提高，同时对高技术行业层面出口比例的提高无显著影响。

综合表 5-4 的估计结果可知，低技能劳动者就业比例的提高能够显著促进不同技术层面行业的出口额，但是随着行业技术水平的提高，低技能劳动者就业比例的出口促进效应呈现出依次递减态势，尤其是对高技术行业层面的出口促进效应微乎其微；另外，低技能劳动者就业比例的提高只能显著促进低技术行业层面出口比例的提高，而对中技术行业和高技术行业层面的出口比例并无促进作用，并且显著抑制了中技术行业层面的出口比例。

表 5-4　　低技能劳动者与不同技术层次下制造业总出口

	总出口额			出口比例		
	低技术	中技术	高技术	低技术	中技术	高技术
	(1)	(2)	(3)	(4)	(5)	(6)
Low_skill	1257.33***	1193.88**	190.9725**	0.3151*	-0.4286**	0.0869
	(437.216)	(513.300)	(77.280)	(0.178)	(0.191)	(0.104)
Pergdp	0.0401***	0.0522***	0.0121***	0.0000***	-0.0000***	0.0000
	(0.007)	(0.008)	(0.001)	(0.000)	(0.000)	(0.000)
Hc	44.7437	251.2257	108.4561	0.3501**	-0.1698	-0.1671*
	(384.414)	(451.310)	(67.947)	(0.157)	(0.168)	(0.091)
Middle_skill	38.9240***	37.2586***	5.7445***	0.0026	0.0003	-0.0034**
	(6.646)	(7.802)	(1.175)	(0.003)	(0.003)	(0.002)
Mark	-140.7500	-277.0497*	-4.3485	-0.0604	0.0046	0.0654**
	(129.360)	(151.872)	(22.865)	(0.053)	(0.056)	(0.031)
Fdi	-6524.34***	-8054.22***	-1345.48***	-0.6756	0.7638*	0.0163
	(937.096)	(1,100.170)	(165.636)	(0.382)	(0.409)	(0.223)
Gov	-614.93**	-435.65	-38.9038	0.1083	-0.1101	-0.0154
	(273.968)	(321.644)	(48.425)	(0.112)	(0.120)	(0.065)
Tran	-144.48**	-203.51***	-26.85**	0.0069	0.0110	-0.0207
	(61.387)	(72.070)	(10.851)	(0.025)	(0.027)	(0.015)

续表

	总出口额			出口比例		
	低技术	中技术	高技术	低技术	中技术	高技术
	（1）	（2）	（3）	（4）	（5）	（6）
Policy	2.2605 (1.644)	3.7799* (1.930)	0.6093** (0.291)	-0.0011 (0.001)	0.0006 (0.001)	0.0003 (0.000)
时间效应	YES	YES	YES	YES	YES	YES
个体效应	YES	YES	YES	YES	YES	YES
常数项	-858.1564 (946.333)	-874.9251 (1,111.014)	-376.7701** (167.268)	-0.3799 (0.386)	1.0406** (0.413)	0.3244 (0.225)
观测值	480	480	480	480	480	480
R^2	0.4727	0.4951	0.6031	0.5401	0.4586	0.1999

其次，表5-5考察了低技能劳动者就业比例对不同技术层次下一般贸易出口的影响。模型1至模型3考察了低技能劳动者就业比例对三种不同技术层面行业出口额的影响，其中模型1为低技术行业、模型2为中技术行业、模型3为高技术行业。从估计结果来看，低技能劳动者就业比例的提高只能够显著地促进两类不同技术层面行业的出口，即低技术行业和中技术行业。由估计系数来看，其估计结果依次递减，即表现为低技能劳动者就业比例的提高对行业出口的促进效应会随着制造业行业技术水平的提高而下降。技术水平越高的行业，低技能劳动者就业比例提高的出口促进效应越小。进一步地，模型4-6考察了低技能劳动者就业比例对三种不同技术层面行业出口比例的影响。从估计结果来看，低技能劳动者就业比例的提高均不能显著促进三种技术层面行业出口比例的提高，并且对高技术行业层面出口比例的提高呈现出负向作用。

综合表5-5的估计结果可知，低技能劳动者就业比例的提高能够显著促进低技术和中技术层面一般贸易出口额，但是随着行业技术水平的提高，低技能劳动者就业比例的出口促进效应呈现出依次递减态势，尤其是对高技术行业层面的出口已经无显著正向促进作用；另外，低技能劳动者就业比例的提高均不能显著促进三种技术层面一般贸易出口比例的提高，并且对高技术行业层面一般贸易出口比例的提高呈现出负向作用。

表 5-5　　低技能劳动者与不同技术层次下一般贸易出口

	出口额			出口比例		
	低技术	中技术	高技术	低技术	中技术	高技术
	(1)	(2)	(3)	(4)	(5)	(6)
Low_skill	785.15***	438.31**	1.7223	0.0891	0.0579	-0.0397
	(301.468)	(218.665)	(27.632)	(0.211)	(0.151)	(0.072)
Pergdp	0.0310***	0.0213***	0.0036***	0.0000***	0.0000	0.0000
	(0.005)	(0.003)	(0.000)	(0.000)	(0.000)	(0.000)
Hc	126.4251	11.4856	15.4624	0.4786**	0.0376	-0.0819
	(265.060)	(192.257)	(24.295)	(0.185)	(0.133)	(0.064)
Middle_skill	26.1280***	16.4767***	1.3577***	-0.0031	-0.0030	-0.0030***
	(4.582)	(3.324)	(0.420)	(0.003)	(0.002)	(0.001)
Mark	-55.2427	-40.8095	-5.4850	0.0910	0.1726***	0.0691***
	(89.196)	(64.697)	(8.175)	(0.062)	(0.045)	(0.021)
Fdi	-4529.27***	-2975.49***	-366.77***	-1.4845***	-0.9409***	-0.1113
	(646.144)	(468.669)	(59.224)	(0.452)	(0.324)	(0.155)
Gov	-391.83**	-234.73*	-37.09**	0.3136**	0.0048	-0.0142
	(188.905)	(137.019)	(17.315)	(0.132)	(0.095)	(0.045)
Tran	-96.17**	-73.47**	-3.1119	0.0919***	-0.0407*	-0.0199*
	(42.328)	(30.702)	(3.880)	(0.030)	(0.021)	(0.010)
Policy	1.9437*	0.8738	0.2966***	-0.0009	-0.0013**	0.0008***
	(1.133)	(0.822)	(0.104)	(0.001)	(0.001)	(0.000)
时间效应	YES	YES	YES	YES	YES	YES
个体效应	YES	YES	YES	YES	YES	YES
观测值	-820.5392	-295.7566	-34.1162	-1.0720**	-0.0211	0.2153
	(652.513)	(473.289)	(59.807)	(0.456)	(0.327)	(0.157)
观测值	480	480	480	480	480	480
R^2	0.4955	0.4581	0.5958	0.3219	0.2354	0.1451

最后，表 5-6 考察了低技能劳动者就业比例对不同技术层次下加工贸易出口的影响。模型 1 至模型 3 考察了低技能劳动者就业比例对三种不同技术层面加工贸易出口额的影响，其中模型 1 为低技术行业、模型 2 为中技术行业、模型 3 为高技术行业。从估计结果来看，低技能劳动者就业比例的提高能够显著地促进三类不同技术层面行业的加工贸易出口。但是，从估计系数来看，其估计结果呈现出先增加后递减的趋势，表现为倒"U"形关系，即低技能劳动者就业比例的提高对加工贸易行业出口的促进效应会随着行业技术水平的提高而呈现出先上升后下降的趋势。进一步地，模型 4 至模型 6 考察了低技能劳动者就业比例对三种不同技术层面加工贸易出口比例的影响。从估计结果来看，低技能劳动者就业比例的提高能显著促进低技术层面加工贸易出口比例的提高和中技术层面加工贸易出口比例的提高，而对高技术层面加工贸易出口比例的提高无显著影响。

综合表 5-6 的估计结果可知，低技能劳动者就业比例的提高能够显著促进不同技术层面加工贸易出口额，但是随着行业技术水平的提高，低技能劳动者就业比例的出口促进效应呈现出先增后降的倒"U"形关系，对中技术行业层面出口额的促进效应最大，其次是低技术行业层面出口额，最后是高技术行业层面出口额；另外，低技能劳动者就业比例的提高只能显著促进低技术层面加工贸易出口比例的提高和中技术层面加工贸易出口比例的提高，而高技术层面的加工贸易出口比例并无显著促进作用。

表 5-6　　低技能劳动者与不同技术层次下加工贸易出口

	出口额			出口比例		
	低技术	中技术	高技术	低技术	中技术	高技术
	(1)	(2)	(3)	(4)	(5)	(6)
Low_skill	343.27***	600.59**	166.08***	0.3896***	0.4100*	0.0555
	(98.214)	(276.371)	(47.134)	(0.141)	(0.227)	(0.046)

续表

	出口额			出口比例		
	低技术	中技术	高技术	低技术	中技术	高技术
	(1)	(2)	(3)	(4)	(5)	(6)
Pergdp	0.0073***	0.0226***	0.0075***	0.0000	-0.0000***	0.0000**
	(0.002)	(0.004)	(0.001)	(0.000)	(0.000)	(0.000)
Hc	-3.7637	313.4257	112.1091***	-0.1974	-0.2238	-0.0658
	(86.353)	(242.994)	(41.442)	(0.124)	(0.199)	(0.040)
Middle_skill	9.5042***	16.2875***	3.8464***	0.0049**	0.0054	-0.0004
	(1.493)	(4.201)	(0.716)	(0.002)	(0.003)	(0.001)
Mark	-45.1443	-207.8905**	7.1357	-0.1212***	-0.1303*	-0.0042
	(29.059)	(81.771)	(13.946)	(0.042)	(0.067)	(0.014)
Fdi	-1590.98***	-3919.71***	-820.64***	0.6853**	1.7602***	0.2858***
	(210.504)	(592.353)	(101.024)	(0.301)	(0.485)	(0.099)
Gov	-147.8774**	-103.1005	15.4363	-0.1170	-0.0835	-0.0129
	(61.543)	(173.179)	(29.535)	(0.088)	(0.142)	(0.029)
Tran	-24.86*	-103.85***	-18.88***	-0.0678***	0.0407	0.0029
	(13.790)	(38.804)	(6.618)	(0.020)	(0.032)	(0.006)
Policy	0.5093	2.6502**	0.3138*	0.0001	0.0016*	-0.0001
	(0.369)	(1.039)	(0.177)	(0.001)	(0.001)	(0.000)
时间效应	YES	YES	YES	YES	YES	YES
个体效应	YES	YES	YES	YES	YES	YES
常数项	-198.2231	-677.0564	-382.8276***	0.9647***	0.9521*	0.1054
	(212.579)	(598.191)	(102.020)	(0.304)	(0.490)	(0.100)
观测值	480	480	480	480	480	480
R^2	0.4266	0.4329	0.5653	0.4085	0.2815	0.1862

三 地区异质性检验

第四章技能异质性演变指出，为了进一步释放低技能劳动者要素禀赋，中国政府不断地放开人口流动政策，促进低技能劳动者实现跨区域流动，加速低技能劳动者从农村向城市、从中西部地区向东部地区的空间集聚。从区域角度来看，低技能劳动者对制造业出口规模扩张的影响可能存在区域异质性。因此，本部分主要考察低技能劳动者对制造业出口规模扩张影响的地区异质性效应。按照既有文献的做法，将样本按照东部地区—中西部地区标准进行划分①，估计结果如表5-7所示。其中第一部分汇报了东部地区低技能劳动者就业比例对制造业出口规模的影响，第二部分汇报了中西部地区低技能劳动者就业比例对制造业出口规模的影响。

表5-7　　　　　　　　　　　地区异质性检验

	总出口		一般贸易出口		加工贸易出口	
	（1）	（2）	（3）	（4）	（5）	（6）
	东部地区					
Low_skill	3059.6410**	0.2768***	1440.1258	0.0915	1300.3233**	0.0052
	（1126.623）	（0.100）	（1154.150）	（0.215）	（526.067）	（0.191）
控制变量	YES	YES	YES	YES	YES	YES
时间效应	YES	YES	YES	YES	YES	YES
个体效应	YES	YES	YES	YES	YES	YES
常数项	-2,315.8057	0.0689	-2,707.7958	0.9923	-1,407.2123	0.1453
	（7,205.367）	（0.339）	（3,910.461）	（0.729）	（2,798.859）	（0.647）
观测值	154	154	154	154	154	154
R^2	0.6236	0.6898	0.6194	0.5053	0.5968	0.6768
	中西部地区					
Low_skill	937.5713***	1.8935***	670.2722***	0.3448	190.9291**	0.5585
	（272.972）	（0.467）	（113.070）	（0.633）	（76.655）	（0.593）
控制变量	YES	YES	YES	YES	YES	YES
时间效应	YES	YES	YES	YES	YES	YES
个体效应	YES	YES	YES	YES	YES	YES
常数项	-1135.52***	-1.0915	-999.05***	-1.61*	-244.2250	2.3076**
	（410.769）	（0.703）	（170.148）	（0.952）	（310.975）	（0.893）

---

① 其中东部地区包含北京市、天津市、上海市、河北省、辽宁省、山东省、江苏省、浙江省、福建省、广东省、海南省11个省份，其他省份为中西部地区。

续表

	总出口		一般贸易出口		加工贸易出口	
	(1)	(2)	(3)	(4)	(5)	(6)
	中西部地区					
观测值	266	266	266	266	266	266
R^2	0.6829	0.3276	0.7153	0.4679	0.4824	0.4390

从表 5-7 第一部分估计结果来看，模型 1 估计结果显示低技能劳动者就业比例对制造业总出口额的影响显著为正，模型 2 估计结果显示对制造业总出口额占进出口总额比重的影响也显著为正。从一般贸易出口情况来看，东部地区低技能劳动者就业占比对一般贸易总出口额和一般贸易出口占比的影响均不显著。从加工贸易出口情况来看，东部地区低技能劳动者就业占比对加工贸易总出口额影响显著为正，对加工贸易出口占比的影响均不显著。

从表 5-7 第二部分估计结果来看，从出口总额情况来看，中西部地区低技能劳动者就业占比对制造业总出口额和制造业出口占比的影响均显著为正。从一般贸易出口情况来看，中西部地区低技能劳动者就业占比对一般贸易总出口额影响显著为正，对一般贸易出口占比的影响不显著。从加工贸易出口情况来看，中西部地区低技能劳动者就业占比对加工贸易总出口额影响显著为正，对加工贸易出口占比的影响均不显著。

综合表 5-7 估计结果可知，从区域异质性角度来看，低技能劳动者就业占比显著提高了制造业总出口规模以及出口占进出口总额的比重，但是对一般贸易和加工贸易影响存在差异，低技能劳动者就业占比更有利于中西部地区出口规模的扩大。因此，新发展阶段需要进一步充分发挥中西部地区低技能劳动者比较优势，以释放中西部地区低能劳动者要素禀赋优势，实现中国制造业出口规模稳步扩大。

四 动态效应检验

随着低技能劳动者剩余的减少，传统比较优势也逐渐发生变化，为了考察低技能劳动力比例的出口效应是否也会随之减弱，本部分设定如下估计模型：

$$Export_{it} = \alpha_0 + \alpha_1 Low\_skill_{it} + \gamma_t Low\_skill_{it} \times v_t + \beta Control_{it} + \tau_i + v_t + \xi_{it} \tag{5.18}$$

式（5.18）在式（5.17）中引入了低技能劳动者就业比重与时间虚拟变量的交叉项，估计系数为 γ_t。如果 γ_t 估计系数表现为随着时间的推移，其估计系数逐渐衰减，那么就表明随着低技能劳动者剩余的减少，传统比较优势也在随之减弱和消失。

利用式（5.18）进行估计，结果如表 5-8 所示。从表 5-8 的估计结果来看，低技能劳动者就业比重的提高依然显著促进了制造业总出口、一般贸易出口额和加工贸易出口额的增长，并显著提高了总出口比重和加工贸易出口比重。在加入动态效应之后，本章的基准结论依然成立。

表 5-8　　　　　　　　　　时间动态效应

	总出口		一般贸易		加工贸易	
	(1)	(2)	(3)	(4)	(5)	(6)
Low_skill	6794.93***	1.5719***	2475.11**	-0.6013	3297.45***	0.1878***
	(1989.663)	(0.362)	(1103.078)	(0.570)	(781.942)	(0.539)
2003year	2145.9295**	0.5591***	152.9240	0.1144	-27.8566	0.1358
	(935.417)	(0.170)	(518.599)	(0.268)	(367.621)	(0.253)
2004year	1993.1963**	0.4616***	-295.2387	0.3331	-584.6410	-0.0549
	(950.643)	(0.173)	(527.041)	(0.272)	(373.605)	(0.258)
2005year	1639.8789*	0.3108*	-178.5988	0.3518	-395.4254	-0.0963
	(968.076)	(0.176)	(536.706)	(0.277)	(380.456)	(0.262)
2006year	1915.7866*	0.3429*	-173.1430	0.2570	-626.8969	0.0663
	(978.148)	(0.178)	(542.290)	(0.280)	(384.415)	(0.265)
2007year	1358.1758	0.2996*	29.1996	0.4599	-616.6243	-0.1104
	(994.804)	(0.181)	(551.524)	(0.285)	(390.960)	(0.270)

续表

	总出口		一般贸易		加工贸易	
	(1)	(2)	(3)	(4)	(5)	(6)
2008year	657.4156 (1008.267)	-0.2835 (0.183)	67.9471 (558.988)	0.3982 (0.289)	-662.9580* (396.251)	-0.0447 (0.273)
2009year	-422.0340 (1,034.956)	-0.4787** (0.188)	182.3780 (573.785)	0.3855 (0.297)	-543.3802 (406.740)	-0.0691 (0.280)
2010year	-1617.9196 (1141.249)	-0.3548* (0.208)	-368.0248 (632.714)	0.7017** (0.327)	-1029.1367** (448.514)	-0.3090 (0.309)
2011year	-1932.8683* (1151.337)	-0.4462** (0.209)	-420.4466 (638.307)	0.4166 (0.330)	-1236.9122*** (452.478)	0.0246 (0.312)
2012year	-2108.7831* (1171.565)	-0.4417** (0.213)	-515.8219 (649.521)	0.4865 (0.336)	-1225.4030*** (460.428)	-0.0205 (0.317)
2013year	-2123.5242* (1206.040)	-0.3964* (0.219)	-538.6086 (668.634)	0.4933 (0.346)	-1202.5610** (473.977)	-0.1417 (0.327)
2014year	-2733.0501** (1264.901)	-0.4449* (0.230)	-843.1012 (701.267)	0.4720 (0.362)	-1420.4839*** (497.109)	-0.1696 (0.343)
2015year	-2925.2620** (1294.566)	-0.4227* (0.236)	-1037.7432 (717.713)	0.4994 (0.371)	-1296.7443** (508.768)	-0.1423 (0.351)
控制变量	YES	YES	YES	YES	YES	YES
时间效应	YES	YES	YES	YES	YES	YES
个体效应	YES	YES	YES	YES	YES	YES
常数项	-8155.3236*** (2,419.693)	-1.1521*** (0.440)	-3167.8931** (1,341.489)	0.8825 (0.693)	-4067.4779*** (950.946)	0.5861 (0.656)
观测值	480	480	480	480	480	480
R^2	0.5465	0.3157	0.5192	0.2889	0.5130	0.2838

从时间动态效应估计结果来看，模型1和模型2考察了低技能劳动者就业比重与时间交叉项对制造业总出口的影响。无论是总出口额还是出口比例，估计系数均呈现出递减趋势，即由显著正向显著负转变。由此说明，随着时间的推移，低技能劳动者剩余的减少，低技能劳动者就业比重在制造业总出口方面的促进效应呈现出衰减趋势。

模型3和模型4考虑了低技能劳动者就业比重与时间交叉项对一般贸易出口的影响。从估计系数来看，无论是一般贸易出口额还是一般贸易出口比例，其估计系数均不显著。由此说明，无论时间如何变化，低技能劳动力就业比重的变化对一般贸易出口方面并无显著影响。

模型5和模型6考察了低技能劳动者就业比重与时间交叉项对加工贸易出口的影响。从估计系数来看，无论是加工贸易出口额还是加工贸易出口比例，其估计系数均不显著，而且其系数呈现出显著的下降趋势。由此说明，随着低技能劳动者剩余的减少，低技能劳动者就业比重的变化对加工贸易出口的影响变化显著，其系数的衰减性已经预示着传统比较优势已经到了即将耗尽的状态，亟待营造新技能的比较优势，以实现出口增长。

五　内生性检验

采用传统普通最小二乘方法进行估计，要求核心解释变量为随机变量，才能获得真实的估计结果。然而，由于低技能劳动者就业比重与制造业出口之间可能存在反向因果关系，从而导致核心解释变量低技能劳动者就业比重并非随机变量。二者之间反向因果关系可能源于制造业出口增加会引致对劳动者需求的增加，当需求增加时，供给价格会提高，引起劳动者就业选择倾向于出口增加的部门。为了克服内生性问题，需要寻找外生变量作为工具变量（Instrumental variable）。

首先，为了消除内生性问题，在实证检验中往往无法寻找到合适的工具变量，Arellano 和 Bond（1992）提出系统广义矩方法（SYS-GMM），该方法在理论上克服了核心解释变量与被解释变量之间的内生性问题。并由 Blundell 和 Bond（1998）通过蒙特卡洛模拟进一步验证的系统广义矩方法，通过利用内生变量的滞后项作为工具变量以解决内生性偏误。表5-9汇报了采用系统广义矩方法进行估计得到的估计结果。从表5-9的估计结果来看，低技能劳动者就业比重的估计系数与表5-3基准检验基本一致，虽然模型1和模型3的估计系数显著性有所下降。同时统计量AR（2）、Sargan和Hansen的P值均不显著，通过检验，表明模型估计过程中不存在高阶序列相关性和过度识别问题，因此模型设定合理。

表5-9　　　　稳健性检验之一：系统广义矩估计（SYS-GMM）

	总出口		一般贸易		加工贸易	
	（1）	（2）	（3）	（4）	（5）	（6）
Low_skill	526.890a (314.012)	0.3892** (0.165)	248.8338b (153.812)	-0.1279 (0.251)	238.8893** (118.653)	0.4932*** (0.188)
滞后一期被解释变量	0.9068*** (0.025)	0.4495*** (0.084)	0.9889*** (0.050)	0.6310*** (0.076)	0.7391*** (0.010)	0.6441** (0.235)
控制变量	YES	YES	YES	YES	YES	YES
时间效应	YES	YES	YES	YES	YES	YES
个体效应	YES	YES	YES	YES	YES	YES
常数项			-329.7880 (294.476)	-0.1629 (0.609)	-358.4457 (316.295)	-0.3732 (1.094)
观测值	450	450	450	450	450	450
AR（2）	-1.79 [0.173]	0.42 [0.674]	-1.16 [0.131]	-1.33 [0.12]	-0.73 [0.18]	-0.79 [0.17]
Sargan	53.56 [0.153]	62.30 [0.132]	56.58 [0.149]	54.31 [0.151]	47.99 [0.312]	47.53 [0.321]
Hansen	5.37 [1.00]	7.17 [1.00]	32.39 [0.902]	1.07 [1.00]	2.24 [1.00]	7.60 [0.99]

注：a表示的P值为0.104，b表示的P值为0.117。

其次，选择外生变量作为工具变量，采用两阶段最小二乘方法（2SLS）进行估计。为了获得低技能劳动者就业比例的工具变量，本部分主要从如下两个方面进行考虑：第一，人口出生率。一方面，人口出生是劳动者的供给面，人口出生率越高，劳动者就业人数就越多。另一方面，人口出生率越高，越难支付更高的教育费用以提高出生人口的教育水平。因此，人口出生率越高，低技能劳动者就越多。在估计中，采用滞后18期的人口出生率进行估计，原因在于出生人口需要在18年后才会成为法定成年人并可参与劳动力市场。第二，小学招生率。小学招生数量越多，就会有越多的劳动者获得小学教育并进入中学教育，技能水平也就越高。因此，小学招生率越高，低技能劳动者数量就越少。在估计中，采用滞后6期的小学招生率进行估计，原因在于小学毕业后大多处于12岁左右与法定成年相距6岁。与此同时，人口出生率与小学招生率与制造业出口之间并无明显关系。因此，综上所述，采用人口出生率和招生率作为低技能劳动者就业比例的工具变量满足相关性假设和外生性假设。根据统计量 Kleibergen-Paap rk LM 的估计结果来看，不存在不可识别问题；根据统计量 Cragg-Donald Wald F 和 Kleibergen-Paap rk Wald F 的估计结果来看，不存在弱工具变量的问题；根据统计量 Hansen 的估计结果来看，不存在过度识别问题。从人口出生率和小学招生率的估计系数来看，人口出生率越高，小学招生率越低，低技能劳动者就越多，低技能劳动者就业比重就越高。因此，利用滞后18期的人口出生率和滞后6期的小学招生率作为低技能劳动者就业比重的工具变量是合适的。

表5-10考察了利用两阶段最小二乘估计方法获得的估计结果。从第二阶段估计结果来看，低技能劳动者就业比重的估计系数与表5-10的基准检验估计结果基本一致，即低技能劳动者就业比重的提高，可以显著地促进制造业出口额的增长，同时还能显著地促进制造业出口比重的提高，但不能显著地促进一般贸易出口比重的提高。在利用工具变量估计之后，低技能劳动者就业比重的估计系数变得更大，尤其是对出口额的促进效应。由此进一步说明，低技能劳动者在中国制造业出口方面发挥了重要的促进作用，显示出在遵循传统比较优势下的政策作用。

表 5-10　　稳健性检验之二：两阶段最小二乘估计（2SLS）

	总出口		一般贸易		加工贸易	
	（1）	（2）	（3）	（4）	（5）	（6）
Low_skill	13255.49**	2.0289***	6750.69**	0.6021	3892.00**	1.7079*
	(5,250.158)	(0.684)	(2,794.111)	(0.972)	(1,814.103)	(0.918)
Pergdp	0.1442***	0.0000***	0.0778***	0.0000***	0.0449***	-0.0000***
	(0.032)	(0.000)	(0.017)	(0.000)	(0.011)	(0.000)
Hc	1774.62**	0.1297	923.06**	0.5594**	681.87*	-0.6809***
	(891.062)	(0.193)	(451.691)	(0.264)	(405.427)	(0.250)
Middle_skill	189.4402***	0.0247***	100.8876***	0.0003	56.6598***	-0.0083
	(62.701)	(0.007)	(33.660)	(0.010)	(21.472)	(0.010)
Mark	-487.5249	-0.1581***	-161.9164	0.2357**	-220.5112	-0.1574*
	(298.410)	(0.060)	(140.100)	(0.106)	(141.004)	(0.088)
Fdi	-18337.09***	0.5705	-8948.00***	-2.6130***	-7227.56***	2.7871***
	(3,866.755)	(0.351)	(1,883.115)	(0.577)	(1,682.478)	(0.549)
Gov	-886.0904	0.1482	-592.1064*	0.3748*	-124.3532	-0.2704
	(592.230)	(0.130)	(305.456)	(0.209)	(248.450)	(0.184)
Tran	-1091.03***	-0.0629	-518.99***	-0.0072	-385.41***	0.0687
	(314.863)	(0.039)	(164.097)	(0.063)	(115.108)	(0.059)
Policy	-1.4210	-0.0008	-1.5292	-0.0035***	1.8317	0.0044***
	(5.386)	(0.001)	(2.990)	(0.001)	(1.780)	(0.001)
时间效应	YES	YES	YES	YES	YES	YES
个体效应	YES	YES	YES	YES	YES	YES
观测值	402	402	402	402	402	402
R^2	0.4121	0.2376	0.3902	0.2565	0.4484	0.2556
第一阶段估计结果						
出生率	0.0026***	0.0026***	0.0026***	0.0026***	0.0026***	0.0026***
	(0.0006)	(0.0006)	(0.0006)	(0.0006)	(0.0006)	(0.0006)
小学招生率	-0.2401**	-0.2407**	-0.2407**	-0.2407**	-0.2407**	-0.2407**
	(0.120)	(0.120)	(0.120)	(0.120)	(0.120)	(0.120)
Kleibergen-Paap rk LM	16.58***	16.58***	16.58***	16.58***	16.58***	16.58***
	[0.003]	[0.003]	[0.0003]	[0.0003]	[0.0003]	[0.0003]

续表

	总出口		一般贸易		加工贸易	
	(1)	(2)	(3)	(4)	(5)	(6)
Cragg-Donald Wald F	11.63	11.63	11.63	11.63	11.63	11.63
Kleibergen-Paap rk Wald F	10.02	10.02	10.02	10.02	10.02	10.02
Hansen	0.052 [0.82]	0.078 [0.72]	0.149 [0.699]	0.56 [0.41]	0.744 [0.388]	0.36 [0.21]

第五节 本章小结

基于第三章的理论逻辑和第四章的事实特征，本章则重点考察中国改革开放以来在遵循比较优势策略下，通过释放低技能劳动者以促进中国制造业出口规模扩张的影响。首先，本章理论分析指出，改革开放以前，中国在计划经济时期采取了重工业优先发展的赶超战略，推行违背比较优势发展战略，无视充裕的低技能劳动者禀赋结构，造成生产极端扭曲，致使产品的生产成本高、销售价格高和国际竞争力低的"两高一低"的特点，进而形成了相对封闭的对外贸易模式。改革开放以后，中国采取了遵循比较优势发展策略，充分发挥低技能劳动者禀赋优势，大力发展低技能劳动密集型产业，尤其是加工贸易，形成了产品生产成本极低、销售价格极低和国际竞争力极高的"两低一高"的特点，促进了中国制造业出口规模的迅速扩张。

随后，本章利用中国省际层面的数据实证检验了低技能劳动者对中国制造业出口的影响。实证结果表明：第一，低技能劳动者显著促进了中国制造业出口规模的扩张，相对于一般贸易方式而言，低技能劳动者对加工贸易出口规模扩张的促进效应更大。该结论在采用多种内生性检验之后，依然稳健。第二，从不同技术层次来看，低技能劳动者显著促进了制造业低技术行业和中技术行业出口规模的扩张；从一般贸易方式下不同技术层次来看，低技能劳动者只能显著促进低技术行业出口规模的扩张；从加工贸易方式下不同技术层次来看，低技能劳动者能显著促进低技术行业、中技术行业和高技术行业出口规模的扩张，同时其促进效应呈现出倒"U"形关系，即对中技术行业出口规模扩张效应大于低技术行业和高技术行业。

  综上所述，本章从理论和实证两个方面论证了改革开放以来，中国采取比较优势发展策略，通过充分发挥低技能劳动者禀赋优势，大力发展低技能劳动密集型产业，尤其是加工贸易，实现了中国制造业出口规模的迅速扩张。与此同时，本书的动态效应检验表明，随着中国低技能劳动者剩余的减少，传统比较优势已经呈现出衰减趋势，对中国制造业出口持续增长提供了警示，需要发挥新技能作用，以逐渐优化低技能劳动者比较优势，避免掉入比较优势陷阱和低端锁定困境之中。随后的章节将会基于第三章理论框架和第四章事实特征的基础上，考察采取优化比较优势策略，扩大高技能劳动者和培育壮大特殊技能——企业家才能对中国制造业出口转型升级的作用。

第 六 章

优化比较优势策略Ⅰ：高技能劳动者扩张的出口转型升级效应

改革开放以来，中国采取遵循比较优势策略，充分利用低技能劳动者，发展低技能劳动密集型产业，实现了中国制造业出口规模的迅速扩张。但是随着低技能劳动者剩余的减少，低技能劳动者的制造业出口规模扩张效应出现了快速衰减效应，需要提高劳动者技能以弥补低技能劳动者剩余减少所产生的出口规模抑制效应和出口低端锁定效应。根据第三章理论分析可知，在遵循低技能劳动比较优势的过程中，需要注重培育新技能比较优势以削弱低技能劳动比较劣势所形成的出口规模抑制效应和出口低端锁定效应。第四章事实特征显示，中国一直致力于完善高等教育，并于1999年实施了高校扩招政策，极大地扩张了高技能劳动者规模，与此同时，中国制造业出口结构于21世纪初也呈现出了快速的转型升级特征①。基于

---

① 本章采用1999年高校扩招政策来考察高技能劳动者扩张对制造业出口的转型升级影响，主要是根据第三章和第四章的理论和事实特征，即21世纪初中国制造业出口开始了快速的转型升级。本书并不否认低技能劳动者干中学效应，低技能劳动者干中学，一方面可以实现低技能劳动者转化为高技能劳动者或者特殊技能劳动者，另一方面也可以促进技术进步和产业升级。对于前者，无论低技能劳动者是通过何种方式转化技能层次的，其转化后则变成了高技能劳动者或特殊技能劳动者，因此不会改变本书的基本逻辑。对于后者，低技能劳动者在整个社会技术进步中的作用是存在的，但却是微弱的。大量研究表明，低技能劳动者对技术创新的贡献十分有限。

此，本章重点分析在遵循比较优势发展策略的过程中，通过完善高等教育体系，扩大高技能劳动者规模，优化比较优势以偏离低技能劳动比较优势发展策略，实现制造业出口的转型升级。

第一节　引言

改革开放以来，中国制造业出口不仅实现了规模扩张，而且从21世纪开始了转型升级。正如第四章指出，中国制造业出口从21世纪初开始步入快速转型升级的时期。关于中国制造业出口为什么能够实现转型升级，既有文献给出了一定的解释。有文献指出，2001年中国加入世界贸易组织（WTO），给中国带来了巨大的出口红利，极大地提高了贸易自由化，进而推动了中国制造业出口的转型升级（余淼杰，2010，2016；毛其淋和盛斌，2013）。也有文献指出，中国政府具有强大的动员能力，推行产业规划，实施产业政策，推动了中国制造业出口的转型升级（盛斌，2002；林毅夫，2017；余淼杰，2018）。此类文献为解释中国制造业出口的转型升级作出了重要的边际贡献。但需要指出的是，加入世界贸易组织，推动贸易自由化，只是中国制造业出口能够实现转型升级的外部条件，并不能从根本上推动制造业出口的转型升级；政府推动实施的产业规划和产业政策，自中华人民共和国成立以来一直存在，而为何制造业出口的转型升级在21世纪之前并没有得到显著的提升。综合既有文献，本章则在第三章理论框架的分析下，从优化比较优势视角入手，考察高技能劳动者对中国制造业出口转型升级的影响，尤其是1999年推行的高等教育扩招政策对制造业出口转型升级的影响。

不同经济发展阶段上的产业特性、风险特性不同，对劳动者技能需求也不同。在不同的经济发展阶段，不同层次的劳动者技能对产业升级的作用不同。因此，劳动者技能结构特性需要与经济发展阶段特性相匹配。这种匹配特性又会随着经济社会的演化而演化，即劳动者技能结构会出现从低技能向高技能的演化，产业结构从低端产业向高端产业演进，经济发展水平从低水平向高水平演进。

教育形成的劳动者技能在经济增长中发挥着基础性作用（Hanushek and Woessmann，2015），高等教育所形成的高技能劳动者是实现产业转型升级的前提条件（程锐等，2019）。自 1977 年恢复高考以来，中国高等教育事业得到了长足的发展。为了进一步扩大高技能劳动者规模，中国政府于 1999 年实施了高校扩招政策。该政策的实施促进高技能劳动者数量迅速增加，极大地丰裕了高技能劳动者，为形成新比较优势创造了条件。然而，既有文献中考察劳动者技能对制造业出口转型升级的研究，多以人力资本存量进行衡量。但是由于存量视角无法有效区分出高技能劳动者对制造业出口的转型升级效应，制约了深入考察高技能劳动者对制造业出口升级的影响。如何有效区分高技能劳动者在制造业出口转型升级中的作用，在实证方面给研究者提出了较高的要求。而中国政府于 1999 年推行的高校扩招政策，为研究该问题提供了良好的切入点。

本章首先从理论上分析，在遵循低技能劳动者比较优势的过程中，通过不断地完善高等教育，培育和扩大高技能劳动者，以形成新的技能禀赋结构，从而优化比较优势以偏离低技能劳动比较优势发展策略，进而推动中国制造业出口的转型升级。随后借助于中国 1999 年推行的高校扩招政策，利用合成控制法（Synthetic Control Methods，SCM）检验高技能劳动者扩张对中国制造业出口转型升级的促进效应。

第二节　文献回顾

文献中往往将劳动者技能与人力资本等同起来，尤其是衡量方式上具有一致性①。因此，文献中研究劳动者技能与制造业出口转型升级的关系往往以人力资本与制造业出口转型升级的研究为主。人力资本理论自 1964 年提出以来，大量文献围绕人力资本与经济增长的关系而展开。既有文献关于人力资本的作用已经形成了一个基本的定论：人力资本在经济发展过程中发挥着重要的促进作用。随着国际分工的深化，发展中国家制造业出口升级越来越明显，发展经济学家、贸易学家开始关注发展中国家制造业出口升级的影响因素。虽然人力资本作为经济发展过程中的重要变量，但是文献中关于人力资本与制造业出口升级的关系研究依然相对匮乏，主要包括如下两个方面。

第一，将人力资本视为控制变量，间接考察人力资本与制造业出口升级之间的关系。从跨国层面来看，Rodrik（2006）、Hausmann 等（2007）在测算出口技术复杂度的基础上，指出出口技术复杂度与人力资本水平显著正相关。Santos-Paulino（2011）利用金砖国家的数据考察指出，一国出口技术复杂度和生产效率是由该国的人力资本水平、收入水平和国家规模等基础性资源禀赋决定的。Cabral 和 Veiga（2010）利用撒哈拉以南非洲国家的数据研究指出，人力资本水平的提升可以促进出口技术复杂度和出口多样化的提高。Timmer 等（2014，2015）利用 WIOD 数据库，研究指出高技能劳动力在全球价值链升级中的贡献越来越大。从中国层面来看，Wang 等（2010）利用中国的数据，研究表明人力资本水平的提高是导致出口技术复杂度提升的决定性因素之一，也是中国出口结构与 G3（美国、日本、欧盟）的出口结构相似的重要原因。姚洋、张晔（2008）指出，人力资本水平的提升可以促进出口品国内技术含量。同时，人力资本的区域间差异，引起了出口技术复杂度地区间差异（Wang, et al., 2010；郑展鹏和王洋东，2017）。由此可知，人力资本在制造业出口升级中扮演着重要的角色。

---

① 例如，夏怡然和陆铭（2019）将高等教育者称为高技能人力资本，将人力资本与高技能结合在一起。

第二，直接考察人力资本与制造业出口升级的关系。基于中国全球价值链"引进依赖"和"低端锁定"的困境，姚瑶和赵英军（2015）从人力资本配置的"结构效应"与"中介效应"角度考察中国全球价值链演进升级的内生动力与微观机制，指出人力资本是中国国内要素禀赋结构转换的重要因素，也是摆脱当前贸易规模和获利能力"错配"的关键，人力资本是推动全球价值链向高端持续攀升的核心主题和内生动力。而初始人力资本选择与垂直专业化不同阶段的匹配，影响着初始人力资本的要素功能和外部特征与生产环节的匹配程度，进而影响发展中国家在垂直专业化深化过程中持续提升全球价值链的位置（李静，2015）。同时，人力资本的选择也影响着劳动力的产业间和产业内再配置过程，劳动力市场的灵活性减轻了产出波动对出口技术复杂度的负面影响，增强了人力资本效应和技术溢出效应，进而影响了出口技术复杂度（张先锋等，2018）。

综上所述，已有文献就人力资本促进制造业出口转型升级方面的作用达成一致结论。但此结论仅仅说明了人力资本与制造业出口转型升级之间的正向关系。但是由于文献中多以人力资本存量进行考察，而人力资本存量并无法反映人力资本的全部，尤其人力资本的结构性问题。在人力资本结构内部，人力资本技能存在高技能与低技能，而高技能与低技能在经济发展过程中存在显著差异。简单从人力资本存量角度考察人力资本对制造业出口转型升级的影响，一方面会因测量误差而产生严重偏误，另一方面更无法有效分离出高技能在制造业出口转型升级中的作用。

第三节 理论分析

一 理论机理：优化比较优势策略下高技能劳动者的出口转型升级效应

改革开放以后，中国采取了遵循比较优势发展策略，充分利用低技能劳动者，发展低技能劳动密集型产业，实现制造业出口规模的扩张。由于低技能劳动者技能层次低、知识水平有限，制约了其管理技能和创新技能的提高。如果持续地单纯依靠低技能劳动比较优势，将会使制造业出口掉入比较优势陷阱和低端锁定困境，而无法突破制造业高端封锁困境。为了实现制造业出口的转型升级，必须培育高技能劳动者，形成新的技能禀赋优势，以偏离低技能劳动比较优势发展策略。

高技能劳动者具有更高的技能、更专业的知识，强化了其管理技能和创新技能，可以从事更复杂、更专业的工作。改革开放以前，由于历史原因，使高等教育事业发展受到极大的打击，严重制约了中国高技能劳动者的供给。直到 1977 年恢复高考，大学恢复招生，开启了高技能劳动者有限供给时代，如 1978 年高校招生人数为 40.2 万人，占当年小学招生人数的 1.2%[①]。此后，高校招生人数一直维持在较低的水平上，并且高校招生人数占小学招生人数的比例始终低于 5%，如图 6-1 所示。持续 20 年的低比例的高校招生人数，一方面提供了有限的高技能劳动者，另一方面也在一定程度上制约了中国制造业出口转型升级中对高技能劳动者的需求。直到 1999 年高校扩招政策的实施，高校招生规模持续增加，如 1999 年招生人数达到 159.7 万人，占当年小学招生人数的 7.25%，到 2016 年高校招生人数高达 748.6 万人，占当年小学招生人数的 42.71%，如图 6-1 所示。迅速扩大的高校招生人数，极大地满足了中国制造业出口转型升级中对高技能劳动者的需求。

1999 年高校扩招政策的实施，引起高技能劳动者的扩张。高技能劳动者的扩张对制造业出口转型升级的影响主要表现在如下几个方面：第一，缓解供需错配矛盾。高技能劳动者的迅速扩张，极大地增加了高技能劳动者的供给，有效地缓解了制造业出口转型升级过程中高技能劳动者供给不足的约束，促使制造业出口转型升级过

[①] 《中国统计年鉴》，中国统计出版社 2021 年版。

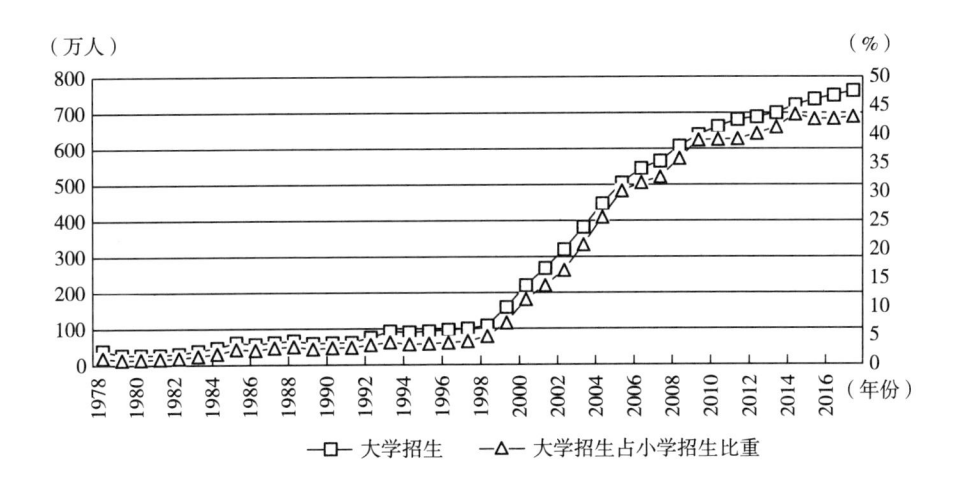

图 6-1 大学招生人数与大学招生人数占小学招生人数比重（1978—2016 年）

资料来源：原始数据来源于《中国统计年鉴（2017）》。

程中可以以更低的成本雇用到更多的高技能劳动者，满足制造业出口转型升级过程中对高技能劳动者的需求。第二，提高自主创新能力。高技能劳动者具有更高的技术水平、更专业的知识水平、更强的自主创新能力。高技能劳动者的扩张极大地提高了制造业行业的技术创新速度和技术创新质量，推动技术以更快的速度进步，促进制造业行业生产率的提高，实现制造业出口的转型升级。第三，提高资源配置效率。高技能劳动者还具有更高的管理技能，可以有效地提高制造业行业内部的运行效率，降低制造业生产过程中的无效率损失，提高行业资源配置效率，进而促进制造业出口升级。第四，发挥集聚效应。高技能劳动者在传递知识过程中存在显著的空间集聚效应。高技能劳动者的扩张，增加了高技能劳动者的供给规模，提高了高技能劳动者之间的集聚效应，增强了知识溢出在技术进步中的作用，同时也会增强高技能劳动者的"干中学"效应，进而促进制造业出口升级。因此，高技能劳动者扩张通过缓解供需错配矛盾、提高自主创新能力和资源配置效率、发挥高技能劳动者的集聚效应而实现制造业出口升级。

综上所述，改革开放以后，中国采取了遵循比较优势发展策略，充分利用低技能劳动者，发展低技能劳动密集型产业，实现制造业出口规模的扩张。由于低技能劳动者技能层次低、知识水平有限，制约了其管理技能和创新技能的提高，不利于中国制造业出口的转型升级。另外，中国一直致力于完善高等教育，尤其是1999年推行的高校扩招政策，培育并扩大高技能劳动者规模，形成新的技能禀赋优势，优化比较优势并一定程度上偏离低技能劳动比较优势发展策略。由于高技能劳动者具有更高的知识水平、更高的管理能力和更强的创新技能，高技能劳动者规模的扩张可以通过缓解供需错配矛盾、提高自主创新能力和资源配置效率、发挥高技能劳动者的集聚效应而实现制造业出口转型升级，如图6-2所示。

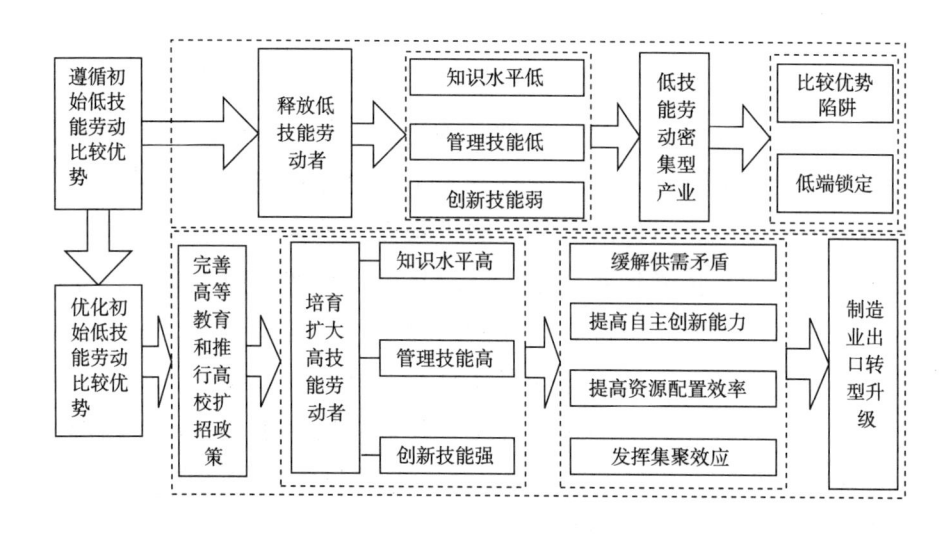

图6-2　优化比较优势策略下高技能劳动者与制造业出口转型升级

二　数理模型：高技能劳动者与制造业出口转型升级

为了考察高技能劳动者扩张对制造业出口升级的影响，首先将劳动者技能划分为高技能劳动者（L_H）和低技能劳动者（L_L）。经济体中劳动者技能由高技能和低技能组成，为了简化起见，单位化劳动者数量，$L_H+L_L=1$。其次，将出口产品升级进一步具体化为产品技术含量，即产品技术含量越高，出口升级程度就越高。

（一）需求

借鉴鲁晓东（2014）和程锐等（2019）的理论模型，假设企业生产的产品体现出的异质性表现为技术含量和生产率异质性。前者（出口技术复杂度）是企业出口产品异质性的集中体现。代表性消费者的效用函数是不变替代弹性形式，如式（6.1）所示。

$$U=\left[\int_0^1 h(z)^{1-\rho}c(z)^\rho dz\right]^{\frac{1}{\rho}}, \quad 0<\rho<1 \tag{6.1}$$

其中，z代表一种可选择的商品。$x(z)$代表z商品的消费量。$h(z)$代表z商品的技术含量。σ表示替代弹性，$\rho=\frac{\sigma-1}{\sigma}$。$y$表示收入，则最优消费量如式（6.2）所示。

$$c(z)=\frac{h(z)p(z)^{-\sigma}R}{P^{1-\sigma}} \tag{6.2}$$

其中，$R=\int_0^1 p(z_i)c(z_i)dz_i$，代表总收入；$P=\left[\int_0^1 p(z_i)^{1-\sigma}h(z_i)dz_i\right]^{\frac{1}{1-\sigma}}$，是总价格指数，其中包含了出口产品技术含量。同时，假定消费者的偏好是非位似的（Non-homothetic）。因此，产品技术含量函数形式如式（6.3）所示。

$$h(z)=\lambda(z)^{\alpha(y)} \tag{6.3}$$

其中，$\lambda(z)\geq 1$表示可以量化处理的"真实"的产品技术含量。$\alpha(y)$表示收入对需求的反应程度，函数形式为单调递增的凹函数。

（二）供给

在Melitz（2003）文献中，直接假定企业生产率服从一个事后选择分布。异质性劳动力文献指出，互补性更高的部门，技能方差更低的国家具有更高的生产率，生产率的高低取决于高低技能劳动者的分散程度（Bombardini, et al., 2012）。当低技能劳动者逐渐演化为高技能劳动者时，技能之间的互补性会逐渐增加，从而生产率逐渐提高，例如在航空航天等高端制造业行业中，更强调高技能劳动者之间的互补性，其技能分散程度就较低，反之在传统低端制造业行业中，低技能劳动者容易被替代，技能分散程度高。Grossman 和 Maggi（2000）指出超模函数强调技能互补，子模函数强调技能替代，因此本书借鉴 Grossman（2013）的文献，将企业层面的生产率假定为如式（6.4）所示。

$$\varphi(q_H, q_L) = \frac{q_H}{\delta(1-q_L)} \qquad (6.4)$$

其中，q_H 表示高技能劳动者的劳动技能，当企业内部高技能劳动者比重越大时，技能互补性越强，高技能劳动者的劳动技能就越高，q_H 值就越大，即 $\frac{dq_H}{dL_H}>0$，$\frac{dq_H}{dL_L}<0$。q_L 表示低技能，显然 $q_H>q_L$。并且企业内部存在高低技能的互补匹配和替代关系，即以 δ 表示高技能劳动者对低技能劳动者的替代能力，替代能力越高，δ 值就越小；反之则越大。

异质性企业的生产成本如式（6.5）所示。

$$C(v) = MC[\varphi, h(\varphi)]x(\varphi) + F[h(\varphi)] \qquad (6.5)$$

其中，MC 为边际成本，F 为固定成本，生产率 $\varphi>0$。在异质性企业生产成本中加入产品的技术含量异质性，即 $h(\varphi)$。可变成本和固定成本决定了产品的技术含量，即高技术含量的产品需要更新的固定资产，包括购买新设备、开发新产品和销售新产品；生产技术含量更高的产品需要引入高技能劳动力和更高质量的中间品投入。进一步设定如式（6.6）所示：

$$MC[\varphi, h(\varphi)] = \frac{h(\varphi)^\beta}{\varphi} \qquad (6.6)$$

其中，β 是可变成本的技术含量弹性。根据式（6.6）可知，企业生产的边际成本与生产率、产品技术含量两个因素相关。但是，企业生产的边际成本与企业生产规模无关，而与企业生产率 φ 及产

品技术含量 λ 有关。固定成本进一步分解为内生和外生两部分：

$$F[\lambda(\varphi)] = f + f\lambda(\varphi)^{\gamma}, \quad \gamma > 0 \tag{6.7}$$

其中，$\gamma > 0$ 是固定成本的技术含量弹性，f 为固定成本且外生，内生固定成本则与产品技术含量有关。

（三）均衡

企业最大化利润，可表示如下：

$$\max \pi = p(v)x - \left[f + f\lambda(\varphi)^{\gamma} + \frac{h(\varphi)^{\beta}}{\varphi}x\right] \tag{6.8}$$

在垄断竞争市场均衡状态下，企业采取加成定价方式，均衡价格为：

$$p[\varphi, \lambda(\varphi)] = \frac{\lambda(\varphi)^{\beta}}{\rho\varphi} \tag{6.9}$$

则企业的收入函数为：

$$r[\varphi, \lambda(\varphi)] = R(\rho\varphi P)^{\sigma-1}\lambda(\varphi)^{\alpha(y)-\beta(\sigma-1)} \tag{6.10}$$

进一步地，企业利润最大化式（6.8）可表述如式（6.11）所示。

$$\max(p-mc)\frac{r}{p} - [f + f\lambda(\varphi)^{\gamma}] = \frac{r}{\sigma} - [f + f\lambda(\varphi)^{\gamma}] \tag{6.11}$$

假定 $0 < \alpha(y) - \beta(\sigma-1) < \gamma$，以保证最大化的二阶条件得到满足。解式（6.11）可得：

$$\lambda(\varphi) = (\bar{\lambda}\varphi)^{\zeta_{\beta}} \tag{6.12}$$

式（6.12）中，

$$\bar{\lambda} = \left(\frac{R(\rho P)^{\sigma-1}\alpha(y)-\beta(\sigma-1)}{\gamma f\sigma}\right)^{\frac{1}{\sigma-1}}, \quad \zeta_{\beta} = \frac{\sigma-1}{\lambda-[\alpha(y)-\beta(\sigma-1)]}。$$

利用生产率函数，根据式（6.12），可计算产品技术含量对高低技能劳动者的半弹性：

$$\frac{\partial \ln\lambda(q_H)}{\partial q_H} = \frac{d\ln\lambda(\varphi)}{d\ln\varphi}\frac{d\ln\varphi}{dq_H} = \zeta_{\beta}\frac{1}{\varphi}\frac{1}{\delta(1-q_L)} > 0 \tag{6.13}$$

综合式（6.4）、式（6.13）可知，高技能劳动者比重的提高会促进企业产品技术含量的提升。当高技能劳动者比重出现结构性增加时，$\frac{\partial \ln \lambda (q_H)}{\partial q_H}$也会呈现出结构性增加。因此，高技能劳动者规模的扩张可以促进制造业出口的转型升级，并且随着高技能劳动者规模扩张速度的提高，制造业出口转型升级的速度也会随之提高。

第四节　实证模型与变量说明

一　实证模型设定

根据前文分析可知，1977 年恢复高考以来，高等教育事业发展相对缓慢，到 1999 年高校扩招以后，高等教育规模迅速扩张，高技能劳动者数量快速增长，而 21 世纪初中国制造业出口开始出现了转型升级。因此，本部分实证内容重点考察 1999 年高校扩招导致高技能劳动者规模迅速扩张对中国制造业出口转型升级的影响。已有文献也利用双重差分方法评估高校扩招政策带来的高技能人力资本扩张对企业生产率、产品出口技术复杂度的影响。例如，Che 和 Zhang（2018）利用高校扩招政策作为准自然实验考察人力资本对企业生产率的影响，其根据美国 1980 年 ISIC 行业层面高技能人力资本密集度为参考系，将高于均值的行业确定为高技能人力资本密集型行业，其余行业确定为低技能密集型行业，从而利用 DID 方法研究人力资本对企业生产率的促进效应。借鉴 Che 和 Zhang（2018）的高技能人力资本划分方式，周茂等（2019）和毛其淋（2019）分别利用高校扩招政策考察人力资本扩张对城市层面产品技术复杂度和加工贸易企业产品技术复杂度的提升效应，程锐和马莉莉（2020）利用高校扩招政策考察高技能人力资本扩张对行业层面出口产品质量的升级效应。

高校扩招政策的推行属于一次性全国范围内开展，使行业间存在较大的溢出效应，破坏了双重差分方法（Difference-in-Difference Method，DID）要求的干预组和处理组之间的不相关性假设。为了弥补双重差分方法的不足，Aba 和 dieGardeazabal（2003）提出了一种新的方法——合成控制法（Synthetic Control Methods，SCM）。其思想是对控制组赋予相应的权重，并采用加权平均法构建出合成控制组，使合成控制组的行为与处理组在政策实施之前的行为相似，预期处理组在政策实施之后并无显著差异且与合成控制组相似。合成控制组事后的结果可作为处理组的反事实结果。合成控制组和处理事后的结果差异即为高校扩招政策推行的影响。采用合成控制法，并利用国家层面的数据进行考察，有效地避免了干预组对合成控制组之间的溢出效应①。

假设有 $N+1$ 个地区，国家 1 在 T_0 期开始实施高校扩招政策，其他 N 个国家并未推行高校扩招政策。Y_{1it} 表示国家 i 在 t 期实施高校扩招所产生的结果，Y_{0it} 表示国家 i 在 t 期不实施高校扩招所产生的结果。那么，高校扩招所产生的因果效应可表示为 $\tau_{it} = Y_{1it} - Y_{0it}$，其中，$i=1, \cdots, N+1$，$t=1, \cdots, T$。国家 i 第 t 期观测到的制造业出口升级的结果为：

$$Y_{it} = D_{it} Y_{1it} + (1-D_{it}) Y_{0it} = Y_{0it} + \tau_{it} D_{it} \quad (6.14)$$

其中，D_{it} 表示 i 国在 t 期的高校扩招推行的状态。如果 i 国家在 t 期受到高校扩招政策的影响取值为 1，否则取值为 0。则：

$$D_{it} = \begin{cases} 1, & i=1, \ t>T_0 \\ 0, & 其他 \end{cases} \quad (6.15)$$

为简化起见，假设第 1 个个体在 T_0 时期后实施了高校扩招政策干预，而其他 N 个个体在样本期内从未受到高校扩招政策的干预。进一步地，高校扩招政策因果效应表示如式（6.16）所示。

$$\tau_{1t} = Y_{11t} - Y_{01t} = Y_{1t} - Y_{01t} \quad (6.16)$$

---

① 其中重要的原因在于制度性障碍。中国与其他国家之间存在的国界限制，极大地影响了中国高校扩招带来的高技能人力资本扩张对其他国家产生的直接溢出效应。

为了估计个体 1 的反事实结果,假设 Y_{0it} 可以设定如式(6.17)所示。

$$Y_{0it} = \delta_t + \theta_t Z_i + \lambda_t \mu_i + \xi_{it} \quad (6.17)$$

其中,δ_t 表示未知的公共因子,对所有个体具有相同的影响。Z_i 表示 $K \times 1$ 维可观测协变量向量。θ_t 表示 $1 \times K$ 维未知系数向量。λ_t 表示 $1 \times F$ 维未观测公共因子。μ_i 表示 $F \times 1$ 维系数向量。ξ_{it} 是未观测的暂时性冲击,满足零均值假设。

考虑 $N \times 1$ 的权重向量 $W = (w_2, \cdots, w_{N+1})$,满足 $w_j \geq 0$,$j = 2, \cdots, N+1$,并且 $w_2 + \cdots + w_{N+1} = 1$。一个权重向量代表着一个合成控制,合成控制的模型如式(6.18)所示。

$$\sum_{j=2}^{N+1} w_j Y_{jt} = \delta_t + \theta_t \sum_{j=2}^{N+1} w_j Z_j + \lambda_t \sum_{j=2}^{N+1} w_j \mu_j + \sum_{j=2}^{N+1} \xi_{jt} \quad (6.18)$$

假设存在权重向量 $W^* = (w_2^*, \cdots, w_{N+1}^*)$,使:

$$\sum_{j=2}^{N+1} w_j^* Y_{j1} = Y_{1t}, \sum_{j=2}^{N+1} w_j^* Y_{j2} = Y_{12}, \cdots \sum_{j=2}^{N+1} w_j^* Y_{jT_0} = Y_{1T_0}, \sum_{j=2}^{N+1} w_j^* Z_j = Z_1 \quad (6.19)$$

如果 $\sum_{t=1}^{T_0} \lambda'_t \lambda_t$ 是非奇异的,则有:

$$Y_{01t} - \sum_{j=2}^{N+1} w_j^* Y_{jt} = \sum_{j=2}^{N+1} w_j^* \sum_{s=1}^{T_0} \lambda_t (\sum_{n=1}^{T_0} \lambda'_t \lambda_t)^{-1} \lambda'_s (\xi_{js} - \xi_{1s}) - \sum_{j=1}^{N+1} w_j^* (\xi_{jt} - \xi_{1t}) \quad (6.20)$$

Abadie 等(2010)指出,当政策实施前的时间足够长($T_0 \to \infty$),那么式(6.20)将会趋近于零。进而得到的结果就近似于合成控制组,其形式表示如式(6.21)所示。

$$\hat{Y}_{01t} = \sum_{j=2}^{N+1} w_j^* Y_{jt} \quad (6.21)$$

高校扩招产生的效应如式(6.22)所示。

$$\hat{\tau}_{1t} = Y_{1t} - \sum_{j=2}^{N+1} w_j^* Y_{jt}, \quad t = T_0 + 1, \cdots, T \quad (6.22)$$

基于上述合成控制法的基本思想,使用 Abadie 等(2010)开发的 Synth 程序进行估计，以考察高技能劳动者扩张对制造业出口转型升级的影响。

二　变量说明与数据来源

根据第三章的分析可知，考察制造业出口转型升级主要从如下三个方面：制造业出口产品技术复杂度、出口产品质量和出口产品多样性。三种升级方式的衡量方法具体见实证分析各部分。由于高校扩招政策的推行在 1999 年全国范围内推行，因此本章考察样本为跨国样本。其中处理组为中国，控制组参考 Hsiao 等（2012）样本选择，具体包括法国、德国、意大利、芬兰、丹麦、奥地利、澳大利亚、加拿大、印度尼西亚、日本、韩国、马来西亚、墨西哥、荷兰、新西兰、挪威、菲律宾、新加坡、瑞士、泰国、英国和美国[①]。

考虑到合成控制组的拟合效果和结果的稳健性，参考已有文献，加入相关控制变量。具体包括经济发展水平、技术进步水平、金融发展水平、制度质量。经济发展水平采用实际人均 GDP 进行衡量，技术进步水平采用全要素生产率水平进行衡量，数据来源于 PWT9.0。金融发展水平采用金融发展规模和金融结构进行衡量，金融发展规模等于股票市场市值加银行向私人部门的信贷总额除以国家实际 GDP，金融结构等于银行向私人部门的信贷总额除以股票市场市值，数据来源于世界银行提供的金融发展与结构数据库（Financial Development 和 Structure Dataset）。质量制度采用世界银行全球治理指数（Worldwide Governance Indicators），其中包括民主与问责（Voice 和 Accountability）、政府效率（Government Effectiveness）、监管质量（Regulatory Quality）、法治水平（Rule of Low）、腐败控制程度（Control of Corruption）。表 6-1 汇报了各控制变量的描述性统计。时间范围为 1995—2014 年。

---

① 基于数据的可得性，删掉中国香港和台湾省。

表 6-1　　　　　　　　　控制变量描述性统计

变量	观测值	均值	标准差	最小值	最大值
人均实际 GDP	460	31035	15206	3439	72744
TFP	460	0.978	0.0723	0.680	1.148
金融结构	438	1.018	0.698	0.0829	4.644
金融规模	438	1.696	0.7906	0.2710	4.138
民主与问责	368	0.842	0.861	−1.749	1.801
政府效率	368	0.557	0.866	−2.095	1.760
监管质量	368	1.292	0.784	−0.705	2.437
法治水平	368	1.135	0.730	−0.796	2.233
腐败控制程度	368	1.200	1.083	−1.176	2.470

第五节　实证分析

一　高技能劳动者扩张与制造业出口产品技术复杂度提升

（一）国家层面制造业出口产品技术复杂度测算

出口产品技术复杂度作为一种表征出口质量的变量，近年来得到学术界的广泛关注。关于出口产品技术复杂度的测度，主要存在如下几种测算方式：第一，Hausmann 等（2007）基于比较优势视角提出了出口产品技术复杂度的测度方法；第二，Schott（2008）基于相似度的视角提出了出口产品技术复杂度的测算方法。现有文献中，Hausmann 等（2007）基于比较优势视角提出的出口产品技术复杂度的测算方法运用较多。因此，本部分将借鉴 Hausmann 等（2007）的方法，测算国家层面的出口产品技术复杂度。

具体计算过程如式（6.23）所示。

$$\text{Prody}_i = \sum_{c=1}^{k} \left[\frac{x_{ic}/x_c}{\sum_{c=1}^{k}(x_{ic}/x_c)} pergdp_c \right] \quad (6.23)$$

其中，Prody_i 表示 i 行业的出口产品技术复杂度，由各国人均实际 GDP 加权而得到。x_{ic}/x_c 表示 c 国 i 行业出口额与出口总额的比例，$\sum_{c=1}^{k}(x_{ic}/x_c)$ 表示样本国的出口比例之和。$pergdp_c$ 表示 c 国的人均实际 GDP。进一步得到：

$$Expy_c = \sum_{i=1}^{k}\left(\frac{x_{ic}}{x_c}\right)\text{Prody}_i \qquad (6.24)$$

其中，$Expy_c$ 即为国家 c 的出口产品技术复杂度。

利用 CEPII BASE 提供的 1995—2014 年 HS6 位码国际贸易数据，利用上述两个公式计算 1995—2014 年各国制造业出口产品技术复杂度。其中，HS6 位码层面的产品还包括自然资源类、农产品类等产品，根据王直和魏尚进（2013）提供的代码进行排除，从而获得制造业层面的出口产品数据。人均实际 GDP 采用 PWT9.0 提供的产出端实际 GDP 除以各国人口数。

根据上述计算方式，计算得到 23 个样本国家的制造业出口产品技术复杂度。图 6-3 汇报了 1995—2014 年中国制造业出口产品技术复杂度。由图 6-3 可知，在样本期间内，中国制造业出口产品技术复杂度由 1995 年的 10362 增长到 2014 年的 16319，增长率为 57.49%，年平均增长率为 1.88%。与此同时，从分时间段来看，1995—2002 年制造业出口产品技术复杂度仅仅提高了 6.54%，年平均增长率为 0.91%；而 2003—2014 年制造业出口产品技术复杂度提高了 40.25%，年平均增长率 3.07%；同时，2003 年相对于 2002 年增长率达到 5.39%。由此可知，中国制造业出口产品技术复杂度在 2003 年前后呈现出明显的结构性突变。因此，图 6-3 初步验证了高技能劳动者扩张对中国制造业出口产品技术复杂度的提升效应。

（二）实证结果

第一，基本检验。中国与合成中国的 1995—2014 年制造业出口产品技术复杂度的情况如图 6-4 所示。其中，垂直虚线表示高校扩

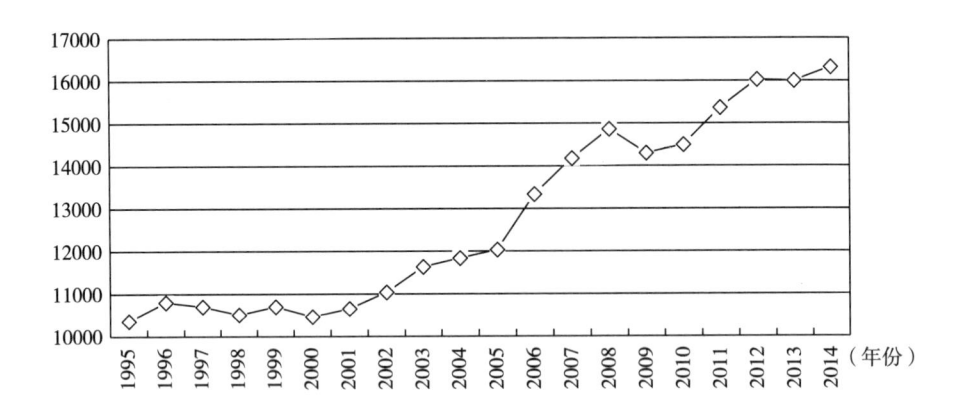

图 6-3　中国制造业出口产品技术复杂度（1995—2014 年）

招产生影响的年份即 2003 年，水平虚线表示合成中国 1995—2014 年制造业出口产品技术复杂度的情况，水平实线表示中国 1995—2014 年实际制造业出口产品技术复杂度的情况。在垂直虚线的左侧，即高校扩招政策产生影响的时间 2003 年之前，中国与合成中国的制造业出口产品技术复杂度重合度高，说明合成中国对实际中国具有较高的拟合度。垂直虚线的右侧即高校扩招政策产生影响的时间 2002 年之后①，合成中国的制造业出口产品技术复杂度始终低于实际中国的情况，实际中国与合成中国的制造业出口产品技术复杂度差异逐渐扩大。由此表明，在高校扩招政策实施前后，实际中国与合成中国的制造业出口产品技术复杂度存在显著的差异，并且随着时间的推移，实际中国与合成中国的制造业出口产品技术复杂度的差异越来越大。从而证明了高校扩招引起的高技能劳

---

① 需要指出的是，图 6-4 实际中国与合成中国制造业出口产品技术复杂度分离时间实际在 2002 年，其原因在于中国高等教育模式存在两种类型，即四年制本科教育和三年制专科教育。三年制专科教育虽然与四年制本科教育存在差异，但是专科教育也使专科毕业的学生具有了与高中教育的本质差异，具有一定的高技能，因此对制造业出口产品技术复杂度存在一定的促进作用。但该促进作用是十分有限的，图 6-4 的政策效果图可以看出 2002 年实际中国制造业出口产品技术复杂度的提升效应较低，其提升效应仅为 2003 年提升效应的 0.2%。

动者扩张对中国制造业出口产品技术复杂度产生了显著的正向促进作用，并且随着时间的推移该正向促进作用越来越大，即高技能劳动者扩张对制造业出口产品技术复杂度的影响存在一定的累积效应。

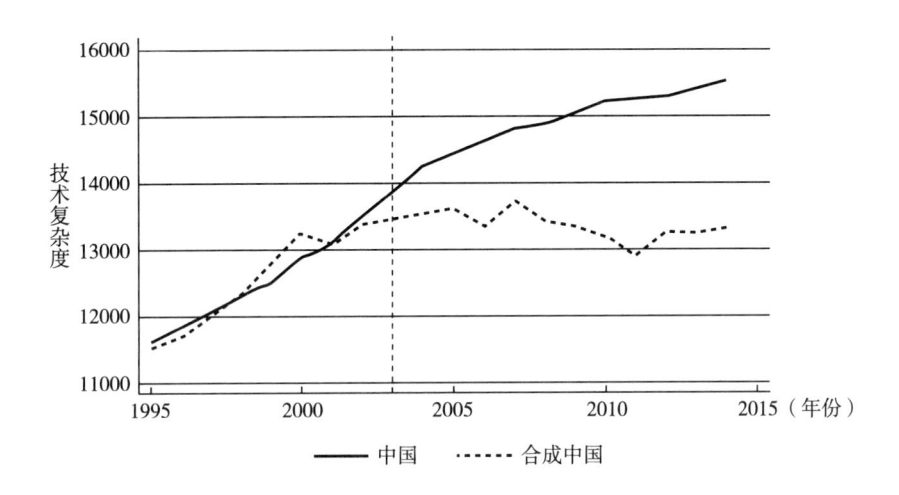

图6-4　中国与合成中国的制造业出口产品技术复杂度

为了进一步明确高校扩招引起的高技能劳动者扩张对制造业出口产品技术复杂度产生的影响程度，图6-5汇报了该政策效果。从图6-5的政策效果可知，2003—2014年中国制造业出口产品技术复杂度平均提高了将近2217，增长幅度高达20%。由此可知，高校扩招政策的推行引起的高技能劳动者扩张对中国制造业出口产品技术复杂度的提升效应在2003—2014年达到20%。

第二，稳健性检验。为了检验该估计结果的稳健性，需要进一步排除一些未观测到的外在因素，并检验高校扩招产生的显著程度，采用Abadie等（2010）提出的随机置换检验方法，通过从控制组中随机抽出一个国家作为伪干预组，利用合成控制法进行政策效应估计。通过稳健性检验可以判断其他国家出现与中国具有同样情况的概率大小。图6-6中（a）图绘制了23个样本国的置换估计结果，其

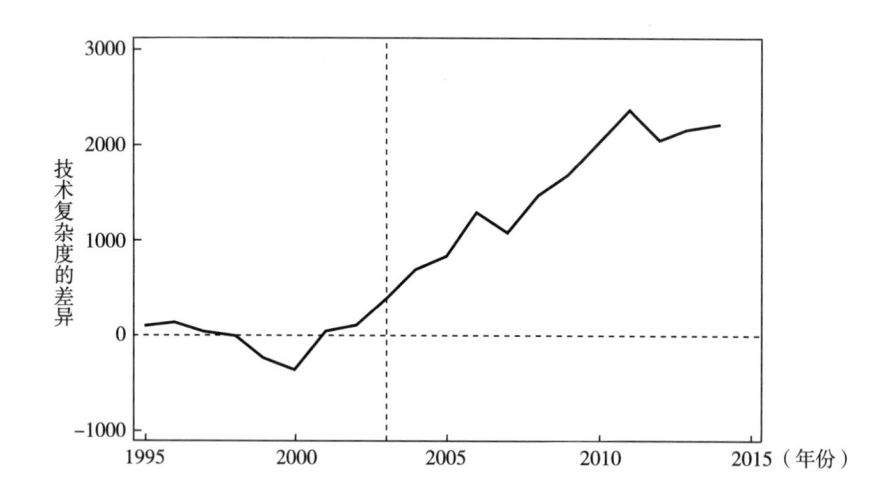

图6-5 政策效果：中国与合成中国的制造业出口产品技术复杂度

中实线代表中国，虚线代表其他22个国家。由图可知，在23个样本国中，中国的路径分布处于所有路径中最为极端的部分。因此，在没有政策影响的原假设下，可以得到高校扩招引起的高技能劳动者扩张的效应十分显著，即达到1%以下的显著性水平。

同时，考虑估计结果的可靠性，本章参考刘友金和曾小明（2018）的做法，即当一个国家的合成控制组在政策实施前后的拟合效果不好时，需要将其删掉。其原因在于，如果合成控制组没有拟合好实施高校扩招政策前后的预测变量值，最后得到的预测变量差值很可能是拟合效果不好所致，而与高校扩招政策无关。在本章所用到的23个样本国中，有三个异常样本并将其删除。最终，本节获得图6-6（b）的估计结果。由图6-6（b）可知，在高校扩招政策实施之前，中国与其他国家的差值微弱，而在高校扩招政策实施之后，中国与其他国家的制造业出口产品技术复杂度差距迅速扩大。由此进一步论证得到，中国政府于1999年实施的高校扩招政策有效地促进了中国制造业出口技术复杂度在2003年之后迅速上升，并且该政策促进效应十分显著。

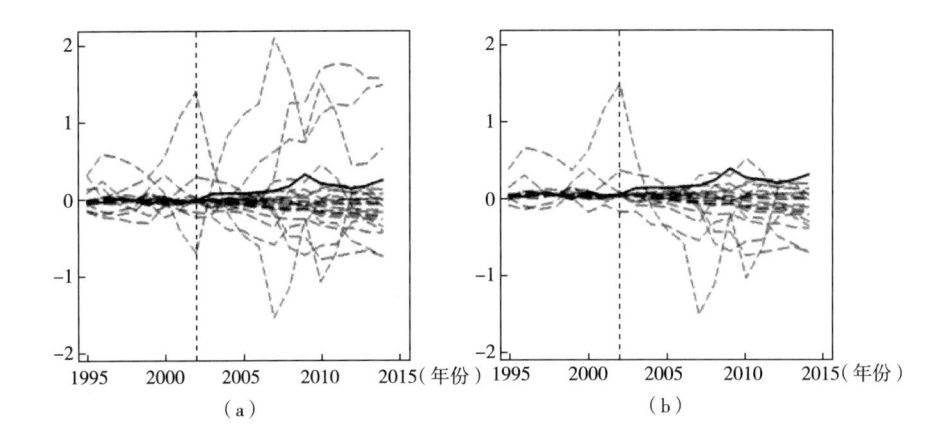

图 6-6　随机置换检验

二　高技能劳动者扩张与制造业出口产品质量升级

（一）国家层面制造业出口产品质量测算

关于制造业出口产品质量的测算，文献中给出了较为丰富的测算方法，而运用较多的主要有 Hallak 和 Schott（2011）、Khandelwal（2010）、Feenstra 和 Romalis（2014）三篇文献中给出的测算方法。Hallak 和 Schott（2011）测算结果表明，中国出口产品质量的世界相对位置在下降，并且出口产品质量的绝对值变化率为零。施炳展等（2013）利用 Khandelwal（2010）测算中国产品质量，结果表明中国产品质量呈现下降趋势。Hallak 和 Schott（2011）方法只能用于测算少数行业层面的出口产品质量，Khandelwal（2010）方法只能用于测算少数国家和有限期间。基于以上两个方法的局限性，Feenstra 和 Romalis（2014）提出从供给与需求两个方面进行考察，从而测算出国家—行业—产品层面的出口产品质量，但测算结果依然表明中国出口产品质量呈现出下降趋势。

综观已有测算产品质量的方法，不难发现测算产品质量的方法大大改进，但是所测算的产品质量情况在某种程度上与现实存在一定的差异。因此，需要寻找新的方法既能测算多个国家、多个行业、多个时期的出口产品质量,又能更好地与实际情况相符。Henn 等(2013,2017)提出的测算方法虽然并没有上述三个方法复杂,但是却弥补了上述方法的不足,尤其是其所测算的出口产品质量与实际情况更为符合。利用该方法所测算的出口产品质量具体情况如下[①]:第一,从全球情况来看,1970—2014 年,全球出口产品质量持续提高,年平均增长率达到 0.039%;第二,从经济发展水平阶段来看,经济发展水平高的 OECD 国家出口产品质量平均水平相对较高,但年平均增长率相对较低,为 0.032%,经济发展水平较低的非 OECD 国家出口产品质量平均水平相对较低,但年平均增长率相对较高,为 0.049%;第三,从不同行业情况来看[②],除 "2—原材料—不可燃—除燃料外、4—动物和植物油和脂肪、5—化学和 9—其他未分类" 四个行业的年平均增长率为负,其他行业出口产品质量均为正;第四,从中国的情况来看,中国出口产品质量从相对较低的水平发展到相对较高的水平,年平均增长率为 0.56%。该方法源自 Hallak(2006),具体测算过程如下:

以出口商品的单位价值为基础,考虑收入水平、贸易成本等因素可能对出口商品的单位价值产生影响。通过引入收入水平和贸易成本以修正出口商品的单位价值,进而降低测算中的不可观测因素产生的测算偏误。

首先,假定出口商品的单位价值受到相关因素的影响,方程形式设定如下:

$$\ln p_{mxt} = \zeta_0 + \zeta_1 \ln \theta_{mxt} + \zeta_2 \ln y_{xt} + \zeta_3 \ln Dist_{mx} + \xi_{mxt} \tag{6.25}$$

其中,m 表示进口国、x 表示出口国、t 表示时间,θ 为所要测算的出口产品的质量,y 表示出口国的收入水平,$Dist_{mx}$ 表示进口国和出口国首都距离,ξ_{mxt} 表示随机扰动项。

[①] 出口产品质量的详细情况可参看程锐、马莉莉(2019)中的表 1 和表 2。

[②] Henn 等(2013,2017)测算的行业包括 SITC. Rev. 1 版本的 4 位码层面的出口产品质量、BEC 版本的 3 位码层面的出口产品质量,以及农业、商品和制造业三个加总部门的出口产品质量。

其次，在引力方程中引入产品质量因素：

$$\ln(Import)_{mxt} = FE_m + FE_x + \alpha\ln Dist_{mx} + \beta I_{mxt} + \delta\ln\theta\ln y_{mt} + \varepsilon_{mxt} \quad (6.26)$$

其中，FE_m表示进口国的固定效应和FE_x表示出口国的固定效应。I_{mxt}表示引力方程中的相关控制变量，包括共同边界、贸易协定、共同语言、共同殖民地和殖民关系。根据式（6.25）、式（6.26）可进一步得到式（6.27）：

$$\begin{aligned}\ln(Import)_{mxt} =& FE_m + FE_x + \alpha\ln Dist_{mx} + \beta I_{mxt} + \zeta'_1\ln p_{mxt}\ln y_{mt} + \\ & \zeta'_2\ln y_{xt}\ln y_{mt} + \zeta'_3\ln Dist_{mxt}\ln y_{mt} + \xi'_{mxt} \quad (6.27)\end{aligned}$$

其中，$\zeta'_1 = \dfrac{\delta}{\zeta_1}$，$\zeta'_2 = -\dfrac{\delta\zeta_2}{\zeta_1}$，$\zeta'_3 = -\dfrac{\delta\zeta_3}{\zeta_1}$，$\xi'_{mxt} = -\dfrac{\delta\zeta_0 + \delta\xi_{mxt}}{\zeta_1}\ln y_{mt} + \varepsilon_{mxt}$。为了降低估计过程中的内生性问题，采用$\ln p_{xmt-1}\ln y_{mt}$作为$\ln p_{mxt}\ln y_{mt}$工具变量（IV），并利用两阶段最小二乘法（2SLS）对式（6.27）进行估计。

最后，利用两阶段最小二乘法估计得到的相关变量的系数计算出口产品质量：

$$Quality_{mxt} = \delta\ln\theta_{mxt} + \dfrac{\delta\zeta_0}{\zeta_1} = \zeta'_1\ln p_{mxt} + \zeta'_2\ln y_{xt} + \zeta'_3\ln Dist_{mx} \quad (6.28)$$

HS6位码层面的产品数据来源于CEPII BASE数据库。人均实际收入采用人均实际GDP衡量，数据来源于PWT9.0中产出端实际GDP除以总人口。共同边界等变量来源于CEPII数据库（Head and Mayer，2013）。利用上述方法计算得到23个样本国家制造业层面的出口产品质量。图6-7汇报了1995—2014年中国制造业出口产品质量。由图6-7可知，在样本期间，中国制造业出口产品质量由1995年的0.8751上升到2014年的0.9392，增长了7.32%，年平均增长率为0.37%。从分时间段来看，1995—2002年制造业出口产品质量仅仅提高了1.89%，年平均增长率为0.26%；2003—2014年中国的制造业出口产品质量提高了约3.79%，年平均增长率为0.34%；同时，2003年相对于2002年增长率达到1.48%。由此可知，中国制造业出口产品质量在2003年前后呈现出明显的结构性突变。因此，图

6-7 初步验证了高技能劳动者扩张对中国制造业出口产品质量的提升效应。

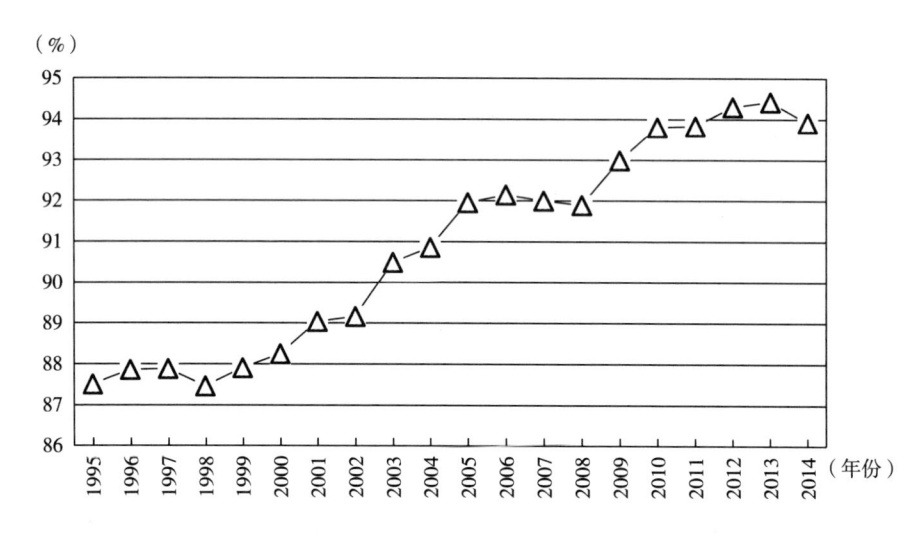

图 6-7 中国制造业出口产品质量（1995—2014 年）

（二）实证结果

第一，基本检验。中国与合成中国的 1995—2014 年制造业出口产品质量的情况如图 6-8 所示。其中，垂直虚线表示高校扩招政策产生影响的年份即 2003 年，水平虚线表示合成中国 1995—2014 年制造业出口产品质量的情况，水平实线表示中国 1995—2014 年实际制造业出口产品质量的情况。在垂直虚线左侧，高校扩招政策产生影响的时间 2003 年之前，中国与合成中国的制造业出口产品质量重合度较高，说明合成中国对实际中国具有较高的拟合程度；在虚线右侧，高校扩招政策产生影响的年份 2002 年之后，合成中国的出口产品质量始终低于实际中国的出口产品质量，实际中国与合成中国的制造业出口产品质量差异始终较大，并在 2006 年达到最大值，呈现出倒"U"形特征。由此说明，在高校扩招政策实施前后，实际中国与合成中国的制造业出口产品质量存在显著的差异，并且随着时间的推移在 2006 年达到最大值，呈现出倒"U"形特征。从而证明了高校扩招引起的高技能劳动者扩张对中国制造业出口产品质量产生了显著的正向促进作用，并且随着时间的推移，高技能劳动者扩张的累积效应不断增加。

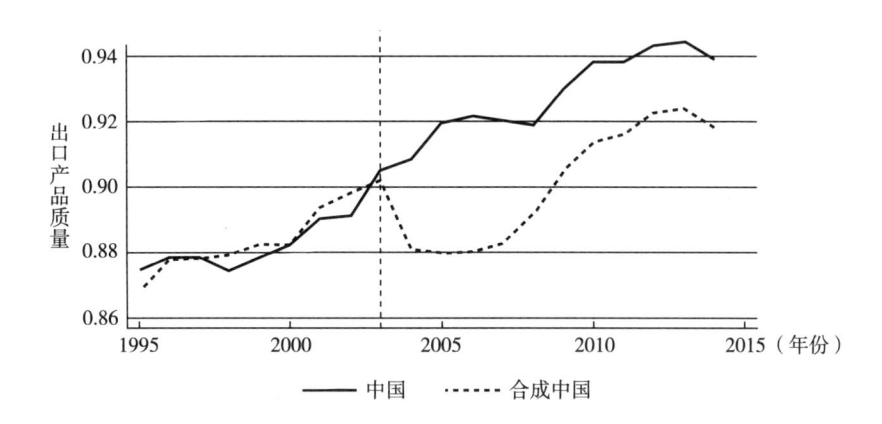

图 6-8　中国与合成中国的制造业出口产品质量

为了进一步估算高校扩招引起的高技能劳动者扩张对制造业出口产品质量升级的影响程度，图 6-9 汇报了该政策评估效果。从图 6-9 的政策评估效果可知，2003—2014 年中国制造业出口产品质量提高了 0.021，增长幅度达到 2.3%。同时 2006 年达到最高点即 0.042，增长幅度达到 4.6%。由此可知，高校扩招政策的实施引起了高技能劳动者扩张对中国制造业出口产品质量的提升效应在 2003—2014 年期间达到 2.3%—4.6% 的水平。

第二，稳健性检验。为了检验上述估计结果的稳健性，参考图 6-6 的做法，利用随机置换检验方法检验估计结果的稳健性。估计结果如图 6-10 所示。其中图 6-10（a）绘制了 23 个样本国的置换估计结果，其中实线代表中国，虚线代表其他 22 个国家。由图可知，在 23 个样本国中，中国的路径分布基本处于最为极端的部分。由此表示，在没有政策影响的原假设下，可以得到高校扩招政策引

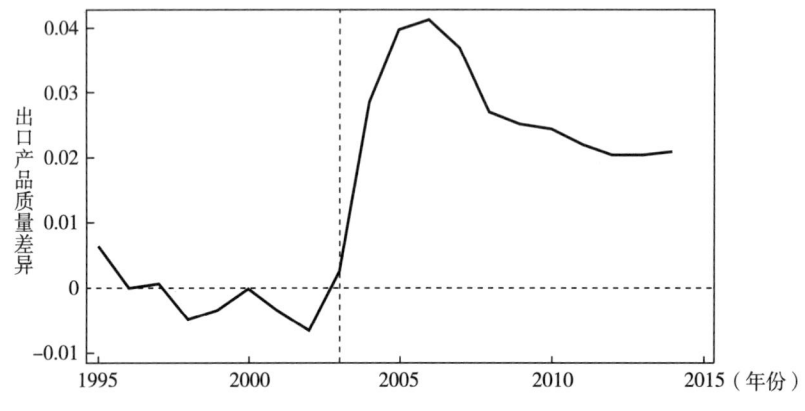

图 6-9 政策效果：中国与合成中国的制造业出口产品质量

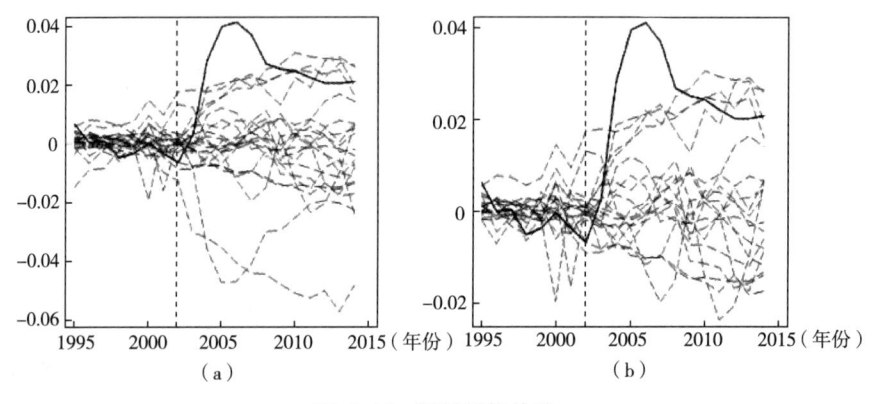

图 6-10 随机置换检验

起的高技能劳动者增加的产品质量提升效应十分显著。图 6-10（b）图绘制了删除合成控制组在政策实施前后拟合效果不好的样本，分别是澳大利亚、印度尼西亚和菲律宾。综合图 6-10 可进一步论证得到，中国政府于 1999 年实施的高校扩招政策有效地促进了中国制造业出口产品质量在 2003 年之后快速上升，并且该政策促进效应十分显著。

三 高技能劳动者扩张与制造业出口产品多样性

（一）国家层面制造业出口产品多样性测算

产品多样性代表着更多的新产品和更多的差异化产品被生产，

即从无到有的过程。在国际贸易研究中,一国出口量可以被区分为既有产品的出口量和新产品的出口量,即所谓的出口的二元边际(Hummels and Klenow,2005)。其中,前者表示集约边际(Intensive Margins),即原有产品出口量的变化,后者表示扩展边际(Extensive Margins),即新增产品出口量的变化。出口二元边际中的扩展边际有效地捕捉到了出口产品多样性的特征。根据上述设定,扩展边际计算方法如下:

$$Extensive_{jm} = \frac{\sum_{i \in I_{jm}} p_{kmi} x_{kmi}}{\sum_{i \in I_{km}} p_{kmi} x_{kmi}} \quad (6.29)$$

其中,j 表示出口国、m 表示进口国。$Extensive_{jm}$ 表示出口国 j 向进口国 m 出口的扩展边际。I_{jm} 和 I_{km} 分别表示出口国 j 和基准国 k 对进口国 m 出口的产品种类集合($I_{jm} \leq I_{km}$)。p_{kmi} 表示参考国 k 出口到 m 国 i 产品的价格,x_{kmi} 表示参考国 k 出口到 m 国 i 产品的数量。为了获得一国整体层面的出口产品多样性水平,利用如下公式进行加总:

$$Extensive_j = \prod_{m \in M_{-j}} (Extensive_{jm})^{a_{jm}} \quad (6.30)$$

其中,a_{jm} 表示 j 国对 m 国出口的产品占 j 国总出口的比重。

利用式(6.29)和式(6.30)可计算得到 23 个国家层面的制造业出口产品多样性程度。图 6-11 汇报了 1995—2014 年中国制造业出口产品多样性程度。由图 6-11 可知,$Extensive$ 数值逐渐下降,由 1995 年的 0.12 提高到 2014 年的 0.22,提高了 83.33%,年平均增长率为 3.19%。从分时间段来看,1995—2002 年制造业出口产品多样性呈现出下降趋势,下降率达到 8.07%,即在 2003 年之前,中国制造业出口产品多样性并没有获得提高;而 2003—2014 年制造业出口产品多样性呈现出快速上涨的趋势,增长率达到 86.07%,年平均增长率高达 5.65%,表明自 2003 年以来中国制造业出口产品多样性得到了显著的提高。因此,图 6-11 初步验证了高技能劳动者扩张对中国制造业出口产品多样性的提升效应。

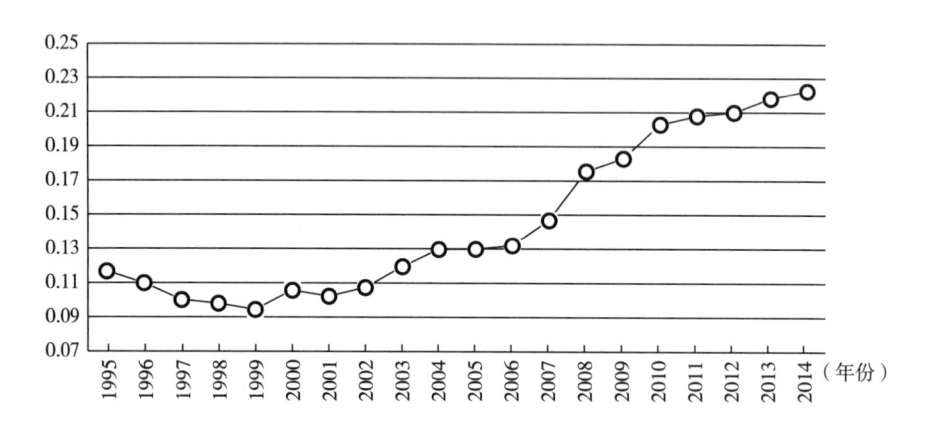

图 6-11　中国制造业出口产品多样性（1995—2014 年）

（二）实证检验

第一，基本检验。中国与合成中国的 1995—2014 年制造业出口产品多样性的情况如图 6-12 所示。其中，垂直虚线表示高校扩招政策产生影响的年份即 2003 年，水平虚线表示合成中国 1995—2014 年制造业出口产品多样性的情况，水平实线表示中国 1995—2014 年实际制造业出口产品多样性的情况。在垂直虚线左侧，高校扩招政策产生影响的时间之前，实际中国与合成中国制造业出口产品多样性重合度较高，说明合成中国可以很好地拟合实际中国；在虚线右侧，高校扩招政策产生影响之后，合成中国与实际中国制造业出口产品多样性差异迅速扩大，且实际中国出口产品多样性始终低于合成中国的出口产品多样性。由此说明，在高校扩招政策实施前后，实际中国与合成中国的制造业出口产品多样性存在显著差异，从而证明了高校扩招引起的高技能劳动者扩张对中国制造业出口产品多样性产生了显著的正向促进作用，并且随着时间的推移，其累积效应越来越大。

为了进一步估算高校扩招引起的高技能劳动者扩张对制造业出

口产品多样性的影响程度，图 6-13 汇报了该政策评估效果。从图 6-13 的政策评估效果可知，2003—2014 年中国制造业出口产品多样性提高了 0.026，相当于 2003 年的 22%，其中 2009 年达到最大值，相当于 2003 年的 28.13%。由此说明，高校扩招引起的高技能劳动者扩张对中国制造业出口产品多样性产生了巨大的促进作用。

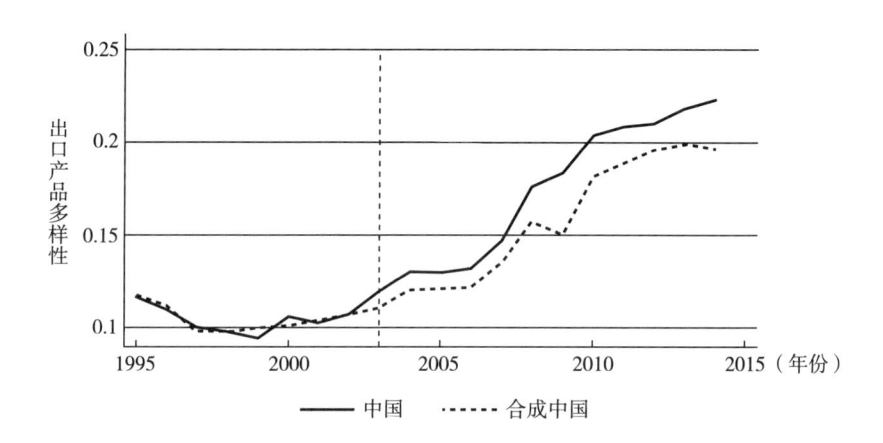

图 6-12　中国与合成中国的制造业出口产品多样性

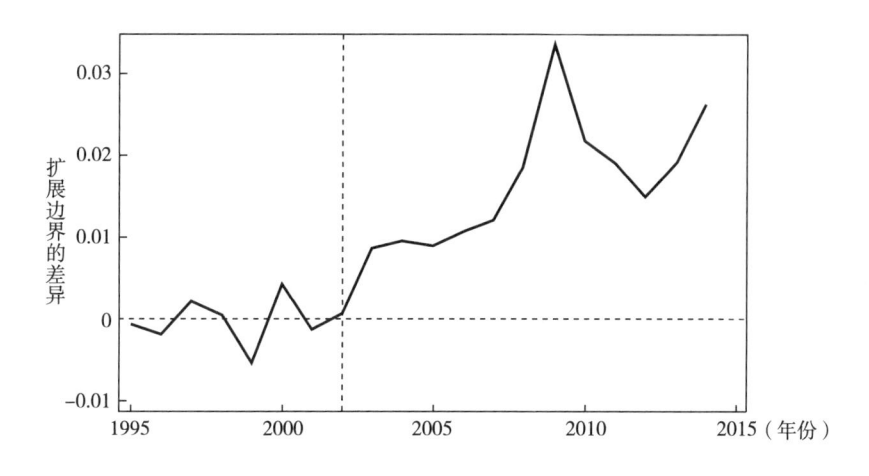

图 6-13　政策效果：中国与合成中国的制造业出口产品多样性

第二，稳健性检验。为了检验上述估计结果的稳健性，参考前文的做法，利用随机置换检验方法检验估计结果的稳健性。结果如图 6-14 所示。其中图 6-14（a）绘制了 23 个样本国的置换估计结果，其中实线代表中国，虚线代表其他 22 个国家。由图 6-14 可知，在 23 个样本国中，中国的路径分布基本处于最为极端的部分。由此表明，在没有政策影响的原假设下，可以得到高校扩招政策引起的高技能劳动者扩张的产品多样化提升效应十分显著。图 6-14（b）绘制了在删除合成控制组在政策实施前后拟合效果不好的样本，即印度尼西亚、菲律宾和新加坡。综合图 6-14 可进一步论证得到，中国政府于 1999 年实施的高校扩招政策有效地促进了中国制造业出口产品多样性在 2003 年之后快速上升，并且该政策促进效应十分显著。

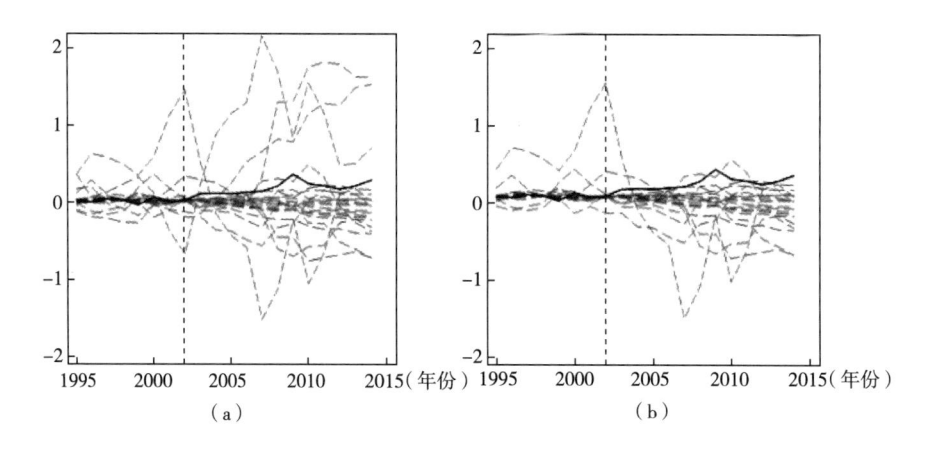

图 6-14 随机置换检验

第六节 本章小结

基于第三章的理论逻辑和第四章的事实特征，本章从理论和实证两个方面重点考察了在遵循比较优势发展策略的过程中，通过完善高等教育，增加高技能劳动者数量，优化比较优势以偏离低技能劳动比较优势发展策略，实现制造业出口转型升级。首先，本章理论分析指出，改革开放以后，中国采取了遵循比较优势发展策略，充分利用低技能劳动者，发展低技能劳动密集型产业，实现制造业出口规模的扩张。由于低技能劳动者技能层次低、知识水平有限，制约了其管理技能和创新技能的提高，不利于中国制造业出口的转型升级。其次，中国一直致力于完善高等教育，尤其是 1999 年推行的高校扩招政策，培育并扩大高技能劳动者规模，形成新的技能禀赋优势，以优化比较优势，从而在一定程度上偏离低技能劳动比较优势发展策略。高技能劳动者规模的扩张可以通过缓解供需错配矛盾、提高自主创新能力和资源配置效率、发挥高技能劳动者的集聚效应而实现制造业出口转型升级。

随后，本章利用 23 个国家层面数据采用合成控制法实证检验了 1999 年高校扩招政策引起高技能劳动者规模迅速扩张对中国制造业出口转型升级的影响。研究结果表明，1999 年实施的高校扩招政策引起的高技能劳动者扩张有效地促进了中国制造业出口产品技术复杂度、出口产品质量和出口产品多样性的提升。具体而言，1999 年高校扩招政策的实施引起高技能劳动者扩张对 2003—2014 年中国制造业出口产品技术复杂度的提升作用达到 20%，对出口产品质量升级的提升作用达到 2.3%—4.6%，对出口产品多样性的提高作用达到 22%。由此可知，高校扩招政策引起的高技能劳动者扩张对形成高技能劳动者比较优势提供了良好的条件，为中国 21 世纪制造业的出口转型升级发挥了重要的促进作用。因此，综合本章的结论可知，在中国制造业出口转型升级过程中，中国政府审时度势地通过利用高校扩招来增加高技能劳动者，优化比较优势，进而实现比较优势偏离传统丰裕的低技能劳动者并最终促进了中国制造业出口的转型升级。

第 七 章

优化比较优势策略Ⅱ：企业家才能的出口转型升级效应

40余改革开放，在计划经济向社会主义市场经济转轨的过程中，中国经济出现了新元素，即企业家。长期以来，由于历史因素，企业家一直受到歧视并被排斥，而不能得到正常的发展。作为特殊技能，企业家才能具备更强的市场预见能力、市场适应能力、市场开发能力和市场创造能力。由于企业家才能的技能属性与低技能劳动者技能属性存在本质差异，因此企业家才能的发展壮大是对传统低技能劳动比较优势的偏离。在夹缝中求生存的企业家的不断发展壮大，为制造业出口的转型升级注入了新活力和新动力。因此，基于第三章理论框架和第四章事实特征，本章重点考察优化比较优势策略Ⅱ特殊技能——企业家才能在中国制造业出口转型升级中的影响。

第一节 引言

改革开放以来，中国政府审时度势地采取遵循比较优势发展策略，充分发挥低技能劳动比较优势，大力发展劳动密集型产业，形成了强大的成本竞争优势，迅速嵌入全球价值链，积极参与国际贸易，推动了中国制造业出口规模的扩大。然而，近年来，中国要素成本不断提高，包括土地价格、劳动力价格、资金价格等，传统要素红利优势逐渐丧失，出口竞争力受到巨大冲击，如何提升制造业出口竞争力，实现制造业出口的转型升级，是新时代制造业出口高质量发展的重要议题。正如前文第三章分析指出，如果一味地采取遵循低技能劳动比较优势，那么将会掉入比较优势陷阱和低端锁定困境之中。通过培育新技能，壮大新技能群体，偏离低技能劳动比较优势，才能够实现制造业出口的转型升级。与此同时，第六章研究表明，中国一直致力于完善高等教育，尤其是1999年推行的高校扩招政策，培育并壮大了高技能劳动者规模，形成新的技能禀赋优势，在一定程度上偏离低技能比较优势发展策略。高技能劳动者规模的增加可以通过缓解供需错配矛盾、提高自主创新能力和资源配置效率、发挥高技能劳动者的集聚效应而实现制造业出口升级。但是高校扩招政策推行所产生的制造业出口转型升级效应在30%左右。由于企业家才能技能的特殊性，相对于高技能劳动者而言，企业家才能对制造业出口转型升级的推动作用存在显著差异。

进入21世纪以后，中国制造业出口开始了快速的转型升级。根据第三章理论框架分析可知，在优化初始低技能劳动比较优势的策略选择中，除了完善高等教育、扩大高技能劳动者规模之外，还可以通过培育市场环境、壮大特殊技能群体。第四章中劳动者技能差异演变历程显示，21世纪初出现了以海外归国人员和工程师为主体的第三次创业浪潮。这种以海外归国人员和工程师为主体的第三次创业浪潮，由于创业群体的不同所产生的效果也不同，使第三次创业浪潮所产生的影响显著强于第一次和第二次创业浪潮。通过对比第一次、第二次和第三次创业浪潮，第三次创业浪潮表现出了创新型企业家才能，而第一次和第二次创业浪潮表现为套利型企业家精神（张维迎和王勇，2019）。由此可见，21世纪初开始的制造业出口转型升级与21世纪初出现的第三次创业浪潮存在紧密的联系。

企业家是指那些能够不断实施创新行为并推动创新实现的人才，

企业家才能则是指企业家所具备的独有的"创造性毁灭"（Creative Destruction）的特征（Schumpeter，1934；庄子银，2005）。新时代制造业出口高质量升级已然成为应对不断激化的国际竞争的核心途径。企业家才能作为一种重要的特殊技能，是经济增长的内在驱动力（Schumpter，1934），其对以制造业为主的实体经济的促进作用发挥着不可否定的作用，那么对制造业出口的转型升级影响也是不言而喻的。现有文献主要围绕企业家才能与经济增长之间的关系展开了大量理论与实证研究（Baumol，1990；Aghion and Howitt，1992；庄子银，2005；李宏彬等，2009）。然而，此类研究主要侧重于企业家精神对国内市场的影响，未曾涉及国际市场或开放经济的考察，关于企业家精神对一国产品出口的影响尚缺乏研究（Hsin-Yi et al.，2016；李小平和李小克，2017），而作为具有"创造性毁灭"特性和具有自动调节要素市场配置效率特性的企业家才能对制造业出口的转型升级影响的相关研究更是缺乏（程锐等，2019）。

综上所述，本章将在第三章理论分析框架下，重点考察优化比较优势策略Ⅱ特殊技能——企业家才能在中国制造业出口转型升级中的影响。本章首先从理论上分析指出，在优化比较优势策略中，由于企业家才能与高技能劳动者存在显著差异，企业家才能是优化比较优势策略的重要方面，通过不断优化市场环境，培育和壮大企业家，能够推动中国制造业出口的转型升级。随后利用2002—2017年省际层面数据，实证考察企业家才能对中国制造业出口转型升级的影响。

第二节　文献回顾

由于企业家的特殊性，导致企业家才能研究文献相对稀缺。并且大量文献主要关注企业家才能与经济增长之间的关系，很少注意到企业家才能与一国出口的关系，尤其是企业家才能对一国制造业出口转型升级的研究更是少之又少（程锐等，2019）。

传统比较优势理论指出，根据本国或地区的要素丰裕度和行业要素密集度，发展具有比较优势的行业，形成国际竞争力，从而有利于一国或地区的产品在出口贸易中占据有利地位。随着规模经济的重要性日益显现以及新新贸易理论的快速发展，微观企业行为在国际贸易中的角色越来越被重视。异质性企业贸易理论假定了企业生产率服务帕累托分布，但却是一种事后生产率分布，其忽视了企业由无到有的一个进入和发展过程，从而也就忽视了企业家在企业行为中的作用。Spulber（2009）指出，企业的形成内生于企业家的决策。因此，企业生产率应该内生于企业家行为。由此可知，该理论忽视了企业家才能在国际贸易中的作用。李小平和李小克（2017）指出企业家精神与国际贸易存在紧密的内在联系，即企业家精神越突出的地区，该地区比较优势就越明显。具有"创造性毁灭"的企业家才能够突破国内市场界限进入国际市场并参与国际市场竞争，从而为该国对外贸易做出重要贡献。与此同时，Baumol（1990）指出企业家还具有要素配置效应，即企业家的创造性具有优化要素配置效率，提高企业经营绩效，促使企业生产率提高（Syverson，2011），进一步强化了企业家才能对制造业出口国际竞争力提升作用。由此可知，虽然国际贸易理论忽视了企业家精神的重要作用，但是内生经济增长理论却为研究企业家精神促进产品出口以及实现制造业出口升级的相关命题奠定了理论基础。

既有文献关于企业家才能对出口贸易影响的研究主要集中于出口倾向、出口增长、出口强度、出口绩效等方面。例如，Muñoz-Bullón等（2015）研究指出，企业家的创业精神和创新精神与出口倾向正向关系，即企业家精神越活跃的地区，出口倾向越明显。Cumming等（2014）则指出，企业家精神显著提高了出口占GDP的比重，并且企业新增一个百分点，出口占比提高0.03个百分点。Lederman等（2011）认为现有企业对出口贡献了60%，而新生企业的贡献相对较少。Fabling 和 Sanderson（2010）同样指出，新企业的出口扩展边际较低，而在位企业的扩张边际较高。Leko-Simic 和 Horvat（2006）研究表明，克罗地亚地区出口绩效不断恶化主要是由于企业风险承担倾向过低。Hsin-Yi 等（2016）对泰国的研究表明，企业家精神可以显著促进出口绩效的提高。而 Ezirim 和 Maclayton（2010）则认为企业家的创业精神对出口绩效的改进是微弱的，Cho（2014）研究表明只有企业家创新精神才能显著促进企业出口绩效的改进。综上所述，企业家精神对出口贸易不仅具有量的增长效应，还有质的提升效应。然而，既有文献主要从微观层面进行考察，却鲜有文献从宏观层面考察企业家才能对一国制造业出口转型升级的影响（程锐等，2019）。

对中国制造业出口转型升级影响因素的研究，主要集中于产业政策、贸易自由化、制度质量、技术市场发展程度、制造业服务化水平、R&D、人力资本等方面（王永进等，2010；盛斌和毛其淋，2017；戴奎早，2018；戴翔等，2018；毛其淋、方森辉，2018；Yu，2018）。表现为以外部因素为主要考察对象，在某种程度上忽视了制造业出口转型升级的内源动力——企业家才能。目前，已有少量文献考察了企业家精神与出口的关系，例如李小平和李小克（2017）研究了企业家精神与比较优势的关系，认为企业家精神越突出的地区，其出口的比较优势就越明显；何友良和陆文香（2018）考察了企业家精神与企业的出口持续时间，研究表明，企业家精神延长了企业的出口持续时间。

由此可见，既有文献并未充分认识到企业家才能对制造业出口转型升级的影响。更是未曾注意到 21 世纪初出现的以海外归国人员和工程师为主题的创业浪潮与 21 世纪初制造业出口开始迅速转型升级之间的关系。

第三节 理论分析

一 理论机理：优化比较优势策略下企业家才能的出口转型升级效应

在优化比较优势策略中，完善高等教育，扩大高技能劳动者规模，具有促进制造业出口转型升级的作用。虽然高技能劳动者具有更高的技能、更专业的知识，但是其市场预见能力、市场适应能力、市场开发能力和市场创造能力相对有限。教育所形成的技能，往往具有可复制性，属于显性知识。因此，一国在制造业出口的转型升级过程中，如果单纯地依赖高等教育所形成的高技能劳动者，以偏离低技能劳动比较优势，对制造业出口的转型升级效应是比较有限的。正如第六章实证检验结果显示的那样，1999年高校扩招政策的实施对中国制造业出口转型升级的贡献率最高不超过30%。因此，在扩大高技能劳动者规模的同时，也应该注重特殊技能的培育，壮大企业家才能在全社会中的作用。

企业家的创新和创业活动呈现出创造性毁灭特性，包括开发一种新产品、引入一种新生产方法、开辟一个新市场、形成一个新组织、提供一种新供应来源（Schumpeter，1934）。企业家才能是指内置于每一个个体决策者的才能，具有强烈的冒险精神，并且在激烈的市场竞争中表现为创新活动和创业活动（程锐，2019）。企业家才能可进一步表现为如下四种市场特性：市场预见能力、市场适应能力、市场开发能力和市场创造能力。这四种市场能力的存在使企业家成为市场均衡的打破者，同时也是市场均衡的创造者，实现从一个市场均衡到另一个市场均衡的转变（张维迎和王勇，2019）。制造业出口转型升级则是均衡不断被打破并动态演进的过程。

21世纪初形成的以海外归国人员和工程师为主体的创业群体，具有更高的市场预见能力、市场适应能力、市场开发能力和市场创造能力，表现为高质量型企业家精神①。高质量型企业家才能要求更高的才能，具有更强的创造性和破坏性，对市场均衡的打破和再均衡作用更大（程锐，2019）。而企业家才能促进制造业出口转型升级的影响主要表现为如下几个方面：第一，企业家才能具有打破均衡并再创造均衡的能力。制造业出口转型升级必定是一种动态演进过程，市场均衡也是一个不断被打破然后再被创造的过程。企业家是打破均衡并建立新均衡的核心主体。因此，企业家才能具有推动制造业出口转型升级的市场均衡属性。第二，企业家才能的创造性破坏实现技术进步，推动制造业出口转型升级。创造性毁灭特性是企业家精神的本质特性。企业家的创造性毁灭通过新技术替代旧技术，实现技术进步，促进制造业出口转型升级。第三，企业家具有优化资源配置功能，推动制造业出口转型升级。企业家才能的创造性毁灭带来资源配置的变化，实现资源由低效率组织转移至高效率组织，提高资源配置效率，降低资源浪费，促进技术进步，推动制造业出口转型升级。

综上所述，由于高技能劳动者的知识具有显性和可复制性，使高技能劳动者的市场预见能力、市场适应能力、市场开发能力和市场创造能力相对较弱，实现有限的制造业出口转型升级。但由于企业家天然地具有打破均衡—发现均衡的创新精神和冒险精神，因此企业家才能具有较高的市场预见能力、市场适应能力、市场开发能力和市场创造能力，能够实现市场均衡的打破和再创造、创造性毁灭和资源配置效率改进，促进技术进步，实现强化的制造业出口转型升级。图7-1综合了上述理论机理。

---

① 此处以"高质量型企业家才能"进行表示，是为了区别与第一次和第二次以套利型为主的企业家才能。根据既有文献可知，中国改革开放以来出现的三次创业浪潮，前两次的创业浪潮以利用市场发育不成熟所产生的市场套利空间，与真正的企业家才能内涵存在较大的差异，而第三次创业浪潮则更加符合真正的企业家才能内涵。为了区别，此处以"高质量型企业家才能"表示具有创新性破坏的企业家才能。

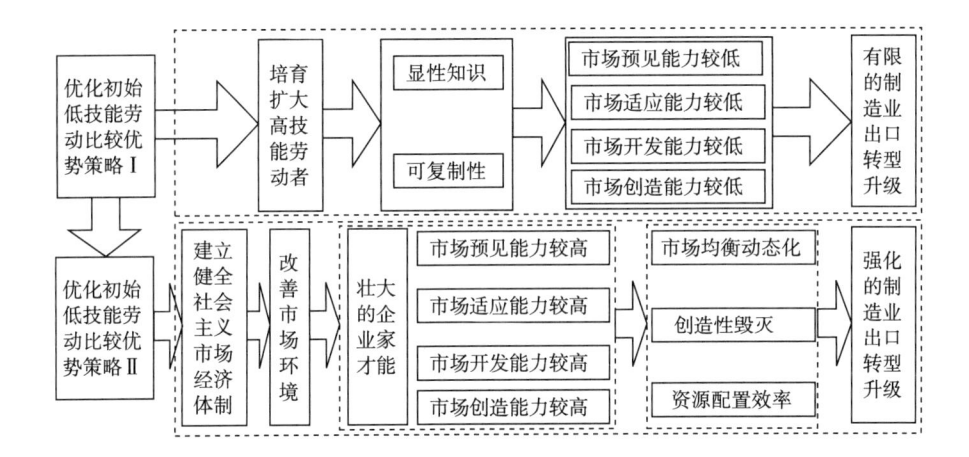

图 7-1 优化比较优势策略下企业家才能与制造业出口转型升级

二 数据模型：企业家才能与制造业出口转型升级

为考察企业家才能对制造业出口转型升级的影响，本书借鉴鲁晓东（2014）和程锐（2019）的模型，构建一个包含生产率和生产技术的双重异质性企业贸易模型。在该模型的基础上，将企业家才能因素纳入企业生产成本之中，将企业视为内生于企业家才能。同时，假设企业生产的产品体现出的异质性表现为技术含量和生产率异质性。前者（出口技术复杂度）是企业出口产品异质性的集中体现。基于产品连续型模型的设定，假定连续产品 z 满足 $z \in Z$，且 $0 \leq z \leq 1$。

（一）需求

首先，代表性消费者的效用函数是不变替代弹性形式：

$$U = \left[\int_0^1 h(z)^{1-\rho} x(z)^\rho dz \right]^{\frac{1}{\rho}}, \quad 0 < \rho < 1 \tag{7.1}$$

其中，z 代表一种可选择的商品。$x(z)$ 代表 z 商品的消费量。$h(z)$ 代表 z 商品的技术含量。σ 表示替代弹性，$\rho = \frac{\sigma-1}{\sigma}(\sigma > 1)$。$y$ 表示收入，则最优消费量为：

$$x(z) = \frac{h(z)p(z)^{-\sigma}R}{P^{1-\sigma}} \tag{7.2}$$

其中，$R = \int_0^1 p(z_i)x(z_i)dz_i$，代表总收入；$P = [\int_0^1 p(z_i)^{1-\sigma}h(z_i)dz_i]^{\frac{1}{1-\sigma}}$，是总价格指数，其中包含了出口产品技术含量。同时，假定消费者的偏好是非位似的（Non-homothetic）。因此，产品技术含量函数形式如下：

$$h(z) = \lambda(z)^{\alpha(y)} \tag{7.3}$$

其中，$\lambda(z) \geq 1$ 表示可以量化处理的"真实"的产品技术含量。$\alpha(y)$ 表示收入对需求的反应程度，函数形式为单调递增的凹函数。

（二）供给

在垄断竞争的市场结构下，异质性企业的生产总成本表示如下：

$$C(\varphi) = MC[\varphi, \lambda(\varphi), \varpi]x(\varphi) + F[\lambda(\varphi), \kappa] \tag{7.4}$$

其中，MC 为边际成本，F 为固定成本，生产率 $\varphi > 0$。在异质性企业生产成本中加入产品的技术含量异质性，即 $h(\varphi)$。可变成本和固定成本决定了产品的技术含量，即高技术含量的产品需要更新的固定资产，包括购买新设备、开发新产品和销售新产品；生产技术含量更高的产品需要引入高技能劳动力和更高质量的中间品投入。

动态化企业生命周期时，企业家才能是企业形成的最初因素，即先由企业家建立企业，然后才有可能进行生产运营（Spubler，2009）。根据 Spubler（2009）的研究可知，企业家才能的高低影响着企业建立时的固定成本，当企业家才能高时，企业建立的固定成本就低；反之则高。因此，将异质性企业的固定成本分解为包含企业家才能的固定成本和不包含企业家才能的固定成本，前者为内生固定成本，后者为外生固定成本。则企业固定成本的函数形式可表示如下：

$$F[\lambda(\varphi), \kappa] = f + \frac{f\lambda(\varphi)^{\gamma}}{\kappa}, \quad \gamma、\kappa > 0 \qquad (7.5)$$

其中，$\gamma>0$ 是固定成本的技术含量弹性，f 为固定成本且外生，内生固定成本则与产品技术含量 λ、企业家才能 κ 有关。由式 (7.5) 可知，企业家才能越高，即 κ 越大，内生固定成本就越低，企业家才能越低，内生固定成本就越高；产品技术含量越高，即 λ 越大，内生固定成本越高，产品技术含量越低，内生固定成本就越低。

同时，Baumol（1990）指出企业家具有要素配置效应，即企业家的创造性毁灭，一方面形成了新企业，另一方面毁灭了旧企业，从而引导要素从旧企业流向新企业，而新企业又具有更高生产效率。因此，企业家才能够引导要素流向具有更高效率的企业（Spubler，2009）。要素配置效率的改进可以提高企业生产率（Hsieh and Klenow，2009），降低企业生产的边际成本（Syverson，2011）。因此，企业家才能的要素配置效应，一方面可以直接降低企业的边际成本，另一方面还可以通过提高企业生产率而降低企业的生产成本（Bjørnskov C.，Foss，2010；Erken，et al.，2016）。基于上述两个方面，借鉴 Hallak 和 Schott（2011）的做法，将企业生产的可变成本设定如下形式：

$$MC[\varphi, \lambda(\varphi), \varpi] = \frac{\lambda(\varphi)^{\beta}}{\varphi(\varpi)+\varpi}, \quad \varpi > 0 \qquad (7.6)$$

其中，β 为可变成本的产品出口技术含量弹性。根据式 (7.6) 可知，企业的边际成本（MC）与生产率（φ）、企业要素配置效率（ϖ）、产品技术含量（λ）相关。$\varphi(\varpi)$ 表示企业生产率，企业生产率随着企业内要素配置效率的提高而提高，即 $\frac{\partial \varphi(\varpi)}{\partial \varpi} > 0$。$\varpi$ 表示企业内要素配置效率，与企业家才能正相关，企业家才能越高，企业内要素配置效率越高，即 $\frac{\partial \varpi}{\partial \kappa} > 0$。并且，边际成本 MC 随着企业生产率和企业内要素配置效率的提高而下降，即 $\frac{\partial MC}{\partial \varphi}<0$、$\frac{\partial MC}{\partial \varpi}<0$。

（三）均衡

企业利润最大化函数可表示如下：

$$\max \pi = px(z)-(F+MCx) = px(z)-\left[f+\frac{f\lambda(\varphi)^{\gamma}}{\kappa}+\frac{\lambda(\varphi)^{\beta}}{\varphi(\varpi)+\varpi}x\right] \tag{7.7}$$

在垄断竞争市场均衡状态下，企业采取加成定价方式，均衡价格为：

$$MR = MC \Rightarrow p\left(1-\frac{1}{\sigma}\right) = MC \Rightarrow p = \frac{MC}{\rho} = \frac{1}{\rho}\frac{\lambda(\varphi)^{\beta}}{\varphi(\varpi)+\varpi} \tag{7.8}$$

则企业的收入函数为：

$$r = px(z) = R(\rho P)^{\sigma-1}\{[\varphi(\varpi)+\varpi]^{\sigma-1}\}\lambda(\varphi)^{\alpha-\beta(\sigma-1)} \tag{7.9}$$

进一步地，企业利润最大化式（7.7）可表述如下：

$$\max (p-MC)\frac{r}{p}-\left[f+\frac{f\lambda(\varphi)^{\gamma}}{\kappa}\right] = \frac{r}{\sigma}-\left[f+\frac{f\lambda(\varphi)^{\gamma}}{\kappa}\right] \tag{7.10}$$

假定 $0<\alpha(y)-\beta(\sigma-1)<\gamma$，以保证最大化的二阶条件得到满足。解式（7.10）可得：

$$\lambda(\varphi) = [\bar{\lambda}(\varphi+\varpi)\kappa^{\frac{1}{\sigma-1}}]^{\zeta_\beta} \tag{7.11}$$

其中，$\bar{\lambda} = \left[\frac{R(\rho P)^{\sigma-1}(\alpha+\beta-\beta\sigma)}{\gamma f \sigma}\right]^{\frac{1}{\sigma-1}}$，$\zeta_\beta = \frac{\sigma-1}{\gamma-\alpha+\beta(\sigma-1)}$。

利用生产率函数，根据式（7.11），可计算出口产品技术含量对企业家才能与要素配置效率的弹性：

$$\frac{\partial \ln\lambda}{\partial \ln\varpi} = \zeta_\beta \frac{\varpi}{\varphi+\varpi}\left(1+\frac{d\varphi}{d\varpi}\right)>0 \tag{7.12}$$

$$\frac{\partial \ln\lambda}{\partial \ln\kappa} = \zeta_\beta \frac{\kappa}{\varphi+\varpi}\left(\frac{\partial\varphi}{\partial\varpi}\frac{d\varpi}{d\kappa}+\frac{d\varpi}{d\kappa}\right)+\frac{\zeta_\beta}{\sigma-1}>0 \tag{7.13}$$

由式（7.12）和式（7.13）可知，企业家才能与出口产品技术含量弹性大于零，即当企业家才能提高时，出口产品技术含量也会随之提高，进而推动制造业出口的转型升级。

第四节　实证模型与变量说明

一　实证模型设定

根据前文分析，本章主要考察企业家才能对制造业出口转型升级的促进效应。因此，设定如下估计模型：

$$\ln Upgrading_{i,t}=\alpha_0+\alpha_1\ln Entrepreneurship_{i,t}+\sum_{\kappa}\alpha_{\kappa}Control_{i,t}+\tau_i+\nu_t+\xi_{i,t} \tag{7.14}$$

其中，i 表示地区，t 代表年份；$\ln Upgrading_{i,t}$ 表示制造业出口转型升级，$\ln Entrepreneurship_{i,t}$ 表示企业家才能指标，$Control_{i,t}$ 表示相关的控制变量，τ_i、ν_t、$\xi_{i,t}$ 分别表示个体固定效应、时间固定效应、随机扰动项。

二　变量说明与数据来源

（一）解释变量

企业家才能（$Entrepreneurship$）。企业家才能内涵丰富，不仅包括冒险意识，还包括创业意识、创新意识等（李小平和李小克，2017）。学术界对企业家才能的界定众说纷纭。孙早和刘李华（2019）认为企业家才能是微观层面的含义，因此在衡量企业家才能时需要从微观层面进行衡量。简单的微观调查并不能全面反映出企业家才能，除非是最为严格地经过多层次、多方面、多角度的调查才有可能准确衡量某一个个体的企业家才能。在现有的文献研究中，微观层面的研究，往往以"是否创业"衡量企业家才能，例如汪伟和咸金坤（2020）、宋渊洋和赵嘉欣（2020）等。而李宏彬等（2009）则认为，宏观加总层面的数据可以更好地反映出企业家才能。其原因在于，宏观数据衡量的是一个地区的总量效应，具有长期性、全面性、系统性，真正的企业家才能是具有市场竞争力，在市场上经过长时间的试错和调整，并在干中学中不断提高企业家才能，而微观数据调查随机性无法反映被访问者的真实企业家才能。

企业家才能最为重要的体现是企业家的创业才能和企业家的创新才能（Hébert and Link，1989）。而创业行为和创新行为是企业家才能的最终表现，只有当创业和创新行为实施之后，企业家才能才得以真正实现（李政，2019）。企业家的创业活动是指企业家建立新企业的行为，包括自我雇佣、建立新企业等；企业家的创新活动则是熊彼特"创造性破坏"的核心思想，包括专利或发明等（李宏彬等，2009）。在综合已有文献的基础上，本书进一步细化企业家创业才能和企业家创新才能。

企业家创业才能（Business Entrepreneurship），民营企业率，即等于民营企业和个体企业从业人员占全部从业人员比重。该指标可衡量全社会企业家创业水平。企业家创新才能（Innovation Entrepreneurship），每万人专利申请受理数，即采用发明、实用新型和外观设计申请受理数之和除以就业人数。该指标可衡量全社会企业家创新能力。

（二）控制变量

为了降低遗漏变量偏误，本书选取了经济发展水平、人力资本、市场竞争、政府行为、金融发展五个方面的共 7 个控制变量。

第一，经济发展水平（Pergdp）。遵循既有文献做法，采用人均实际 GDP 进行衡量。本章以 1985 年为基期，将各年份名义 GDP 调整为实际 GDP，然后除以总人口，进而得到以 1985 年为基期的历年人均实际 GDP。

第二，人力资本（HC）。遵循文献常用做法，采用人力资本存量进行衡量，即平均受教育年限。平均受教育年限 =（小学学历人口数×6+初中学历人口数×9+高中学历人口数×12+大专及以上学历人口数×16）÷6 岁以上人口数。

第三，市场竞争包括国内市场竞争和国际市场竞争。首先，国内市场竞争采用市场发育程度，即采用市场化指数（Mark）衡量。市场化指数借鉴韦倩等（2014）的方法。具体操作如下：首先，以1997—2009年的市场化总指数作为因变量，以非国有企业工业产值比重作为解释变量，根据以下方程估计系数 θ_1、θ_2 与 δ_i：$market_{it} = \theta_1 + \theta_2 non\_state_{it} + \delta_i + \varepsilon_i$。根据本书估计的参数 $\bar{\theta}_1$、$\bar{\theta}_2$ 与 $\bar{\delta}_i$ 作为2010—2017年的近似参数，利用公式 $market_{it} = \bar{\theta}_1 + \bar{\theta}_2 non\_state_{it} + \bar{\delta}_i$，计算各省份2010—2017年的市场化指数 $market_{it}$。其次，国际市场竞争效应采用对外开放度进行衡量（Open），对外开放度反映一国或地区参与国际市场的程度，对外开放度越高，参与国际市场的程度也越高，面临的国际市场竞争程度也越高，具体采用地区进出口总额占GDP的比重进行衡量。

第四，政府行为采用政府财政支出和招商引资两个方面进行衡量。政府财政支出采用财政支出率衡量（Gov），即地方财政支出占GDP的比重表示。招商引资采用外商直接投资率衡量（Fdi），即外商直接投资总额占GDP的比重表示。

第五，金融发展（FD）。金融发展反映了金融发展的水平，即金融机构吸收存款、发放贷款的能力，金融机构吸收存款能力越高、发放贷款能力越强，金融发展水平就越高（程锐和马莉莉，2019）。基于金融机构吸收存款、发放贷款的角度，本书采用金融机构存款与金融机构贷款总额之和除以GDP进行衡量。

本书所用到的原始数据来源如下：民营企业和个体企业从业人员、地区GDP、各层级学历人口数、6岁以上人口数、地区人口数、财政预算支出、进出口总额、人民币汇率等数据来源于历年的《中国统计年鉴》；发明、实用新型和外观设计申请授权数来源于历年的《中国科技统计年鉴》；非国有企业工业产值和工业总产值数据来源于历年的《中国工业统计年鉴》；外商直接投资金额来源于各省历年统计年鉴；金融机构存款余额、金融机构贷款余额数据来源于历年《中国金融年鉴》。样本数据的时间跨度为2002—2017年，截面单位为 30 个省份，各变量的描述性统计如表 7-1 所示。

表 7-1　　　　　　　　　　各变量的描述性统计

变量类型	变量	观测值	均值	标准差	最小值	最大值
解释变量	企业家创业精神（BE）	480	0.242	0.154	0.0398	0.979
	企业家创新精神（IE）	480	0.129	0.191	0.00	1.125
控制变量	经济发展水平（Pergdp）	480	9542	6730	1216	39124
	人力资本存量（HC）	480	8.613	1.018	6.040	12.53
	市场化指数（Mark）	480	7.232	1.864	2.680	11.18
	对外开放度（Open）	480	0.306	0.353	0.0116	1.668
	外商直接投资率（Fdi）	480	0.0249	0.0197	0.000386	0.105
	政府支出（Gov）	480	0.198	0.0936	0.0598	0.627
	金融发展规模（FD）	480	2.788	1.066	0.726	8.168

第五节　实证结果

一　企业家才能与制造业出口产品技术复杂度提升

（一）省际层面制造业出口复杂度测算

本章节基于 Hausmann 等（2007）提出的技术复杂度并借鉴周茂等（2018）和戴奎早（2018）的方法构建省际层面制造业出口产品技术复杂度。省际层面的出口技术复杂度计算步骤如下：首先计算产品 k 的行业技术复杂度，其次计算各省的所有产品的技术复杂度。具体计算过程如下：

$$\text{Prody}_{k,t} = \sum_j \frac{(x_{j,k,t}/X_{j,t})}{\sum_j (x_{j,k,t}/X_{j,t})} Y_{j,t} \qquad (7.15)$$

其中，k 表示行业，t 表示年份，j 表示省份，$\text{Prody}_{k,t}$ 表示 k 行业的出口产品技术复杂度，$Y_{j,t}$ 表示各省份人均实际 GDP。$\dfrac{x_{j,k,t}}{X_{j,t}}$ 表示

第 t 年 j 省 k 行业出口额与出口总额的比例，$\sum_j (x_{j,k,t}/X_{j,t})$ 表示第 t 年各省市 k 行业出口占总出口比重之和。进一步得到：

$$Expy_{j,t} = \sum_k \left(\frac{x_{j,k,t}}{X_{j,t}}\right) \text{Prody}_{k,t} \quad (7.16)$$

其中，$Expy_{j,t}$ 代表各省份出口技术复杂度，为各行业技术复杂度的加权平均值。

图 7-2 展示了 2002—2017 年各省份制造业出口技术复杂度平均值及其增长率。可以看出，中国制造业出口产品技术复杂度在地区间表现出较大的差异。其中，东部地区的出口产品技术复杂明显高于中西部地区。从各省份制造业出口技术复杂度平均增长率来看，制造业出口技术复杂度越高的省份，其平均增长率就越低，东部地区制造业出口技术复杂度增长率明显低于中西部地区。由此可知，中国区域层面的制造业出口技术复杂度差异较大，东部地区制造业出口技术复杂度显著高于中西部地区，而中西部地区制造业出口技术复杂度增长速度又明显高于东部地区。

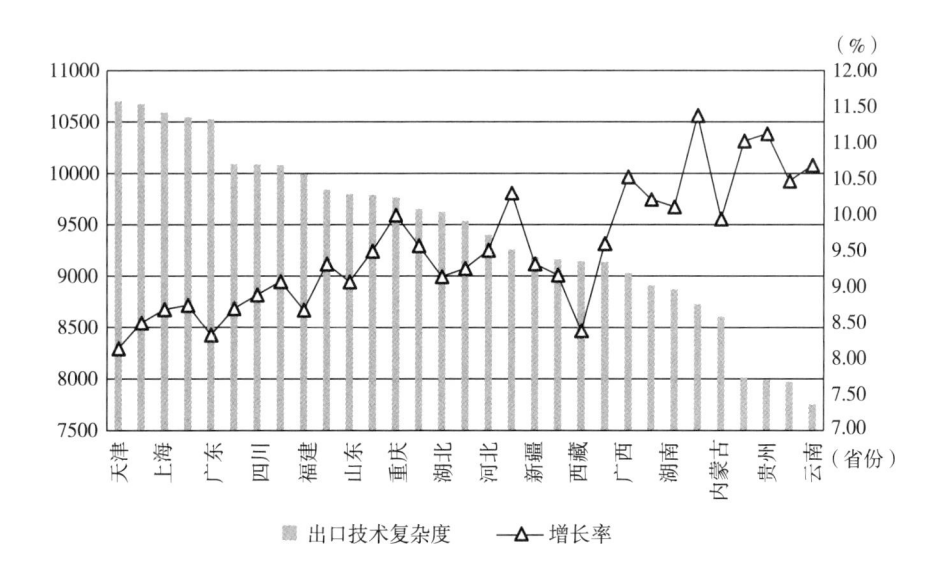

图 7-2 各省份制造业出口技术复杂度均值及其平均增长率（2002—2017 年）

(二) 基准检验

为了检验企业家才能对制造业出口产品技术复杂度的影响。表7-2基于方程(7.14)进行实证检验。表7-2模型1至模型4采用普通最小二乘方法进行估计。从估计结果来看,无论是否加入控制变量,企业家创业才能(BE)指标和企业家创新才能(IE)指标估计系数均显著为正。由此说明企业家才能具有促进制造业出口产品技术复杂度提升的作用。由于普通最小二乘方法并未考虑到企业家才能与制造业出口产品技术复杂度之间的反向因果关系,表7-2模型5至模型6采用广义矩方(GMM)方法进行检验。根据AR(2)的检验结果可知,模型设定不存在高阶序列相关性问题;根据Sargan和Hansen的检验结果可知,模型设定不存在过度识别问题。因此,可以断定模型设定是合理的。从模型5至模型6估计结果可知,在考虑了内生性问题以后,企业家创业才能指标和企业家创新才能指标对出口产品技术复杂度的估计系数依然显著为正,再次证明了企业家才能可以显著促进制造业出口产品技术复杂度的提升。综合表7-2的估计结果可知,企业家才能的创造性破坏所产生的技术进步具有显著促进制造业出口产品技术复杂度提升的作用。进而表明,在过去16年的时间里,中国市场体制的建立健全,有效地激发了全社会的企业家才能,从而对制造业出口产品技术复杂度的提升发挥了重要的促进作用。

表7-2 企业家才能与制造业出口技术复杂度:基准检验

	被解释变量:制造业出口产品技术复杂度					
	OLS				GMM	
	(1)	(2)	(3)	(4)	(5)	(6)
BE	3.3481*** (0.289)	0.4770*** (0.087)			0.1017** (0.043)	
IE			1.9930*** (0.323)	0.2745*** (0.070)		0.0444* (0.023)

续表

	被解释变量：制造业出口产品技术复杂度					
	OLS				GMM	
	（1）	（2）	（3）	（4）	（5）	（6）
lnpergdp		0.6695***		0.7060***	0.0378	0.1093
		(0.042)		(0.038)	(0.041)	(0.070)
lnhc		-0.1332		-0.1436	-0.2030	-0.2737**
		(0.129)		(0.146)	(0.149)	(0.129)
lnmark		-0.0754*		-0.1018*	-0.0469	-0.0604
		(0.067)		(0.063)	(0.066)	(0.048)
open		-0.0739**		0.0109	0.0812**	0.0698**
		(0.042)		(0.054)	(0.037)	(0.031)
fdi_rate		0.2511		0.3615	0.5793	0.1253
		(0.638)		(0.691)	(0.393)	(0.121)
gov_rate		0.3145***		0.3426***	0.2049**	0.1866***
		(0.116)		(0.129)	(0.085)	(0.064)
fds		0.1396***		0.1479***	-0.0152	-0.0119
		(0.019)		(0.018)	(0.018)	(0.018)
L.expy					0.6153***	0.6508***
					(0.135)	(0.078)
时间固定效应	YES	YES	YES	YES	YES	YES
省份效固定应	YES	YES	YES	YES	YES	YES
常数项	0.1355*	-5.1547***	0.6869***	-5.3847***	0.7414	0.2018
	(0.069)	(0.208)	(0.042)	(0.221)	(0.455)	(0.529)
观测值	480	480	480	480	450	450
R^2	0.6891	0.9746	0.4633	0.9736		
AR（2）					-0.19	-0.14
					(0.847)	(0.889)
Sargan					17.78	26.65
					(0.972)	(0.775)
Hansen					1.96	7.11
					(1.000)	(1.000)

(三) 稳健性检验

表7-2估计结果虽然证明了自加入世界贸易组织以来,中国快速发展的企业家才能显著促进了中国制造业出口产品技术复杂度。但是依然存在可能的遗漏问题,需要进行更多的检验以证明上述估计结果的稳健性。

1. 替换企业家才能指标

首先,李小平和李小克(2017)指出,当市场经济体制不健全时,企业数量会低估企业家的创业才能,同时也会由于无法识别企业家创业的成功与否而高估企业家才能。因此,借鉴李小平和李小克(2017)的做法,将企业家的创业才能分解为企业家创业的数量效应和企业家创业的就业效应,计算公式如下:

$$Be_{it} = \frac{qua_{it}}{pop_{it}} \times \frac{emp_{it}}{emp'_{it}} \quad (7.17)$$

其中,qua_{it}表示民营企业和个体企业数量,pop_{it}表示总人口,emp_{it}表示民营企业和个体企业就业人数,emp'_{it}表示总就业人数。利用式(7.17)衡量的企业家创业才能的估计结果如表7-3中的模型1所示。

其次,利用专利申请受理数替换专利申请授权数,即采用三种专利申请受理数之和除以15—64岁人口数。专利申请受理数在一定程度上反映了全社会的企业家的潜在创新能力。企业家的潜在创新能力越高,企业家的创新才能越突出。其估计结果如表7-3中模型2所示。

再次,利用企业进入退出率衡量企业家的创业才能,即民营企业和个体企业数量的变化率。企业进入退出率越高,市场竞争程度就越高,企业家才能的表现就越活跃。估计结果如表7-3中模型3所示。

最后,借鉴郭凯明等(2016)的做法,采用每万人发明专利申请授权数衡量企业家创新才能,即采用发明专利除以15—64岁人口总数。估计结果如表7-3中模型4所示。综合表7-3中模型1至模型4可知，在重新衡量企业家创业才能和创新才能之后，依然表明企业家才能具有显著促进制造业出口产品技术复杂度提升的作用。

2. 采用工具变量法估计

滞后项作为工具变量在一定程度上可以克服企业家才能与制造业出口产品技术复杂度之间的反向因果关系，但是外生工具变量更优于滞后项所克服的内生性问题。为了寻找外生工具变量，本书借鉴李宏彬等（2009）的做法，采用滞后30年的国有企业职业人人数占比作为企业家才能的工具变量①。估计结果如表7-3中模型5和模型6所示。统计量Cragg-Donald Wald F和Kleibergen-Paap rk Wald F表明模型不存在弱工具变量问题，统计量Kleibergen-Paap rk LM表明模型不存在不可识别问题，统计量Endogeneity test表明企业家才能指标具有内生性，因此，该工具变量是合适的。从第二阶段估计结果来看，企业家的创业才能和企业家的创新才能对制造业出口产品技术复杂度的估计系数显著为正，且相对于表7-2的估计系数更大，说明在采用工具变量之后，企业家才能对制造业出口产品技术复杂度提升的促进作用更大。

表7-3　　　　　　　　　　稳健性检验

	OLS				2SLS	
	(1)	(2)	(3)	(4)	(5)	(6)
第二阶段估计结果						
BE	3.8219*** (0.499)		0.2045*** (0.073)		1.2490*** (0.173)	
IE		0.4279*** (0.125)		0.7036*** (0.138)		0.7186*** (0.084)
控制变量	YES	YES	YES	YES	YES	YES
省份固定效应	YES	YES	YES	YES	YES	YES
时间固定效应	YES	YES	YES	YES	YES	YES

① 《新中国六十年统计资料汇编》，中国统计出版社2010年版。

续表

	OLS				2SLS	
	(1)	(2)	(3)	(4)	(5)	(6)
	第二阶段估计结果					
常数项	-5.2781*** (0.203)	-5.421*** (0.221)	-5.859*** (0.195)	-5.4257*** (0.208)		
观测值	480	480	480	480	478	478
R^2	0.9765	0.9727	0.9711	0.9748	0.9624	0.9645
	第一阶段估计结果					
滞后30期国有企业职工率					-0.548*** (0.079)	-0.953*** (0.108)
控制变量					YES	YES
省份效应					YES	YES
时间效应					YES	YES
Cragg-Donald Wald F					108.69	146.81
Kleibergen-Paap rk Wald F					46.99	77.41
Kleibergen-Paap rk LM					39.42***	43.81***
Endogeneity test					32.56***	38.41***

（四）行业异质性检验

根据第五章表5-1的技术分类，表7-4汇报了企业家才能在三类不同技术层面上出口产品技术复杂度的提升作用。模型1和模型2估计了企业家创业才能和创新才能对低技术行业出口产品技术复杂度的提升作用，模型3和模型4估计了企业家创业才能和创新才能对中技术行业出口产品技术复杂度的提升作用，模型5和模型6估计了企业家创业才能和创新才能对高技术行业出口产品技术复杂度的提升作用。从估计结果来看，企业家创业才能和企业家创新才能对出口产品技术复杂度提升的促进作用随着行业技术水平提高而呈现出倒"U"形关系,但高技术行业产品技术复杂度的促进作用远远高于低技术行业复杂度的促进作用。由此可知,在中国,企业家才能在促进中技术行业产品技术复杂度和高技术行业产品复杂度方面发挥了重要作用。

表7-4　　　　　　　　　不同技术层面产品技术复杂度

	低技术复杂度		中技术复杂度		高技术复杂度	
	(1)	(2)	(3)	(4)	(5)	(6)
BE	0.1433** (0.055)		1.6086*** (0.583)		0.8635*** (0.302)	
IE		0.1075*** (0.037)		1.3173** (0.529)		0.6769*** (0.213)
控制变量	YES	YES	YES	YES	YES	YES
省份效应	YES	YES	YES	YES	YES	YES
时间效应	YES	YES	YES	YES	YES	YES
常数项	-1.1630*** (0.198)	-1.1927*** (0.183)	-6.8005*** (1.254)	-6.9598*** (1.250)	-7.3195*** (1.043)	-7.4526*** (0.946)
观测值	480	480	480	480	480	480
R^2	0.6382	0.6407	0.6944	0.7043	0.6904	0.6928

(五) 时空异质性检验

中国地域辽阔,地区间经济发展差距较大,呈现出不同的经济发展阶段。为检验不同经济发展阶段企业家才能对制造业出口产品技术复杂度促进作用的差异,将30个省份分为经济发达地区和经济欠发达地区。表7-5模型1和模型2汇报了经济发达地区与经济欠发达地区企业家才能对制造业出口产品技术复杂度的提升作用。由估计结果可知,相对于经济欠发达地区,经济发达地区的企业家才能对制造业出口产品技术复杂度提升作用并无显著差异。由此说明经济发展阶段在企业家才能对制造业出口产品技术复杂度的影响中存在调节效应,即经济发展水平越高的地区,企业家才能对制造业出口产品技术复杂度的促进效应越大。也就是说,如果一个地区,企业家才能得到迅速发展,那么该地区制造业出口产品技术复杂度则会得到快速提升。从而表明在样本期内,中国中西部地区制造业出口产品技术复杂度增长率高于东部地区的重要原因是中西部地区企业家才能得到了快速发展(程锐,2016)。

同时,2008年国际金融危机对经济结构产生重要影响。为检验2008年国际金融危机前后,企业家才能对制造业出口产品技术复杂度的提升作用是否发生显著变化,表7-5模型3和模型4汇报了国际金融危机前后企业家才能对制造业出口产品技术复杂度的提升差异。由估计结果可知,2008年国际金融危机时间虚拟变量与企业家才能指标的交叉项估计系数不显著。说明相对于国际金融危机之前,企业家才能对制造业出口产品技术复杂度的提升作用并未存在显著差异。

表7-5 时间—空间异质性检验

	(1)	(2)	(3)	(4)
BE	0.4375*** (0.118)		0.4590*** (0.096)	
IE		0.5653*** (0.172)		0.3358** (0.146)
BE#East	0.0662 (0.118)			
IE#East		−0.3185* (0.157)		
BE#Time			0.0205 (0.072)	
IE#Time				−0.0585 (0.129)
控制变量	YES	YES	YES	YES
省份固定效应	YES	YES	YES	YES
时间固定效应	YES	YES	YES	YES
常数项	−5.1942*** (0.225)	−5.1586*** (0.238)	−5.1269*** (0.230)	−5.3886*** (0.223)

续表

	(1)	(2)	(3)	(4)
观测值	480	480	480	480
R^2	0.9746	0.9743	0.9746	0.9737

（六）动态效应检验

上文检验结果表明企业家才能的发展显著促进了制造业出口产品技术复杂度提升。为进一步考察企业家才能的出口产品技术复杂度提升的动态效应，本部分利用年度虚拟变量与企业家才能变量的交乘项估计动态效应。估计结果如表7-6所示，基于汇报的直观性，表7-6只汇报了企业家才能指标与交乘项的估计结果。由估计结果可知，随着时间的推移，交乘项的估计系数由负转向正并且显著性逐渐提高。在整体上，企业家才能的快速发展对于提高制造业出口产品技术复杂度的年度作用呈现先递减后递增的"V"形趋势，并且递增效应越来越大。

表7-6 动态效应检验

	2003年	2004年	2005年	2006年	2007年	2008年	2009年	2010年
企业家创业才能 (0.4078***)	-0.1843**	-0.1983	-0.1988	-0.1683	-0.0872	-0.0438	-0.1374	0.0347
	(0.086)	(0.129)	(0.133)	(0.166)	(0.167)	(0.170)	(0.169)	(0.155)
	2011年	2012年	2013年	2014年	2015年	2016年	2017年	
	0.1185	0.2139	0.3540**	0.4616***	0.4749***	0.5782***	0.7070***	
	(0.152)	(0.150)	(0.153)	(0.146)	(0.142)	(0.144)	(0.143)	
企业家创新才能 (1.0170***)	2003年	2004年	2005年	2006年	2007年	2008年	2009年	2010年
	-0.4669*	-0.2591	-0.0866	0.1957	0.5106	0.6358*	0.3776	0.5918*
	(0.272)	(0.378)	(0.337)	(0.350)	(0.377)	(0.355)	(0.323)	(0.308)
	2011年	2012年	2013年	2014年	2015年	2016年	2017年	
	0.8064**	0.8869***	0.9977***	1.0887***	1.0408***	1.1253***	1.2644***	
	(0.309)	(0.309)	(0.316)	(0.309)	(0.287)	(0.292)	(0.280)	

二 企业家才能与制造业出口产品质量升级

（一）省际层面制造业出口产品质量测算

本书参照 Hallak 和 Sivadasan（2010）、施炳展等（2013）、王明涛等（2019）事后推理的思路测算中国 30 个省份行业层面的出口产品质量。具体测算过程如下，利用需求函数建立计量模型，则 j 省份产品 i 在 t 年出口到 m 国的数量可表示如下：

$$q_{jimt} = p_{jimt}^{-\sigma} \lambda_{jimt}^{\sigma-1} \frac{E_{jmt}}{P_{jmt}} \tag{7.18}$$

两边取自然对数，进行简单整理后得到计量回归方程：

$$\ln q_{jimt} = \chi_{jmt} - \sigma \ln p_{jimt} + \xi_{jimt} \tag{7.19}$$

其中，$\chi_{jmt} = \ln E_{jmt} - \ln P_{jmt}$ 为省份—进口国—年份的三维虚拟变量，既可以控制随时间变化的变量，如汇率制度变革、是否有共同语言、是否有共同关系等，又可以控制随国家变化的变量，如地理距离①，还可以控制随时间变化和国家变化的变量，如国内生产总值。$\ln p_{jimt}$ 为出口产品价格。$\xi_{jimt} = (\sigma-1)\ln\lambda_{jimt}$ 为包含产品质量信息的残差项，其中 σ 取值为 3。因此，出口产品质量定义如下：

$$quality_{jimt} = \ln\hat{\lambda}_{jimt} = \frac{\hat{\xi}_{jimt}}{\sigma-1} = \frac{\ln q_{jimt} - \ln\hat{q}_{jimt}}{\sigma-1} \tag{7.20}$$

对式（7.20）计算的产品质量进行标准化，得到标准化质量指标，如式（7.21）所示：

$$r\_quality_{jimt} = \frac{quality_{jimt} - \min(quality_{jimt})}{\max(quality_{jimt}) - \min(quality_{jimt})} \tag{7.21}$$

标准化之后的产品质量位于 [0, 1] 之间。标准化的出口产品质量没有单位，因此可以在不同层面加总，继而实现跨时期、跨截面的比较分析。利用上述方法，本部分计算了 2002—2017 年中国

---

① 此处的地理距离为中国 31 个省份城市到全球各国进口国首都的距离，距离数据来源于 http://www.distance-cities.com。

HS 两位码层面的出口产品质量。利用国研网对外贸易数据库提供的贸易数据可测算得到中国 30 个省份对世界各国的 HS 两位码层面的出口产品质量，总共获得 1774427 个观测值①。为了获得加总层面 HS 两位码层面的出口产品质量数据，利用式（7.22）进行加总：

$$Quality_{jt} = \frac{\sum_{i \in I} \sum_{m \in \Omega} \frac{v_{jimt}}{\sum_{m \in \Omega} v_{jimt}} r\_quality_{jimt}}{I \times \Omega} \quad (7.22)$$

其中，$Quality_{jt}$ 表示 j 省份第 t 年的出口产品质量，I 表示出口产品的行业集合，Ω 代表出口产品的对象国集合，v_{jimt} 代表 j 省份 i 产品第 t 年对 m 国的出口额。

图 7-3 汇报了各省份 2002—2017 年制造业出口产品质量水平及其增长率。由图 7-3 可知，各省份之间制造业出口产品质量存在较

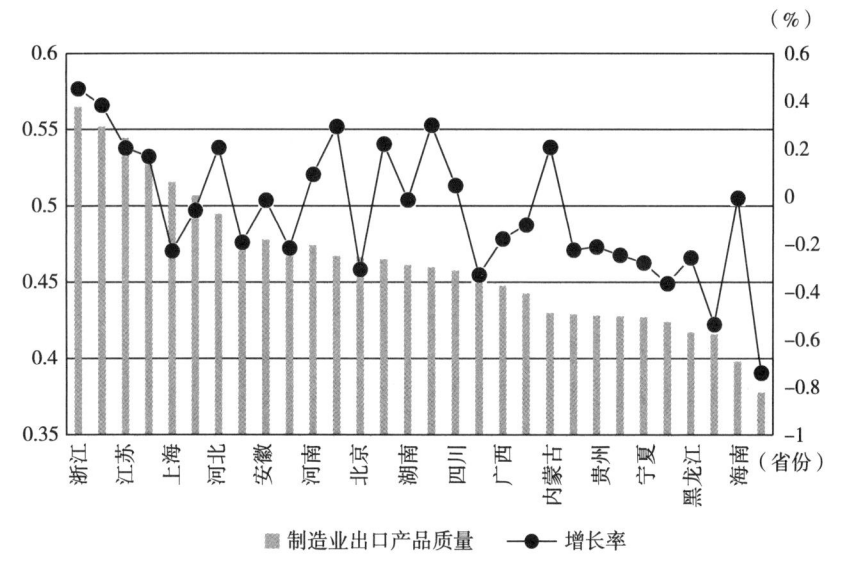

图 7-3　各省份 2002—2017 年制造业出口产品质量及其增长率

---

① 本书借鉴施炳展等（2013）的做法，将出口数量小于或者等于 1、价值量小于 50 美元的样本剔除。

大的差异，其中制造业出口产品质量水平最高的省份为东部地区，而西部地区制造业出口产品质量水平相对较低。另外，各省份2002—2017年制造业出口产品质量增长率同样存在较大差异，其中东部地区增长率普遍为正，而中西部地区增长率普遍为负。说明在2002—2017年，中国制造业出口产品质量升级主要源自东部地区制造业出口产品质量的升级。

（二）基准检验

为了检验企业家才能对制造业出口产品质量升级的影响。表7-7基于方程（7.14）进行实证检验。表7-7模型1至模型4采用普通最小二乘方法进行估计。从估计结果来看，无论是否加入控制变量，企业家创业才能（BE）指标和企业家创新才能（IE）指标估计系数均显著为正。由此说明企业家才能具有促进制造业出口产品质量升级的作用。由于普通最小二乘方法并未考虑到企业家才能与出口产品质量升级之间的反向因果关系，因此表7-7模型5至模型6采用广义矩（GMM）方法进行检验。根据AR（2）的检验结果可知，模型设定不存在高阶序列相关性问题；根据Hansen的检验结果可知，模型设定不存在过度识别问题。因此，可以判断模型设定是合理的。从模型5至模型6估计结果可知，在考虑了内生性问题以后，企业家创业才能指标和企业家创新才能指标对制造业出口产品质量的估计系数依然显著为正，再次证明了企业家才能可以显著促进制造业出口产品质量升级。综合表7-7的估计结果可知，企业家才能的创造性破坏所产生的技术进步具有显著促进制造业出口产品质量升级的作用。进而表明，在过去16年的时间里，中国不断发展的企业家才能对制造业出口产品质量升级发挥了显著的作用。

（三）稳健性检验

表7-7估计结果虽然证明了自加入世界贸易组织以来，中国快速发展的企业家才能对制造业出口产品质量升级发挥了显著的促进作用。但是依然存在可能的遗漏变量问题，需要进行更多的检验以证明上述估计结果的稳健性。遵循前文的做法，首先利用重新衡量

表 7-7　企业家才能与制造业出口产品质量升级：基准检验

	被解释变量：制造业出口产品质量					
	OLS				GMM	
	（1）	（2）	（3）	（4）	（5）	（6）
BE	0.0430***	0.0426**			0.0305**	
	(0.021)	(0.017)			(0.014)	
IE			0.0159***	0.0276**		0.0048**
			(0.005)	(0.013)		(0.002)
lnpergdp		0.0263*		0.0314**	0.0212	-0.0013
		(0.015)		(0.016)	(0.021)	(0.001)
lnhc		-0.0060		-0.0031	0.0732	0.0051
		(0.036)		(0.029)	(0.050)	(0.005)
lnmark		0.0116*		0.0125*	-0.0089	0.0072**
		(0.007)		(0.007)	(0.021)	(0.003)
open		0.0114**		0.0203***	0.0058	0.0003
		(0.005)		(0.006)	(0.014)	(0.001)
fdi_rate		-0.0989*		-0.0956**	-0.0494	-0.0373*
		(0.057)		(0.046)	(0.183)	(0.021)
gov_rate		-0.0502**		-0.041***	0.0140	0.0112
		(0.021)		(0.016)	(0.032)	(0.008)
fds		0.0017		0.0015	0.0003	-0.0011**
		(0.004)		(0.003)	(0.006)	(0.000)
L.q					0.4358**	0.8811***
					(0.198)	(0.059)
时间效应	YES	YES	YES	YES	YES	YSE
省份效应	YES	YES	YES	YES	YES	YES
常数项	0.5140***	0.2973**	0.5195***	0.2501***	-0.1309	—
	(0.004)	(0.131)	(0.002)	(0.064)	(0.159)	
观测值	480	480	480	480	450	450
R^2	0.0978	0.1843	0.0697	0.1850		
AR（2）					0.45	0.90
					(0.650)	(0.367)

续表

	被解释变量：制造业出口产品质量					
	OLS				GMM	
	(1)	(2)	(3)	(4)	(5)	(6)
Hansen					6.58 (0.474)	2.90 (1.00)

企业家创业才能和企业家创新才能来替换基准检验中的两个指标，估计结果如表 7-8 所示。具体而言，模型 1 中利用李小平和李小克（2017）构建的考虑就业效应和数量效应的指标衡量企业家创业才能，模型 2 采用每百人专利申请受理数以反映全社会潜在创新能力。估计结果显示，企业家创业才能指标和企业家创新才能指标对制造业出口产品质量的估计系数依然显著为正。模型 3 利用民营企业和个体企业数波动率衡量全社会企业家创业才能，模型 4 采用每百人发明专利衡量全社会企业家创新才能。估计结果显示，企业家创业才能指标和企业家创新才能指标对制造业出口产品质量的估计系数依然显著为正。

其次，虽然广义矩估计方法通过利用核心解释变量的滞后一期作为工具变量在一定程度上克服反向因果关系，但是滞后一期的企业家创业才能指标和创新才能指标依然并非完全外生。因此，借鉴李宏彬等（2009）的做法，利用滞后 30 期国有企业职工比率作为工具变量。估计结果如表 7-8 的模型 5 和模型 6 所示。统计量 Cragg-Donald Wald F 和 Kleibergen-Paap rk Wald F 表明模型不存在弱工具变量问题，统计量 Kleibergen-Paap rk LM 表明模型不存在不可识别问题。企业家创业才能和企业家创新才能指标估计系数依然显著为正，虽然显著性有所下降。

因此，综合表 7-8 的估计结果可知，无论是通过重新衡量企业家创业才能和企业家创新才能，还是利用滞后 30 期的国企职工率进行两阶段估计，均表明企业家才能显著促进了中国制造业出口产品质量升级。

表7-8 稳健性检验

	OLS				2SLS	
	(1)	(2)	(3)	(4)	(5)	(6)
BE	0.3230*** (0.108)		0.0119* (0.007)		0.0497* (0.026)	
IE		0.0531** (0.022)		0.0214* (0.013)		0.0284* (0.015)
控制变量	YES	YES	YES	YES	YES	YES
时间效应	YES	YES	YES	YES	YES	YES
省份效应	YES	YES	YES	YES	YES	YES
常数项	0.2708*** (0.122)	0.2268* (0.128)	0.5049*** (0.023)	0.2548*** (0.067)		
观测值	480	480	480	480	478	478
R^2	0.1878	0.1926	0.1416	0.1445	0.1836	0.1847
第一阶段估计结果						
滞后30期国有企业职工率					-0.424*** (0.095)	-0.743*** (0.106)
控制变量					YES	YES
时间效应					YES	YES
省份效应					YES	YES
Cragg-Donald Wald F					49.89	65.09
Kleibergen-Paap rk Wald F					20.16	49.18
Kleibergen-Paap rk LM					27.96***	40.09***

(四) 行业异质性检验

企业家才能的行业异质性决定了企业家才能在不同技术层级的行业上对产品质量升级的作用也会存在异质性。表7-9汇报了企业家才能在三类不同技术层面的出口产品质量升级的作用。模型 1 和模型 2 估计了企业家创业才能和创新才能对低技术行业出口产品质量升级的作用，模型 3 和模型 4 估计了企业家创业才能和创新才能对中技术行业出口产品质量升级的作用，模型 5 和模型 6 估计了企业家创业才能和创新才能对高技术行业出口产品质量升级的作用。从估计结果来看，企业家创业才能对出口产品质量升级的促进作用随着行业技术水平提高而降低，而企业家创新才能指标对出口产品质量升级的促进作用不随行业技术水平的提高而发生变化。由此可知，在企业家创业才能促进制造业出口产品质量升级方面，需要进一步发挥其在高技术行业内的促进作用。

表 7-9　　　　　　　　　　　不同技术层面的产品质量

	低技术出口产品质量		中技术出口产品质量		高技术出口产品质量	
	（1）	（2）	（3）	（4）	（5）	（6）
BE	0.0400***		0.0238***		-0.0026	
	(0.020)		(0.008)		(0.014)	
IE		0.0002***		0.0002***		0.0002**
		(0.000)		(0.000)		(0.000)
控制变量	YES	YES	YES	YES	YES	YES
时间效应	YES	YES	YES	YES	YES	YES
省份效应	YES	YES	YES	YES	YES	YES
常数项	0.1261	0.0891	0.4333***	0.4013***	0.1827*	0.1622*
	(0.172)	(0.171)	(0.058)	(0.058)	(0.099)	(0.098)
观测值	480	480	480	480	480	480
R^2	0.1586	0.1471	0.1493	0.1641	0.2459	0.2554

（五）时空异质性检验

中国地域辽阔，地区间经济发展差距较大，呈现出不同的经济发展阶段。为检验在不同的经济发展阶段上，企业家才能对制造业出口产品质量升级促进作用的异质性，将 30 个省份分为经济发达地区和经济欠发达地区。表 7-10 模型 1 和模型 2 汇报了经济发达地区与经济欠发达地区企业家才能对制造业出口产品质量提升作用。由估计结果可知，相对于经济欠发达地区，经济发达地区的企业家才能对制造业出口产品质量提升作用更大。说明在经济发展水平较高的地区，企业家才能更有利于促进出口产品质量提升。

同时，2008 年国际金融危机对经济结构产生重要影响。为检验 2008 年国际金融危机前后，企业家才能对制造业出口产品质量的提升作用是否发生显著变化，表 7-10 模型 3 和模型 4 汇报了国际金融危机前后企业家才能对制造业出口产品质量的提升作用。由估计结果可知，2008 年国际金融危机时间虚拟变量与企业家才能指标的交叉项估计系数不显著。说明相对于国际金融危机之前，企业家才能对制造业出口产品质量的提升作用并未发生显著差异。

表 7-10 时间—空间异质性检验

	(1)	(2)	(3)	(4)	(5)	(6)
BE	0.0200* (0.011)		0.0535*** (0.015)		0.0077** (0.003)	
IE		0.0478*** (0.015)		0.0353* (0.020)		0.0055** (0.002)
East×BE	0.0386*** (0.013)					
East×IE		0.0321*** (0.0148)				
Time×BE			−0.0102 (0.011)			
Time×IE				−0.0073 (0.018)		
High_income×BE					0.0626*** (0.002)	

续表

	(1)	(2)	(3)	(4)	(5)	(6)
High_income×IE						0.0518***
						(0.002)
控制变量	YES	YES	YES	YES	YES	YES
时间效应	YES	YES	YES	YES	YES	YES
省份效应	YES	YES	YES	YES	YES	YES
国家效应					YES	YES
常数项	0.2284***	0.2858***	0.3248***	0.2591***	0.4194***	0.3842***
	(0.067)	(0.068)	(0.071)	(0.068)	(0.031)	(0.031)
观测值	480	480	480	480	67,510	67,510
R^2	0.2019	0.1892	0.1858	0.1853	0.4372	0.4376

由于市场竞争差异，不同竞争程度的市场对产品质量的需求也不同。表7-10模型5和模型6汇报了出口到高收入国家和非高收入国家产品质量的估计结果。由估计结果可知，相对于非高收入国家，企业家才能对制造业出口产品质量的提升作用更大。由此说明在高收入国家中由于具有更高的市场竞争程度，强化企业家才能的创新性毁灭在制造业出口产品质量提升方面的作用。

（六）动态效应

上文检验结果表明企业家才能的发展显著促进了制造业出口产品质量提升。为进一步考察企业家才能对出口产品质量提升的动态效应，本部分利用年度虚拟变量与企业家才能变量的交乘项来估计动态效应。估计结果如表7-11所示，基于汇报的直观性，表7-11只汇报了企业家才能指标与交乘项的估计结果。由估计结果可知，随着时间的推移，交乘项的估计系数逐渐提高且显著性也随之提高。在整体上，企业家才能的快速发展对于提高制造业出口产品质量的年度作用呈现递增趋势。

表7-11　　　　　　　　　时间动态效应检验

	2003年	2004年	2005年	2006年	2007年	2008年	2009年	2010年
企业家创业才能 (0.1134***)	0.0161 (0.015)	0.0237 (0.016)	0.0354** (0.015)	0.0406** (0.016)	0.0413** (0.016)	0.0414*** (0.016)	0.0373** (0.016)	0.0596*** (0.017)
	2011年	2012年	2013年	2014年	2015年	2016年	2017年	
	0.0486*** (0.016)	0.0519*** (0.016)	0.0587*** (0.017)	0.0638*** (0.017)	0.0664*** (0.018)	0.0701*** (0.018)	0.0764*** (0.018)	
	2003年	2004年	2005年	2006年	2007年	2008年	2009年	2010年
企业家创新才能 (0.2058***)	0.0427 (0.053)	0.0799 (0.055)	0.1112** (0.051)	0.1278** (0.050)	0.1455*** (0.049)	0.1508*** (0.048)	0.1352*** (0.048)	0.1571*** (0.049)
	2011年	2012年	2013年	2014年	2015年	2016年	2017年	
	0.1640*** (0.050)	0.1721*** (0.050)	0.1795*** (0.051)	0.1736*** (0.051)	0.1719*** (0.051)	0.1757*** (0.052)	0.1761*** (0.052)	

三　企业家才能与制造业出口产品多样性

(一) 省际层面制造业出口产品多样性测算

为了获得省级层面制造业出口产品多样性，本节借鉴 Cadot 等 (2011) 的方法，利用泰尔指数进行测算。根据泰尔指数的思想，将出口产品分为新出口产品和旧出口产品，计算组间和组内差异，其中组间差异为出口产品的扩展边际，组内差异为出口产品的集约边际。计算过程如下：

$$T = \frac{1}{n} \sum_{k=1}^{n} \frac{x_k}{\mu} \ln\left(\frac{x_k}{\mu}\right) \quad (7.23)$$

式 (7.23) 中，$\mu = \frac{1}{n} \sum_{k=1}^{n} x_k$。进一步地，

$$T = T^W + T^B \quad (7.24)$$

其中，T^B 为组间差异即扩展边际，T^W 为组内差异即集约边际。为了测算各省份历年出口产品多样性指数，假定 n 为潜在的出口种类总数，μ 为平均出口额。同时，将每一个省份每一年潜在出口种

类总数划分为 $J+1$ 组,并记 G_j, $j=0,\cdots,J$。令 n_j 为 j 组中出口产品种类数,μ_j 为 j 组中出口产品的平均出口额。以 T_j 表示 j 组的泰尔指数。则组间泰尔指数①表示如下:

$$T^B = \sum_{j=0}^{J} \frac{n_j \mu_j}{n \mu} \ln\left(\frac{\mu_j}{\mu}\right) \qquad (7.25)$$

基于上述方法,图 7-4 展示了 2002—2017 年各省份制造业出口产品多样性平均值及其增长率。根据 Cadot 等（2011）的测算方法所得到的组间泰尔指数值越小,说明产品种类越多,产品多样性越高。由图 7-4 可以看出,省际差异极大,经济发达地区的东部地区制造业出口产品种类更多,而经济发展滞后的西部地区制造业出口产品种类相对较少。由各省份制造业出口产品多样性增长率来看,经济发展水平越高的地区,其出口产品种类增长也就越快,经济发展水平越低的地区,其出口产品种类增长也越慢。由此可见,中国

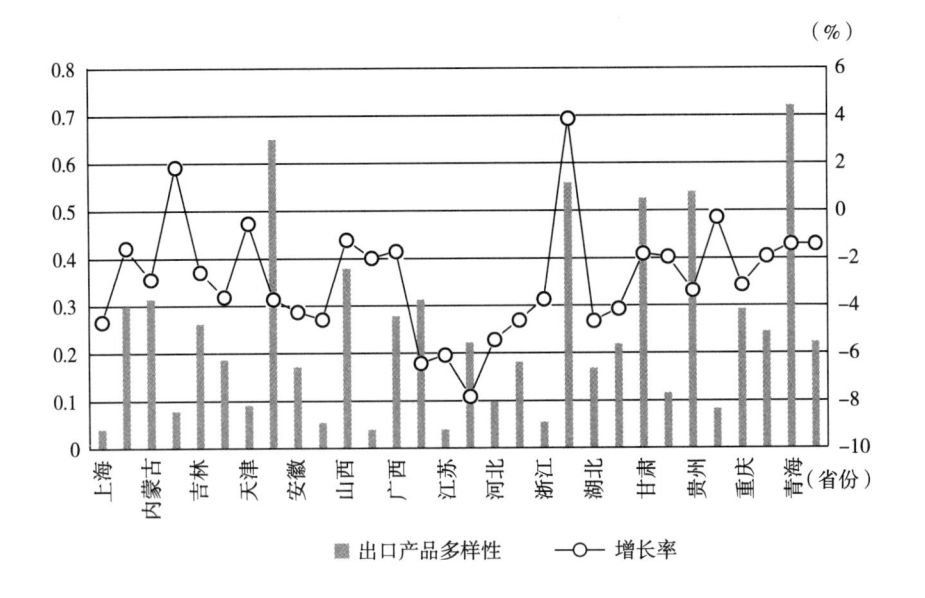

图 7-4　各省份制造业出口产品多样性及其增长率（2002—2017 年）

---

① 由于本章节仅关注出口产品多样性,因此只列出组间泰尔指数。

区域层面的制造业出口产品种类差异较大，东部地区制造业出口产品种类明显多于中西部地区，并且其产品种类增加速度也快于中西部地区。

（二）基准检验

为了检验企业家才能对制造业出口产品种类的影响。表7-12基于方程（7.14）进行实证检验①。表7-12模型1至模型4采用普通最小二乘方法进行估计。从估计结果来看，无论是否加入控制变量，企业家的创业才能指标和企业家的创新才能指标对制造业出口产品多样性估计系数显著为负。由此说明，企业家才能具有显著促进制造业出口产品多样性的作用。同样地，为了克服企业家才能与产品多样性之间的反向因果关系，表7-12模型5至模型6采用广义矩方法进行检验。根据 AR（2）的检验结果可知，模型设定不存在高阶序列相关性问题；根据 Sargan 和 Hansen 的检验结果可知，模型设定不存在过度识别问题。因此，可以判断模型设定是合理的。由模型5至模型6估计结果可知，在考虑了内生性问题后，企业家的创业才能指标和企业家的创新才能指标对制造业出口产品多样性估计系数显著为负，再次证明了企业家才能可以显著地促进制造业出口产品多样性。综合表7-12估计结果可知，企业家才能通过创新和创业活动，形成新的产品，促进产品种类的增加，进而促进制造业出口产品多样性的提高。说明在过去16年的时间里，中国不断发展的企业家才能对制造业出口产品多样性发挥了显著的促进作用。

---

① 需要指出的是，在本节的多样性模型估计中，加入了人均实际 GDP 的平方项。原因在于，根据 Cadot 等（2011）研究可知，在利用泰尔指数测算得到的产品多样性中，经济发展水平与产品多样性之间存在显著的倒"U"形关系，即随着经济发展水平的提高，产品多样性会得到显著提高，当达到一定程度后，产品多样性会达到最大值，然后随着经济发展水平的进一步提高，产品多样性呈现递减趋势。

表 7-12　　企业家才能与制造业出口产品多样性：基准检验

	被解释变量：制造业出口产品多样性					
	OLS				GMM	
	(1)	(2)	(3)	(4)	(5)	(6)
BE	-0.2566***	-0.1166*			-0.0567*	
	(0.077)	(0.067)			(0.029)	
IE			-0.0966**	-0.0658**		-0.0493**
			(0.040)	(0.031)		(0.025)
lnpergdp		-0.709***		-0.6156***	-0.5116**	-0.4145***
		(0.159)		(0.133)	(0.225)	(0.124)
lnpergdp2		0.0348***		0.0315***	0.0254*	0.0187***
		(0.011)		(0.007)	(0.013)	(0.006)
lnhc		-0.1489		-0.1100	0.0207	0.0062
		(0.1225)		(0.097)	(0.147)	(0.144)
lnmark		0.0962**		0.1011***	0.0964	0.0980
		(0.037)		(0.032)	(0.097)	(0.095)
open		0.0092		-0.0372	0.0290	0.0118
		(0.031)		(0.030)	(0.043)	(0.022)
fdi_rate		-0.736***		-0.7578***	0.2517	-0.2081
		(0.256)		(0.254)	(0.477)	(0.262)
gov_rate		-0.229***		-0.1531***	-0.0781	-0.0694
		(0.084)		(0.057)	(0.067)	(0.048)
fds		-0.0091		-0.0142	-0.0005	-0.0150
		(0.013)		(0.009)	(0.023)	(0.014)
L.theil					0.5831***	0.5530***
					(0.136)	(0.132)
时间效应	YES	YES	YES	YES	YES	YES
省份效应	YES	YES	YES	YES	YES	YES
常数项	0.3101***	4.0022***	0.2606***	3.3653***	2.3525***	0.0000
	(0.019)	(0.789)	(0.005)	(0.551)	(0.767)	(0.000)
观测值	480	480	480	480	450	450
R^2	0.1643	0.4210	0.0442	0.3702		

续表

	被解释变量：制造业出口产品多样性					
	OLS				GMM	
	(1)	(2)	(3)	(4)	(5)	(6)
AR (2)					−1.12	−1.21
					(0.264)	(0.226)
Sargan					93.03	38.22
					(0.048)	(0.998)
Hansen					9.66	611.86
					(1.000)	(0.000)

（三）稳健性检验

表7-12估计结果虽然证明了自加入世界贸易组织以来，中国快速发展的企业家才能对制造业出口产品多样性的提升发挥了显著的作用。但是依然存在可能的遗漏变量问题，需要进行更多的检验以证明上述估计结果的稳健性。遵循前文的做法，首先，利用重新衡量企业家创业才能和企业家创新才能来替换基准检验中的两个指标，估计结果如表7-13所示。具体而言，模型1中利用李小平和李小克（2017）构建的考虑就业效应和数量效应的指标衡量企业家创业才能，模型2采用每百人专利申请受理数以反映全社会潜在创新能力。估计结果显示，企业家的创业才能指标和企业家的创新才能指标对制造业出口产品多样性估计系数显著为负。模型3利用民营企业和个体企业数波动率衡量全社会企业家创业才能，模型4采用每百人发明专利衡量全社会企业家创新才能。估计结果显示，企业家的创业才能指标和企业家的创新才能指标对制造业出口产品多样性估计系数显著为负。

其次，虽然广义矩估计方法通过利用核心解释变量的滞后一期作为工具变量在一定程度上克服反向因果关系，但是滞后一期的企业家创业才能指标和创新才能指标依然并非完全外生。因此，借鉴李宏彬等（2009）的做法，利用滞后30期国有企业职工比率作为工具变量。估计结果如表 7-13 模型 5 和模型 6 所示。统计量 Cragg-Donald Wald F 和 Kleibergen-Paap rk Wald F 表明模型不存在弱工具变量问题，统计量 Kleibergen-Paap rk LM 表明模型不存在不可识别问题，统计量 Endogeneity test 表明企业家才能指标具有内生性。企业家创业才能和企业家创新才能指标估计系数依然显著为负。

表 7-13　　　　　　　　　　稳健性检验

	OLS				2SLS	
	(1)	(2)	(3)	(4)	(5)	(6)
BE	-0.6759** (0.310)		-0.1395*** (0.038)		-0.2675* (0.137)	
IE		-0.1018** (0.056)		-0.0906** (0.048)		-0.2235* (0.126)
控制变量	YES	YES	YES	YES	YES	YES
省份效应	YES	YES	YES	YES	YES	YES
时间效应	YES	YES	YES	YES	YES	YES
常数项	3.5748*** (0.530)	3.2107*** (0.547)	3.1372*** (0.501)	3.1783*** (0.540)		
观测值	480	480	480	480	453	453
R^2	0.3759	0.3693	0.3707	0.3692	0.3819	0.3416
第一阶段估计结果						
滞后 30 期国有企业职工率					-0.4019*** (0.092)	-0.4810*** (0.098)
控制变量					YES	YES
省份效应					YES	YES
Cragg-Donald Wald F					34.10	23.35
Kleibergen-Paap rk Wald F					19.17	23.81
Kleibergen-Paap rk LM					22.02***	18.34***
Endogeneity test					3.37*	3.12*

因此，综合表7-13的估计结果可知，无论是通过重新衡量企业家创业才能和企业家创新才能，还是利用滞后30期的国企职工率进行两阶段估计，均表明企业家才能显著促进了中国制造业出口产品多样性。

（四）行业异质性检验

表7-14汇报了企业家才能对三类不同技术层面的出口产品多样性的提升作用。模型1和模型2估计了企业家创业才能和创新才能对低技术行业出口产品多样性的提升作用，模型3和模型4估计了企业家创业才能和创新才能对中技术行业出口产品多样性的提升作用，模型5和模型6估计了企业家创业才能和创新才能对高技术行业出口产品多样性的提升作用。从估计结果来看，企业家创业才能和企业家创新才能对出口产品多样性的促进作用随着行业技术水平提高而呈现出递减的趋势，并且在高技术行业产品多样性中企业家创新才能的促进作用并不显著。其原因在于，随着技术水平的提高，新产品的形成、生产、销售，需要更高的企业家才能。更高的企业家才能更为稀缺，导致全社会中高质量型企业家精神的稀少，从而对高技术行业产品多样性的影响并不突出。因此，在未来，要实现高技术行业产品种类的增加，需要注重发掘具有更高企业家才能的企业家，充分发挥高质量型企业家精神的创造性毁灭的作用。

表7-14　　　　　　　　　不同技术层面产品多样性

	低技术产品多样性		中技术产品多样性		高技术产品多样性	
	(1)	(2)	(3)	(4)	(5)	(6)
BE	-0.1382*** (0.048)		-0.1279*** (0.043)		-0.0998* (0.053)	
IE		-0.0683** (0.034)		-0.0530* (0.030)		-0.0103 (0.038)
控制变量	YES	YES	YES	YES	YES	YES
省份效应	YES	YES	YES	YES	YES	YES

续表

	低技术产品多样性		中技术产品多样性		高技术产品多样性	
	(1)	(2)	(3)	(4)	(5)	(6)
省份效应	YES	YES	YES	YES	YES	YES
常数项	3.7175***	3.6336***	3.4479***	3.2059***	3.8807***	3.6926***
	(0.554)	(0.598)	(0.488)	(0.528)	(0.611)	(0.658)
观测值	480	480	480	480	480	480
R^2	0.3708	0.3610	0.2891	0.2749	0.5144	0.5107

（五）时空异质性检验

如图 7-4 所示，中国省际间出口产品多样性差异较大，经济发达的东部地区出口产品种类更多且增长速度更快，而经济发展较为滞后的中西部地区出口产品种类相对较少且增长更为缓慢。为了检验企业家才能对制造业出口产品多样性的促进作用，将 30 个省份分为经济发达的东部地区和经济欠发达的中西部地区。表 7-15 模型 1 和模型 2 汇报了经济发达的东部地区与经济欠发达的中西部地区企业家才能对制造业出口产品多样性的提升作用。由估计结果可知，相对于经济欠发达地区，经济发达的东部地区的企业家才能对制造业出口产品多样性的提升作用更为显著。由此说明在经济发展水平的不同阶段，企业家才能对制造业出口产品多样性的促进作用存在显著差异。也就是说，如果一个地区经济发展水平越高，企业家才能对地区制造业出口产品多样性的促进作用就会越大。从而表明在样本期内，中国中西部地区制造业出口产品多样性及其增长率低于东部地区的重要原因是中西部地区经济发展水平相对滞后拉低了企业家精神对出口产品多样性的促进作用。

同时，2008 年国际金融危机对经济结构产生重要影响。为检验 2008 年国际金融危机前后，企业家才能对制造业出口产品多样性的提升作用是否发生显著变化，表 7-15 模型 3 和模型 4 汇报了国际金融危机前后企业家才能对制造业出口产品多样性提升作用的差异。

由估计结果可知，2008年国际金融危机时间虚拟变量与企业家才能指标的交叉项估计系数不显著。说明相对于国际金融危机之前，企业家精神对制造业出口产品多样性的提升并未发生显著差异。

表7-15　　　　　　　　时间—空间异质性检验

	(1)	(2)	(3)	(4)
BE	-0.3170*** (0.054)		-0.1818*** (0.055)	
IE		-0.0017** (0.001)		-0.0805 (0.009)
BE#Eeast	0.3677*** (0.064)			
IE #East		0.0017** (0.001)		
BE#Time			0.0681 (0.049)	
IE#Time				0.0527 (0.081)
控制变量	YES	YES	YES	YES
省份效应	YES	YES	YES	YES
时间效应	YES	YES	YES	YES
常数项	2.3964*** (0.528)	3.0821*** (0.562)	3.4728*** (0.509)	3.3541*** (0.551)
观测值	480	480	480	480
R^2	0.4241	0.3777	0.3847	0.3708

（六）动态效应

同样地，表7-16汇报了利用年度虚拟变量与企业家才能变量的交乘项所估计的时间动态效应。由估计结果可知，随着时间的推移，交乘项的估计系数显著性逐渐提高。综合表7-16可知，在整体上，企业家才能的快速发展对于提高制造业出口产品多样性的年度作用呈现出逐渐递增的趋势，并且递增效应越来越显著。

表 7-16　　　　　　　　　时间动态效应检验

	2003 年	2004 年	2005 年	2006 年	2007 年	2008 年	2009 年	2010 年
企业家创业才能 (-0.1629*)	-0.1628	-0.2009*	-0.2451**	-0.265***	-0.265***	-0.1947**	-0.1862**	-0.1043
	(0.116)	(0.104)	(0.1062)	(0.099)	(0.097)	(0.098)	(0.092)	(0.078)
	2011 年	2012 年	2013 年	2014 年	2015 年	2016 年	2017 年	
	-0.1785**	-0.1021	-0.152**	-0.1644***	-0.179***	-0.145***	-0.1267**	
	(0.081)	(0.077)	(0.072)	(0.067)	(0.061)	(0.055)	(0.052)	
企业家创新才能 (-0.1462*)	2003 年	2004 年	2005 年	2006 年	2007 年	2008 年	2009 年	2010 年
	-0.5077*	-0.6096**	-0.5335**	-0.4786**	-0.3218**	-0.3263**	-0.2929**	0.2839***
	(0.301)	(0.301)	(0.226)	(0.198)	(0.162)	(0.136)	(0.116)	(0.107)
	2011 年	2012 年	2013 年	2014 年	2015 年	2016 年	2017 年	
	-0.213***	-0.193***	-0.1641***	-0.199***	-0.174***	-0.132***	-0.134***	
	(0.080)	(0.064)	(0.050)	(0.056)	(0.047)	(0.038)	(0.037)	

第六节　本章小结

　　制造业出口升级是外贸高质量发展的重中之重，是实现由"贸易大国"向"贸易强国"转变的必然选择。企业家作为创新的主体，是推动技术进步的关键。面对中国制造业"低端锁定""高端封锁"并存的困境，本章从理论和实证两个方面进一步拓展和深入研究企业家才能驱动中国制造业出口升级的作用。

　　本章基于第三章的理论分析，考察在优化比较优势的过程中，中国经济发展过程中生成的新力量——企业家才能对中国制造业出口转型升级的促进作用。本章认为企业家才能是内置于每一个个体决策者内部的才能，具有强烈的冒险精神，在市场激烈的竞争中进行创新和创业活动（程锐，2019）。中国市场化改革过程中，为释放内置于每一个个体决策内部的才能提供了市场环境，为中国偏离传统劳动密集型比较优势提供了新方向。企业家才能的创新和创业活动呈现出创造性毁灭特性，包括开发一种新产品、引入一种新生产方法、开辟一个新市场、形成一个新组织、提供一种新供应来源（Schumpeter，1934）。因此，在实现中国制造业出口转型升级的过程中，中国改革开放后释放的企业家才能为形成新比较优势提供了可能性。

为了验证企业家才能对中国制造业出口转型升级的影响，本章首先构建纳入企业家才能的异质性企业理论，从理论上证明企业家才能是促进制造业出口升级的重要因素。理论分析指出，企业家才能具有较高的市场预见能力、市场适应能力、市场开发能力和市场创造能力，能够实现市场均衡的打破和再创造、创造性毁灭和资源配置效率改进，促进技术进步，推动制造业出口转型升级。随后利用2002—2017年面板数据进行实证验证。实证结果表明，企业家才能显著促进了中国制造业出口产品技术复杂度的提高、产品质量提升和产品多样性的增加。并且随着时间的推移，企业家才能对出口产品技术复杂度、产品质量和产品多样性的促进效应呈现递增趋势。从分技术层次来看，企业家才能对出口产品质量提升和产品多样性增加的促进效应随着技术水平的提高而递减。因此，在未来，为了进一步更好地促进中国制造业出口转型升级，需要充分发展企业家才能在高技术行业中的促进作用，鼓励并培育高技术行业中的高质量型企业家才能。

第八章

新发展阶段制造业出口高质量发展的技能培育路径选择

前文分析指出,改革开放以来,中国利用充裕且廉价的低技能劳动者,为制造业出口规模扩张作出了重要贡献,同时通过完善高等教育体系和社会主义市场经济体制,培育和壮大高技能劳动者和企业家群体,为制造业出口的转型升级作出了重要贡献。充分发挥技能异质性在制造业出口转型升级中的作用是新时代制造业出口高质量升级的重要举措。虽然中国制造业出口升级较快,但是相对于世界前沿国家,中国制造业出口的升级程度依然相对较低、上升空间依然较大(孙佳等,2022;李福柱等,2022)。新发展阶段中国制造业出口实现高质量发展,依然面临着"低端锁定"和"高端封锁"的困境(高运胜和杨阳,2020)。综观现实,充分发挥不同技能在制造业出口转型升级中的作用存在一定的障碍,具体表现在四个方面,即低技能劳动者日益稀缺、高技能劳动者忽视质量、企业家受到市场环境的冲击以及三种技能之间的互补性不被重视。为了进一步发挥三种技能的作用,本书认为需要从四个方面进行调整,以实现三种技能彼此之间全面、协调、协同、持续的发挥作用。

第一节　新发展阶段制造业出口高质量发展的技能培育面临阻碍

一　低技能劳动者稀缺性日益增强

经过 40 余年的发展，改革开放初期的低技能劳动者逐渐变得日益稀缺。主要表现在如下三个方面：第一，人口老龄化日益严重。改革开放初期的低技能劳动者逐渐走向衰老，老龄人口数量急剧增长。如图 8-1 所示，从绝对量来看，2000 年 65 岁以上人口规模为 8821 万人，到 2020 年该人口规模达到 1.91 亿人。从相对量来看，从 2000 年开始中国 65 岁以上人口占比已经达到 7%，到 2020 年 65 岁以上人口比例高达 13.5%，导致老年抚养比持续上升，2020 年达到 19.7%。中国逐渐成为老龄化国家，出现了"未富先老"的状态。第二，人口出生率持续下降。在计划生育政策的影响下，从 20 世纪 90 年代开始，人口出生率持续下降，到 2020 年人口出生率仅为 8.52‰，与之相对应的是人口自然增长率下降为 1.45‰，如图 8-1 所示。2020 年 0—14 岁的人口规模为 2.53 亿人，其占总人口规模的比重为 17.9%，导致少儿抚养比低至 26.1%。中国逐渐成为超少子国家。第三，农村低技能劳动者流入城市依然存在困难。从人口流动政策来看，2003 年以后歧视农村移民的法律文件《城市流浪乞讨人员收容遣送办法》被基本废止，大量农民流入城市，成为城市建设的重要新生力量。与此同时，不得不警惕的现象是，部分城市为了"城市形象""市容"等理由开始高价引入高端人口并驱赶城市低技能劳动者。例如，2017 年部分城市对低技能劳动者的驱赶成为一时间社会讨论的焦点和重点。从人口流动规模来看，近年来流动人口规模持续下降，如图 8-1 所示，从 2014 年的 2.53 亿人下降到 2019 年的 2.36 亿人。

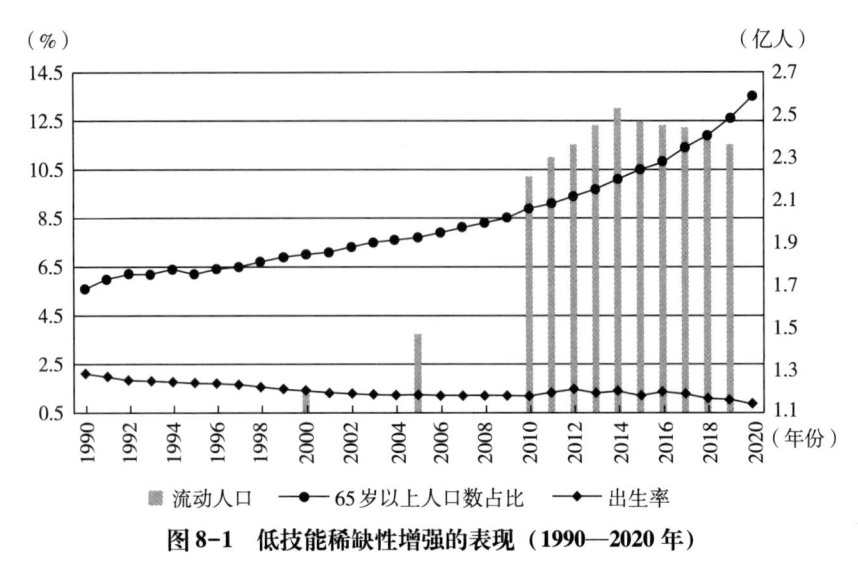

图 8-1 低技能稀缺性增强的表现（1990—2020 年）

资料来源：流动人口数据来源于《中国统计年鉴》中国统计出版社 2020 年版（右轴），65 岁以上人口数占比和出生率原始数据来源于《中国统计年鉴》中国统计出版社 2021 年版（左轴）。

综上所述，随着老龄化趋势加重、人口出生率持续下降、低技能劳动者流入城市阻力越来越大，引起低技能劳动者数量在规模上呈现下降态势、在空间集聚上呈现分散态势，极大地阻碍了低技能劳动者在制造业行业中的就业，进而引起了制造业生产成本的提高，阻碍了制造业健康发展，抑制了制造业出口规模的扩张。

二 高技能劳动者规模与质量不匹配日益突出

自 1977 年恢复高考以来，高等教育事业处于稳步发展阶段，1999 年高校扩招政策实施以来，高等教育事业得到了迅猛发展，高技能劳动者规模迅速扩张。与此同时，在高等教育规模不断扩大的同时，高等教育质量提升并未得到显著改善。中国的高等教育一直面临着"钱学森之问"。邱均平等（2019）研究指出，中国高等教育规模远远超过美国、英国、德国、日本、澳大利亚等世界发达国家，但是高等教育质量却相对滞后。从而形成了高技能劳动者规模与质量不匹配现象。高技能劳动者质量相对滞后的具体表现如下：第一，高等教育者均值高、方差小（钱颖一和王子晨，2016），即表现为中国高技能劳动者彼此之间均具有较高的教育水平，但是彼此之间的差异却相对较小，未形成高技能劳动者之间内部的异质性。第二，由于高技能劳动者质量相对集中，每年高校就业问题突出。大学生就业难成为当前高等教育发展中面临的重要问题之一。第三，高级科研人才相对匮乏、高水平的科研成果相对较少和科研成果的转换率相对较低。

随着高等教育规模的不断扩大，高等教育质量提升缓慢，形成了高技能劳动者规模与质量不匹配问题日益突出。高技能劳动者本应具有更高的技能、更专业的知识、更强的管理技能和创新技能，可以从事更复杂、更专业的工作。但是由于高技能劳动者质量的有限性，使高技能劳动者不能够最大化地发挥高技能劳动者在制造业出口高质量升级中的重要作用，极大地阻碍了制造业出口高质量升级。

三 制约企业家才能的市场环境依然存在

改革开放40余年，社会主义市场经济体制取得了显著成绩，尤其是1992年党的第十四次全国代表大会提出建设社会主义市场经济体制以来，社会主义市场经济建设更是取得了突飞猛进的成绩。但是，制约企业家才能充分发挥的市场环境依然存在。具体表现如下：第一，市场化水平有待加速提升。根据樊纲指数（2016）报告可知，2008—2014年，中国市场化指数提升十分缓慢。而且，从市场化指数的细分指标来看，近年来政府与市场的关系指数呈现出下降的态势，而要素市场的发育程度和市场中介组织的发育和法律制度环境指数虽然上升较快，但是绝对值依然较低。第二，法律环境有待进一步提升（王利民，2018；陈柏峰，2019）。一方面，受传统思想的影响，全社会缺乏法治意识，法律意识淡薄；另一方面，由于法律体系的不健全，法律部门不能高效地执法。第三，金融市场融资渠道不畅通。中国作为一个转型大国，金融体系从计划经济时期的银行主导的单一体系过渡到市场经济时期的多样化金融体系，往往存在的各种问题，例如金融市场扭曲、金融结构不合理、金融压抑等，金融系统的不完善,使融资难问题一直成为金融体系的重难点。而资金的融通程度又是制约企业家才能是否得到正常发挥的重要因素。

社会主义市场经济体制的建立健全,一方面为激发企业家精神、为充分发挥企业家才能提供了市场基础,另一方面新时代要求更好的企业家才能,而更好的企业家才能的激发需要更高质量的市场环境。市场发育程度较低、法治环境不健全、法律意识淡薄、金融市场资金融资渠道不完备,成为制约新时代高质量型企业家才能的市场环境因素。

四 制造业生产中技能互补效应缺乏重视

长期以来,培育并壮大高技能劳动者、减少低技能劳动者成为一个社会发展的重要共识,以至于无论一个城市还是一个企业,往往更加注重吸引高技能劳动者而减少或者排斥低技能劳动者,认为高技能劳动者数量越多越好。然而,事实往往与感觉相去甚远。技能的匹配效应要求不同的行业需要不同的技能,例如在高科技行业高技能之间存在显著的匹配效应而在服装等传统制造业中却存在显著的高—低技能的匹配效应(Bombardini, et al., 2013)。与此同时,在一个成熟的企业内部,高—低技能的匹配是重要的,但是在一个不断成长的企业或者一个刚刚成立的企业,却需要有企业家才能—高技能劳动者—低技能劳动者的通力合作,以最大化发挥三种技能之间的互补匹配效应。如图 3-1 所示,在一个企业的生命周期里,企业家才能—高技能—低技能都是不可或缺的,都发挥着重要的作用,各自角色都不能被其他技能所替代[1]。只有充分发挥三种技

---

[1] 从现实中来看,拥有企业家才能的人在一定程度上可以替代高技能劳动者和低技能劳动者,但是由于企业家才能的稀缺性,如果企业家才能对高技能和低技能进行了替代,那么企业生产成本将会极高,降低了企业生产效率,不利于企业的长远发展,更不利于整个社会的发展;另外,如果高技能劳动者替代了低技能劳动者,会出现企业因生产成本过高而无法持续经营。因此,需要三种技能在自身技能岗位上发挥各自技能,以此实现技能互补—匹配效应的最大化。

能的互补—匹配效应，才能最大化地发挥人的作用，进而实现企业生产效率的最大化。

在现实中，一个城市或者一个企业往往更加注重对高技能劳动者的保护，而忽视了为低技能劳动者和具有企业家才能的人的提供公平的环境，其重要的原因在于对技能之间互补—匹配关系的忽视。对三种技能互补—匹配关系的忽视，不仅会损害每一种技能自身，还会因成本过高而无法达到高效率的运行，继而制约制造业出口高质量升级。

第二节 新发展阶段制造业出口高质量发展的技能培育路径选择

一 通过改革人口政策，削弱人口老龄化的负面效应

改革开放以后，中国利用丰裕的低技能劳动者，发挥人口红利优势，迅速实现制造业嵌入全球价值链，使中国能够参与到现代化的国际分工中。但是，在改革开放以后，计划生育政策的实施，虽然降低了人口规模增速，但是却带来了中国"未富先老"的现象。面临不断恶化的外部环境，为了继续推进制造业出口规模的扩张，需要通过改变人口政策，以弱化人口老龄化产生的负面影响。具体可从如下几个方面着手：

第一，调整城市落户政策，实现低技能劳动者自由流动，推动城市化高质量发展。当前，中国的城市化进程已经过半，处于城市化快速推进的高峰期。然而，由于城市发展过程中规划的滞后性，导致城市公共服务配套设施不健全，出现了各种城市病，进而引起城市发展过程中城市户籍人口反对外来人口。从相关性来看，城市人口规模的扩大与城市病同时发生。但是大量文献研究表明，城市人口规模的扩大并不必然引起城市病的同步发生。如果阻碍了农村剩余低技能劳动者流入城市，尤其是人口规模相对较大的大城市、

特大城市,由于大城市、特大城市的制造业基础雄厚,那么必然面临除了经济发展过程中正常老龄化所产生的负面效应外,还会因为人口限制政策导致人口结构倒置、低技能劳动者供给不足的结果,扭曲了大城市、特大城市制造业的发展。城市落户政策的持续,是过去城乡二元结构的隐形化,是违背经济发展过程中城乡一体化的经济规律。因此,必须调整各大城市的落户政策,通过逐步消除其中的身份限制条件,直到最后根除城市落户的限制行为,以达到低技能劳动者的自由流动,促进城市化高质量发展。

第二,建设鼓励生育的配套的社会保障体系。随着生活成本的提高、生活压力的增加,2016年1月1日实施了"二孩政策",放松了计划生育政策,但是其实施效果并没有达到预想中的结果。如何有效地促进"二孩政策"的实施,需要最大化支持有生育需求而抚养能力较弱的群体。为了有效支持此类群体,需要提供配套的社会保障,包括医疗保健、食品安全、食品价格、教育资源等。只有为具有生育意愿而抚养能力较弱的群体提供充分合理有效的社会保障,才能有效贯彻实施"二孩政策",以提高人口出生率,增加新生儿童,降低老龄化负面效应。

第三,发挥老龄人口在产业发展中的作用。通过促进城市化和鼓励生育,依然无法扭转日益严重的老龄化问题。因此,必须直面老龄化问题。一方面,通过渐进式延缓退休年龄,增加劳动人口的劳动年限;另一方面,发展年龄增值型技能产业[①],例如印刷和记录媒介复制业,皮革、毛皮、羽毛及其制品和制鞋业,烟草制品业等。文献研究表明,人口老龄化可以强化年龄增值型技能产业的出口

---

① 张明志和吴俊涛(2019)根据认知技能和体能技能的重要性区分了年龄增值型技能密集行业和年龄贬值型技能密集行业。年龄增值型技能密集行业:印刷和记录媒介复制业,皮革、毛皮、羽毛及其制品和制鞋业,烟草制品业,造纸和纸制品业,化学原料和化学制品业,家具制造业;年龄贬值型技能密集行业:酒饮料和精制茶制造业、计算机通信和其他电子设备制造业、食品制造业、医药制造业、农副食品加工业、电气机械和器械制造业。

（张明志和吴俊涛，2019）。认识老龄化的不足，同时也要发现老龄化带来的机遇，充分发展与老龄化相关的产业，促进制造业出口规模的增长。

二 推动高等教育高质量发展，扩大高等教育者的方差

本书第六章研究表明，1999年高校扩招政策引起高技能劳动者规模的迅速扩大，对中国制造业出口转型升级产生了显著的促进作用。在承认高校扩招对高技能劳动者扩大产生升级效应的同时，也要注意的是，高技能劳动者的质量问题。正如刘伟和张元立（2020）研究指出，中国人力资本质量远远落后于发达国家，成为制约中国可持续发展潜能的重要因素。与此同时，在未来相当长一段时期内，中国制造业在技术方面将会与世界制造业强国展开一场激烈的角逐，其胜负关键之处在于人才，尤其是顶尖级人才。现实中，"钱学森之问"依然存在，即中国依然缺乏世界级高技能人才。因此，在高等教育规模不断扩大的同时，也要通过改革教育体制机制，在提高高等教育者均值的同时扩大高等教育者的方差，以培育出世界级顶尖高技能人才。为了在提高高等教育者均值的同时，又扩大高等教育者的方差，具体可从如下几个方面着手：

第一，推动高等教育供给侧结构性改革，实现高等教育的高效供给。首先，建立高等教育区域互动，打破高等教育的地区分割和地方保护。通过建立全国范围内招生指标，破除高考报名与户籍挂钩、高考招生与户籍挂钩的关系，建立全国统一的招生指标，实现地区间高等教育分配的公平性和平等性，让高等教育资源稀缺地区的学生能够与高等教育资源丰裕地区的学生享受到同等录取比率。通过地区间高等教育的互动，来弥补高等教育资源分布的不平衡现象。其次，取消高等教育与户籍之间的关系，为外来务工子女提供平等的升学机会。逐渐取消高考对外来务工人员子女高考的歧视，为外来务工人员提供就地求学的平台，允许外来务工人员平等享受到所在城市的高中教育，并且在务工所在地参加高考，并让务工人

员子女享受到务工所在地高校招生指标。再次，允许地区间高等教育互动。通过建立不同地区不同等级学校的交流学习平台，让经济发展水平高的地区的高等教育资源惠及经济发展水平较低的地区。鼓励高校资源丰裕地区的高校教师异地讲学，为经济发展落后地区传播先进知识，以增强经济落后地区的师资力量。最后，强化高校专业的差异化。不同地区经济发展水平不同，地区所需人才不同，地方高等教育应该以培育适合社会经济发展需求的人才为目标。因此，高等教育专业设置应该更加突出专业设置的差异化，体现专业服务实际需求的作用，以培育适合本地需求的高质量人才。

第二，调整高等教育资源分布问题。在中国，高等教育资源分布十分不均匀，例如北京市拥有全国最丰裕的高等教育资源，而人口接近1亿人的河南省高等教育资源则十分匮乏。为了弥补高等教育空间分布不均匀问题，高校招生比例分配应该根据各地区考生规模而设定比例。尤其是"985"等全国性高校，其招生名额更应该从全国角度考察以消除所在地的限制。同时，高等教育资源丰裕的省市地区，在公平分配招生名额的基础上，适当增加对落后地区和贫困农村地区的招生名额。通过招生名额的公平性来克服高等教育资源的不均匀分配，从而缓解因高等教育资源不足而导致的高等教育机会不均等引发的收入差距。此外，积极鼓励并引导高等教育资源丰裕地区培养的高等教育者投身于落后地区或走进农村地区，为落后地区和贫困农村的发展带去先进的知识和技能。另外，加强高等教育资源丰裕地区的高等院校与高等教育资源匮乏地区建立合作关系，或者允许在高等教育资源匮乏地区建立分校或分支机构，以招收本地学生。

第三，完善基础教育供给。一方面，加快落实十二年义务教育。在落后地区或贫困农村地区，依然存在因无法支付学费而辍学的现象。加快落实十二年义务教育政策，为贫困农村子女提供基本的教育，降低贫困人口的能力贫困，提高贫困人口的技能水平。另一方面，增加进城务工人员子女的教育供给。在农民工流入规模较大的城市增加农民工子女学校,缓解农村留守儿童教育不足问题。

三 营造市场环境,激励激发企业家才能

本书第七章研究表明,自改革开放以来,市场化的不断深入,极大地激发企业家才能,促进了中国制造业出口转型升级。企业家才能的存在及其迅速发展在中国制造业出口转型升级中发挥了重要作用。企业家才能的质量决定了企业家所创造产品的竞争程度。低质量型企业家才能所创造产品的竞争力十分有限,只有高质量型企业家才能所创造产品的竞争力才具有世界领先水平。未来为了实现制造业出口在国际竞争中获得绝对优势,需要充分发挥高质量型企业家才能的创新性破坏的作用。然而,随着中美贸易摩擦的升温,社会上掀起了一场否定企业家的讨论,极大地冲击了全社会对培育企业家才能的热情、激情和信心。为了激励激发企业家才能,尤其是高质量型企业家才能,以发挥其在创新性毁灭方面的作用,具体可从如下几个方面着手:

第一,坚持市场化方向。由于历史因素,企业家一直受到极大的歧视并被排斥,而不能得到正常的发展。在计划经济体制下,由于缺乏有效的激励机制,导致公有制下无法激发企业家才能,随着社会主义市场经济体制的建立健全,市场发育程度不断提高,市场环境日益健康,极大地激发了企业家才能。企业家才能只有在市场中才能得到最大化的发挥。社会主义市场经济体制的建立健全,市场经济体系已经取得了相对较好的成绩,但是依然存在市场发育不健全的地方。首先,逐步消除要素市场结构扭曲,推动要素市场的进一步发育。逐步消除经济交易过程中的"寻租"行为,提高经济活动中的交易效率,为激发企业家才能提供一个良好的市场环境。打破要素市场壁垒,降低要素市场扭曲程度,促进要素自由流动,提高要素配置效率。取消户籍制度,消除户籍制度引起的劳动者流动障碍;取缔市场分割,消除要素区际间流动壁垒;打破所有制结构歧视,消除劳动要素的产业间转移障碍。其次,建立科技转化市

场，健全科研成果转化机制，降低科研过程中的无效率投入，提高科研活动的成果转化。

第二，加快法治化建设。2018年中美贸易摩擦的升温，导致少量学者在全社会兴起了一场"民营企业退场"的言论，极大地打击了企业家的信心，严重遏制了企业家精神的发展。因此，新时代要培育企业家精神，必须加快法治化建设。利用正式制度认可、承认、规范企业家精神的培育环境，消除各种不正常的社会言论。消除危及激励企业家精神的不良市场环境。同时，利用法律制度，规避各种"寻租"行为，降低市场活动中的额外损失，让更多的高质量型企业家精神配置到生产性活动领域。

第三，建立现代金融体系，提高资金融通效率。"融资难、融资贵"一直是中国经济发展过程中的重要现象。现代金融体系包括市场主导型金融结构和银行主导型金融结构。中国作为一个发展中大国，单一的金融结构是不存在的。需要根据经济发展阶段建立适宜的金融体系。在经济发展的高级阶段，不仅要建立完善的证券市场，而且还要发展各种金融机构，包括风险投资、风险管控等。在经济发展的初级阶段，不仅要发展现代的银行业，还要发展各种小银行，同时也要建立相应的证券市场。通过建立现代金融体系，促进各类金融业务的发展，实现金融资金供给与金融资金需求的合理匹配，减少影子银行对金融市场的阻碍，提高金融市场的运作效率，降低激发企业家精神的金融约束力，促进高质量型企业家精神发展。

四　注重技能互补效应，夯实制造业高质量发展的技能根基

制造业出口的转型升级过程中往往会出现因低技能劳动比较优势逐渐丧失而将低技能劳动密集型产业外包。短期内，低技能劳动密集型产业的外包可以促进制造业出口结构的高度化，推动制造业出口的转型升级，加快制造业高质量发展步伐。但从长期来看，低技能劳动密集型产业的外包会丧失一线流水线工人的"干中学"效应。流水线工人的技能虽然是低技能劳动，但却是制造业发展最基

础的部分。长期来看，一旦丧失了低技能劳动密集型产业在整个产业系统中的基础作用，那么制造业发展将会在全球范围内受制于全球供应链制约，外部环境将会严重影响到国内制造业的健康发展。20 世纪 90 年代，美国大规模实施制造业离岸外包业务，将大量的低技能劳动产业外包给发展中国家。经过 20 多年的发展，美国制造业竞争力呈现出下降趋势，尤其是当全球环境发生巨大波动的时候，其竞争力下降更加明显。近年来，美国的制造业回流政策并没有取得长期效应。在丧失规模效应后的制造业回流政策，已是强弩之末而无力回天。

新时代中国制造业高质量发展过程中，不应该一味地放弃低技能劳动者在整个制造业高质量发展体系中的作用，注重强化不同技能之间的互补效应。既要进一步壮大高技能劳动者和特殊技能劳动者规模，提高高技能劳动者和特殊劳动者的质量，同时也要注重保护、发展低技能劳动者。充分发挥三种技能之间的彼此互补关系，强化技能的溢出效应。通过构建三种技能的适宜环境，建立健全三种技能互补关系，为夯实制造业高质量发展提供强大的技能根基。

随着老龄化趋势的加重、高等教育重规模轻质量、市场环境的复杂化加重，对低技能劳动者、高技能劳动者和企业家精神都产生了一种显著的抑制效应。因此，需要通过改革人口政策、教育体制机制和市场环境，以更好地发挥三种技能在中国制造业出口转型升级中的重要作用，形成强大的内部技能禀赋优势，最终实现制造业出口高质量发展。通过构建三种技能之间的互补关系，既要发挥各种技能的比较优势，又要发挥技能互补的绝对优势，既要有规模又要有质量，既可以使中国建设成为一个制造业出口大国，又可以建设成为一个制造业出口强国，从而避免美国制造业发展过程中的空心化问题。

第九章

结论与展望

第一节 主要结论

一 技能异质性是中国制造业出口规模扩张和转型升级的重要原因

改革开放以来,中国制造业出口经历了两个阶段:第一,由计划经济时期的相对封闭到改革开放以后出口规模的迅速扩张;第二,由出口规模的扩张到21世纪初制造业出口结构的转型升级。对于中国制造业出口能够实现从无到有、从小到大、从弱到强、从规模扩张到转型升级的发展历程,本书基于比较优势的视角,将劳动者技能差异纳入比较优势分析框架中,考察劳动者技能差异及其演化对中国制造业出口由规模扩张到转型升级的影响。

首先本书从理论上证明指出,如果一国在经济发展初始阶段能够遵循初级低技能劳动丰裕这一禀赋结构,专业化生产低技能劳动密集型产业,将会降低低技能劳动密集型产业产品价格,增强低技能劳动密集型产业产品竞争优势,在国际市场上具有比较优势,实现低技能劳动密集型产业产品的出口。当一国初始低技能劳动者越丰裕,低技能劳动者禀赋结构越突出,其专业化生产低技能劳动密集型产业产品将会获得更大的价格优势,在国际市场上低技能劳动密集型产业产品比较优势越明显,将会实现更大的出口规模绩效。同时,当比较优势逐渐由低技能劳动禀赋结构内生形成的低技能劳动密集型产业结构向高技能劳动和特殊技能劳动禀赋结构内生形成的产业结构转变时,高技能劳动密集型产业和特殊技能密集型产业将会具有一定的竞争力。随着高技能劳动者和特殊技能劳动者禀赋优势的积累,高技能劳动密集型产业和特殊技能密集型产业的竞争力也会随之越来越强,其产品的国际市场竞争优势也会随之提高,并最终表现出高技能密集型产业和特殊技能密集型产业的比较优势。因此,在偏离传统低技能劳动比较优势策略下,培育、壮大高技能劳动者和特殊技能劳动者,以形成新的优势产业,并增强优势产业的竞争力,继而增强新优势产业的国际竞争力,促进制造业出口的转型升级。随着时间的推移,新技能劳动禀赋越积累,禀赋优势也会越凸显,越能实现制造业出口的转型升级。

随后本书从实证上指出,改革开放以来中国具备充裕的低技能劳动者禀赋结构,为发展低技能劳动密集型产业提供了充裕且廉价的低技能劳动者。同时,中国政府自1977年高考恢复以来,逐渐完善发展高等教育事业,改革开放前20年高等教育事业缓慢发展,适应了低技能劳动者充裕的禀赋结构。21世纪初,低技能劳动者稀缺性逐渐提高,需要以提升劳动者技能来弥补低技能劳动者数量下降所产生的负面效应,1999年的高校扩招极大地促进了高技能劳动者的供给,提高了高技能劳动者在全社会中的就业比重,增强了高技能劳动者的禀赋优势。随着社会主义市场经济体制的完善,特殊技能—企业家才能—在改革开放之初相当长的时间里并未得到政府的重视,而是在夹缝中生存并壮大。尤其是第三次创业浪潮,海外归国人员和工程师开启的高新技术的创业活动,成为21世纪创业的中坚力量。与此同时,1978年以后,中国出口规模迅速扩张,尤其是加工贸易出口规模,其保持着将近年平均18%的增长速度。进入21世纪以来,中国制造业出口结构发生了重大变化,一般贸易方式出口比重持续提高并超过了加工贸易比重，高技术行业出口比例占据半壁江山，机械、电子产品出口占比迅速提高，民营企业出口快速增长并成为当前占比最大的出口企业。由此可见，改革开放以来，中国利用充裕且廉价的低技能劳动者发展劳动密集型产业并实现了制造业出口规模的迅速扩张。同时，中国也在培育和壮大高技能劳动者和企业家才能，尤其是1999年推行的高校扩招政策极大地增加了高技能劳动者供给和第三次海外归国人员和工程师的创业活动，为中国21世纪初以来的制造业出口转型升级发挥了重要的促进作用。

二 中国制造业出口转型升级得益于对初始低技能比较优势的优化

比较优势理论指出，一国出口得益于密集使用要素丰裕的发展模式，即劳动者丰裕型国家发展劳动密集型行业并出口劳动密集型产品、资本丰裕型国家发展资本密集型行业并出口资本密集型产品。作为一个发展中转型国家，中国由计划经济向市场经济体制转轨过程中，初始要素禀赋表现为丰裕的低技能劳动者。改革开放之初，中国采取了遵循低技能劳动比较优势发展策略，利用丰裕的低技能劳动者，实现了中国制造业出口规模的迅速扩张，并有效地嵌入全球价值链的低端位置。然而，不难发现的是，由于低技能劳动者固有的技能水平限制，极大地制约了低技能劳动者在提升制造业出口转型升级方面的作用。一味地遵循中国传统低技能劳动者这一比较优势，将会使中国陷入低技能比较优势陷阱之中而无法自拔。

然而，中国在发展过程中，并非单一化地遵循低技能劳动比较优势，而是在遵循这一比较优势的基础上，培育新技能（包括高技能劳动者和特殊技能劳动者）。具体而言，中国一直致力于完善高等教育，尤其是1999年推行的高校扩招政策，培育并扩大高技能劳动者规模，形成新的技能禀赋优势，以优化初始低技能比较优势，从而在一定程度上偏离低技能劳动比较优势发展策略。同时，中国也一直致力于建立健全社会主义市场经济体制，不断地完善市场环境，激发具有较高企业家才能的个体从事创业和创新活动，壮大了企业家群体，形成新的技能禀赋优势，从而进一步偏离了低技能劳动比较优势发展策略。高技能劳动者和企业家才能具有独特的技能，对制造业出口的转型升级产生了显著的促进作用。

三 充分发挥低技能是中国制造业出口规模迅速扩张的重要原因

关于中国制造业出口奇迹形成原因的解析中，基本形成了一致的结论，认为中国丰裕的劳动者资源是形成中国出口奇迹的重要原因，甚至是最重要的原因。本书则在此结论上进一步完善而非否定该结论。本书认为劳动者是差异化的，不同的劳动者具有不同的技能，具体包括低技能劳动者、高技能劳动者和特殊技能劳动者。改革开放以来，中国劳动者资源中主要以低技能劳动者为主，即使到了改革开放40余年的今天，低技能劳动者依然占据了绝对比例。考察中国制造业出口奇迹，必须进一步考察不同技能劳动者影响差异。如果忽视劳动者技能差异而同质化劳动者技能对制造业出口规模扩张的影响，将会引起理论的偏误和解释力的下降。因此，本书在第三章理论分析框架的基础上，考察中国利用丰裕且廉价的低技能劳动者对制造业出口规模扩大的影响。

研究结论表明，改革开放以前，中国在计划经济时期采取了重工业优先发展的赶超战略，推行违背比较优势发展战略，无视充裕的低技能劳动者禀赋结构，造成生产极端扭曲，致使产品的生产成本高、销售价格高和国际竞争力低的"两高一低"的特点，进而形成了相对封闭的对外贸易模式。改革开放以后，中国采取了遵循比较优势发展策略，充分发挥低技能劳动者禀赋优势，大力发展低技能劳动密集型产业，尤其是加工贸易，形成了产品生产成本极低、销售价格极低和国际竞争力极高的"两低一高"的特点，促进了中国制造业出口规模的迅速扩张。数据分析显示：第一，低技能劳动者显著促进了中国制造业出口规模的扩张，相对于一般贸易方式而言，低技能劳动者对加工贸易出口规模扩张的促进效应更大。该结论在采用多种内生性检验之后，依然稳健。第二，从不同技术层次来看，低技能劳动者显著促进了制造业低技术行业和中技术行业出口规模的扩大；从一般贸易方式下不同技术层次来看，低技能劳动者只能显著促进低技术行业出口规模的扩大；从加工贸易方式下不同技术层次来看，低技能劳动者能显著促进低技术行业、中技术行业和高技术行业出口规模的扩大，同时其促进效应呈现出倒"U"形关系，即对中技术行业出口规模扩张效应大于低技术行业和高技术行业。

因此，中国采取比较优势发展策略，通过充分发挥低技能劳动者禀赋优势，大力发展低技能劳动密集型产业，尤其是加工贸易，实现了中国制造业出口规模的迅速扩大。

四 高技能劳动者迅速扩大是中国制造业出口转型升级的重要原因

改革开放以后，中国采取了遵循比较优势发展策略，充分利用低技能劳动者，发展低技能劳动密集型产业，实现制造业出口规模的扩大。由于低技能劳动者技能层次低、知识水平有限，制约了其管理技能和创新技能的提高，不利于中国制造业出口的转型升级。另外，中国一直致力于完善高等教育，尤其是 1999 年推行的高校扩招政策，培育并扩大高技能劳动者规模，形成新的技能禀赋优势，从而在一定程度上偏离低技能劳动比较优势发展策略。高技能劳动者规模的扩张可以通过缓解供需错配矛盾、提高自主创新能力和资源配置效率、发挥高技能劳动者的集聚效应而实现制造业出口升级。

第六章利用 23 个国家面板数据采用合成控制法实证检验了 1999 年高校扩招政策引起高技能劳动者规模迅速扩大对中国制造业出口转型升级的影响。研究结果表明，1999 年实施的高校扩招政策引起的高技能劳动者扩大有效地促进了中国制造业出口产品技术复杂度、出口产品质量和出口产品多样性的提升。具体而言，1999年高校扩招政策的实施引起高技能劳动者扩张对2003—2014年中国制造业出口产品技术复杂度的提升发挥了20%的比例的促进作用，对出口产品质量升级的提升发挥了2.3%—4.6%的比例的促进作用，对出口产品多样性的提高发挥了22%的比例的促进作用。由此可知，高校扩招政策引起的高技能劳动者扩张对形成高技能劳动者比较优势提供了良好的条件，从而为中国21世纪以来制造业的出口转型升级发挥了重要的促进作用。因此，综合结论可知，在中国制造业出口转型升级过程中，中国政府审时度势地通过利用高校扩招来增加高技能劳动者，进而实现了偏离传统低技能劳动比较优势。

五 企业家才能在中国制造业出口转型升级中的角色越来越重要

40余年改革开放，在计划经济向社会主义市场经济转轨的过程中，中国经济出现了新元素，即企业家。长期以来，由于历史因素，企业家才能一直受到极大的歧视并被排斥，而不能得到正常的发展。作为特殊技能，企业家才能具备更强的市场预见能力、市场适应能力和市场开发能力。由于企业家才能的技能属性与低技能劳动者技能属性存在本质差异，企业家才能的发展壮大是对传统低技能劳动比较优势的偏离。在夹缝中求生存的企业家才能的不断发展壮大，为制造业出口的转型升级注入了新活力和新动力。企业家才能具有较高的市场预见能力、市场适应能力、市场开发能力和市场创造能力，能够实现市场均衡的打破和再创造、创造性毁灭和资源配置效率改进，促进技术进步，推动制造业出口转型升级。

第七章利用2002—2017年省级面板数据详细考察了企业家才能对制造业出口转型升级的影响。实证结果表明，企业家才能显著促进了中国制造业出口产品技术复杂度的提高、产品质量提升和产品多样性的增加。从分技术层次来看，企业家才能对出口产品质量提升和产品多样性增加的促进效应随着技术水平的提高而递减。随着时间的推移，企业家才能对出口产品技术复杂度、产品质量和产品多样性的促进效应呈现递增趋势。由此可见，21世纪初开始的以海外归国人员和工程师为主体的第三次创业浪潮对中国制造业出口的转型升级产生了极大的促进作用，并且随着时间的推移，这种促进作用呈现出递增效应。因此，激发企业家才能，尤其是高质量型企业家才能，对中国制造业出口转型升级的促进作用将会越来越重要。

第二节 可供借鉴的中国经验

一 发展中国家既要注重传统低技能比较优势，又要培育新技能要素

发展中经济体在经济发展的初期需要发挥自身低技能劳动者丰裕这一比较优势，大力发展低技能劳动密集型产业，形成具有低成本、低价格的高国际竞争力的出口产业，实现制造业出口规模的快速发展。但是，随着经济发展的深入，低技能劳动者剩余将会逐渐减少，低技能劳动者这一比较优势也将会逐渐丧失。如果一味地依赖低技能劳动者，将会陷入低技能劳动比较优势陷阱和低端锁定。为了避免低技能劳动比较优势陷阱和低端锁定，实现制造业出口的转型升级，需要培育新技能，包括高技能劳动者和企业家才能。培育和发展高技能劳动者和企业家才能，不是在经济发展过程中的某一个时点才实施的，而是在经济发展过程中始终持续的培育高技能劳动者和企业家才能。当低技能劳动者剩余开始出现相对稀缺之时，则大规模地培育和壮大高技能劳动者和高质量型企业家才能。因此，发展中经济体要想实现制造业出口规模的迅速扩张到转型升级，需要首先遵循低技能劳动者丰裕这一比较优势，同时也要持续地供应高技能劳动者和企业家才能，只有当低技能劳动者出现相对稀缺时则需要大规模培育和壮大高技能劳动者和企业家才能。

二 注重发展高等教育事业，实现高技能劳动者持续供给

高技能劳动者具有更高的技能、更专业的知识，强化了其管理技能和创新技能，可以从事更复杂、更专业的工作，是技术进步、制造业出口转型升级的重要技能。在遵循低技能劳动比较优势的同时，不能放弃高等教育事业的发展，培育出高技能劳动者，满足制造业发展过程中对高技能劳动者的需求。高级技能劳动者则需要大力发展高等教育事业。因此，在发展过程中，需要注重发展高等教育事业，以促进更多的低技能劳动者转移至高技能劳动者。注重发展高等教育事业，不仅要单方面地增加高等教育资源的数量供给，包括扩大招生规模、增加高等教育的机构和师资力量，而且还要注重高等教育资源的质量供给，包括个性化的教学模式和课程设置、多样化的课程内容，也要更加注重高等教育中的基础科学课程的教授，包括数学、科学、物理等专业。高等教育事业的发展，既要实现劳动者由低技能转移至高技能，又要实现扩大高技能劳动者技能间的差距以促进高精尖端人才的出现。

三 建立健全市场体制机制，培育高质量型企业家才能

从市场体制机制来看，发展中经济体在经济发展的初始阶段表现为市场发育程度低、市场环境不健全、计划经济色彩浓厚等特点。在市场发育程度较低、市场环境不健全、计划经济色彩浓厚的情况下，缺乏有效的激励机制，个体的创新、创业活动受到制约，具备企业家才能的企业家精神无法得到发挥。随着市场发育程度的提高、市场环境的健全、计划经济逐渐淡化，激励机制发挥着越来越大的作用，个体的创新、创业活动能够得到最大化的发挥，具备企业家才能的企业家精神能够得到极大的释放。因此，在经济发展过程中，建立健全市场机制，形成有效的激励机制，为培育企业家精神提供基本的市场环境。同时，由于高质量型企业家精神具备更强的创新性，对转型升级的影响更为明显，因此随着转型升级的深入发展，

高质量型企业家精神需要得到不断的发挥。同时，在转型升级过程中，由于计划经济色彩往往依旧十分浓厚，有必要在社会中规避各种重伤企业家的言论，以为企业家提供另一个稳定的具有良好预期的市场环境。

四　坚持以人为本，促进人的全面发展

根据本书的研究结论可知，劳动者技能差异及其演化是中国制造业出口实现规模扩张和转型升级的重要原因。因此，归根结底，制造业之强源于内置于人的技能。人作为经济活动中的基本元素，人的发展程度极大地影响了发展中经济体制造业发展的程度。重视人的发展，是发展中经济体制造业发展程度重要根源。坚持以人为本，促进人的全面发展，不仅可以提高人的生活水平，更能够提高人的技能水平。人的技能水平的提高则又是制造业发展的根源。发展中经济体往往缺乏重视以人为本的理念，导致人的发展受到阻碍，既没有提高人的生活水平，又没有提高技能水平，最终阻碍了发展中经济体制造业的规模扩张和转型升级。坚持以人为本，促进人的全面发展，是发展中经济体制造业发展成功与否的重要理念。

第三节　研究不足与未来拓展的方向

一　研究不足之处

本书基于中国制造业出口由规模扩张到转型升级的成功演变历程考察技能比较优势变化对制造业出口转型升级的影响，该研究具有一定的理论和现实意义。与此同时，受限于时间、科研经费、数据资料等外部条件的约束，以及笔者学术水平和研究能力的内部约束，本书在指标界定、模型构建、数据获取等方面可能存在如下的不足之处：

第一，在界定技能异质性中，本书将企业家才能作为一种特殊

技能纳入技能异质性概念之中，虽然在一定程度上丰富了技能异质性内涵。但是本书第七章在衡量企业家才能时，借鉴既有文献的做法从宏观层面以企业家创业才能和企业家创新才能进行衡量。此种衡量方法虽然是无奈之举，但不得不承认的是这种衡量方法不够精准。

第二，本书第三章一般分析框架采用了图示方法进行文字分析，进而完成全文的一般分析框架。如果能够以数理模型的方式在比较优势理论分析框架下将技能异质性及其演变与制造业出口规模扩大和转型升级构建一般均衡分析的数理模型将会更好。但是由于内容较多、难度较大，而无法构建一般均衡分析的数理模型。

第三，数据获取不够完整。本书主要以省级层面数据和跨国层面数据为主，缺乏微观层面的大数据。虽然现有的工业企业数据库和海关数据库能够获得企业层面的微观大数据，但是工业企业数据只能获得规模以上企业的数据而无法获得规模以下企业的数据，海关数据只能获得企业出口数据而无法获得企业其他财务指标，从而限制了这两套数据在研究本书问题方面的作用。需要特别说明的是，第五章在考察低技能劳动者的出口规模扩大效应时应该采用1978—2017年的数据，但是相关出口数据只能获得2001年以后的数据，因此本书被迫只选择了2002—2017年的数据。

二 未来拓展的方向

前文从指标界定、模型构建、数据获取三个方面指出了本书研究中存在的不足之处，这些不足之处均为进一步研究的重要突破方向。除此之外，还可能存在如下一些可以拓展的方向：

首先，技能互补关系也可能会影响技能对制造业出口转型升级的影响。本书主要考察了三种技能彼此对制造业出口的规模扩大和转型升级的影响，尚未考察技能之间的互补关系在制造业出口的规模扩张和转型升级中的影响。关于技能互补关系，本书图3-1已经给出了一定的说明，但是依然相对薄弱。事实上，随着经济系统复杂性的提高，技能互补关系变得越来越重要。因此，技能互补关系对制造业出口的规模扩张和转型升级的影响，可以成为进一步拓展的方向之一。

其次，高技能劳动者内部的差异性。本书同质化了高等教育者，事实上高等教育者之间存在较大的异质性。一方面，高等教育者存在专业差异，有人文社科、理科、工科、医学等，不同的专业对制造业出口的转型升级存在一定的差异。另一方面，高等教育不仅包括本科，还包括硕士研究生和博士研究生。不同专业的不同教育层次的高技能劳动者对制造业出口的转型升级存在差异。高技能劳动者内部差异性在制造业出口的转型升级中的作用，可以成为进一步拓展的方向之一。

最后，不同类型的企业家才能对制造业出口转型升级的影响。企业家才能存在不同的类型，例如模仿型企业家才能、机会型企业家才能、创新型企业家才能等。不同类型的企业家具有不同水平的企业家才能，企业家才能要求越高，其企业家精神就越显著，产生的创造性毁灭程度就越高。因此，准确区分出不同类型的企业家才能，进而考察不同类型的企业家才能对制造业出口转型升级的影响，可以成为进一步拓展的方向之一。

附　　　录

附表1　　　　各地区高技能劳动者占比：1982—2017年　　　　单位:%

年份 地区	1982	1990	2000	2005	2010	2015	2017
北京	3.90	11.43	17.54	30.94	38.98	54.60	57.40
天津	1.74	5.86	9.44	14.80	21.56	35.70	35.90
河北	0.39	1.36	2.89	5.47	7.67	16.80	17.50
山西	0.49	1.84	3.74	7.92	10.71	21.70	22.40
内蒙古	0.49	2.10	4.08	10.34	12.44	18.90	21.90
辽宁	0.82	3.24	6.52	9.88	13.57	21.40	22.00
吉林	0.72	2.81	5.19	8.19	10.64	17.20	18.30
黑龙江	0.59	2.80	5.07	8.64	10.17	19.30	17.80
上海	2.61	8.13	1.14	21.99	28.25	45.50	48.30
江苏	0.51	2.07	4.14	7.62	11.96	25.00	27.20
浙江	0.36	1.64	3.40	6.48	11.49	26.00	28.70
安徽	0.33	1.46	2.49	4.97	7.52	14.10	13.30
福建	0.55	1.80	3.16	6.85	9.98	19.00	19.90
江西	0.40	1.46	2.82	5.44	7.17	13.80	12.30
山东	0.28	1.40	3.55	5.08	8.86	16.20	16.70
河南	0.28	1.23	2.88	5.07	6.86	14.10	13.60
湖北	0.50	2.25	4.12	5.97	9.16	17.80	17.20
湖南	0.37	1.54	3.12	5.59	7.90	15.90	17.40
广东	0.41	1.81	3.88	7.54	10.81	19.60	20.40
广西	0.33	1.10	2.59	5.11	7.38	14.80	14.00
海南		1.81	3.49	7.01	9.13	15.20	15.60

续表

年份 地区	1982	1990	2000	2005	2010	2015	2017
重庆				5.52	10.34	19.80	20.60
四川	0.34	1.34	2.68	4.20	6.91	13.20	14.10
贵州	0.36	1.36	2.16	4.53	7.12	10.20	10.70
云南	0.29	1.43	2.23	3.88	6.56	10.70	10.20
西藏	0.44	2.25	1.45	0.91	7.10	10.30	12.20
陕西	0.70	2.52	4.50	7.63	10.48	19.40	21.90
甘肃	0.49	2.01	2.92	5.78	8.20	14.40	15.00
青海	0.77	2.75	3.59	10.05	11.52	18.60	20.30
宁夏	0.61	2.71	4.11	9.88	12.73	20.30	22.80
新疆	0.55	2.66	5.63	12.26	13.86	24.30	25.00

资料来源：1982年、1990年和2000年数据来源于第三次、第四次和第五次人口普查数据，2005—2017年的数据来源于《中国劳动统计年鉴》。

附表2　　　　　制造业 HS 编码及其制造业名称

HS 编码	制造业	HS 编码	制造业
28	无机化学品；贵金属、稀土金属	35	蛋白类物质；改性淀粉；胶；酶
29	有机化学品	36	炸药、烟火制品；引火合金；易燃材料制品
30	药品	37	照相及电影用品
31	肥料	38	杂项化学产品
32	鞣料浸膏及染料浸膏；鞣酸及其衍生物；染料、颜料及其他着色料；油漆及清漆；油灰及其他类似胶粘剂；墨水	39	塑料及其制品
33	精油及香膏；芳香料制品及化妆盥洗品	40	橡胶及其制品
34	肥皂、有机表面活性剂、洗涤剂、润滑剂、人造蜡、调制蜡、光洁剂、蜡烛及类似品、塑型用膏、牙科	41	生皮（毛皮除外）及皮革

续表

HS 编码	制造业	HS 编码	制造业
42	皮革制品；鞍具及及挽具；旅行用品、手提包及类似容器；动物肠线（蚕胶丝除外）制品	62	非针织或非钩编的服装及衣着附件
43	毛皮、人造毛皮及其制品	63	其他纺织制成品；成套物品；旧衣着及旧纺织品；碎织物
44	木及木制品；木炭	64	鞋靴、护腿和类似品及其零件
45	软木及软木制品	65	帽类及其零件
46	稻草、秸秆、针茅或其他编结材料制品；篮筐及柳条编结品	66	雨伞、阳伞、手杖、鞭子、马鞭及其零件
47	木浆及其他纤维状纤维素浆；回收（废碎）纸及纸板	67	已加工羽毛、羽绒及其制品；人造花；人发制品
48	纸及纸板；纸浆、纸或纸板制品	68	石料、石膏、水泥、石棉、云母及类似材料的制品
49	书籍、报纸、印刷图画及其他印刷品；手稿、打字稿及设计图纸	69	陶瓷产品
50	蚕丝	70	玻璃及其制品
51	羊毛、动物细毛或粗毛；马毛纱线及其机织物	71	天然或养殖珍珠、宝石或半宝石、贵金属、包贵金属及其制品；仿首饰；硬币
52	棉花	72	钢铁
53	其他植物纺织纤维；纸纱线及其机织物	73	钢铁制品
54	化学纤维长丝；化学纤维纺织材料制扁条及类似品	74	铜及其制品
55	化学纤维短纤	75	镍及其制品
56	絮胎、毡呢及无纺织物；特种纱线；线、绳、索、缆及其制品	76	铝及其制品
57	地毯及纺织材料的其他铺地制品	78	铅及其制品
58	特种机织物；簇绒织物；花边；装饰毯；装饰带；刺绣品	79	锌及其制品
60	针织物及钩编织物	80	锡及其制品
61	针织或钩编的服装及衣着附件	81	其他贱金属、金属陶瓷及其制品

续表

HS 编码	制造业	HS 编码	制造业
82	贱金属工具、器具、利口器、餐匙、餐叉及其零件	90	光学、照相、电影、计量、检验、医疗或外科用仪器及设备、精密仪器及设备；上述物品的零件、附件
83	贱金属杂项制品	91	钟表及其零件
84	核反应堆、锅炉、机器、机械器具及零件	92	乐器及其零件、附件
85	电机、电气设备及其零件；录音机及放声机、电视图像、声音的录制和重放设备及其零件、附件	94	家具；寝具、褥垫、弹簧床垫、软坐垫及类似的填充制品；未列名灯具及照明装置；发光标志、发光铭牌及类化?
86	铁道及电车道机车、车辆及其零件；铁道及电车道轨道固定装置及其零件；附件；各种机械（包括电动机械）	95	玩具、游戏品、运动用品及其零件、附件
87	车辆及其零件、附件，但铁道及电车道车辆除外	96	杂项制品
88	航空器、航天器及其零件	98	特殊交易品及未分类商品
89	船舶及浮动结构体		

附表3　　HS 编码中排除的商品及其编码

HS 编码	商品	HS 编码	商品
4103	其他生皮	7201	生铁及镜铁，锭、块或其他初级形状
4104	经鞣制的不带毛牛皮、马皮及其坯革	7202	铁合金
4105	经鞣制的不带毛绵羊或羔羊皮及其坯革	7204	钢铁废碎料；供再熔的碎料钢铁锭
4106	经鞣制的不带毛动物皮及其坯革	7404	铜废碎料
4402	木炭，不论是否结块	7501	镍锍、氧化镍烧结物及镍冶炼的其他中间产品
4403	原木，不论是否去皮、去边材或粗锯成方	7502	未锻轧镍

续表

HS 编码	商品	HS 编码	商品
7503	镍废碎料	8106	铋及其制品，包括废碎料
7601	未锻轧铝	8107	镉及其制品，包括废碎料
7602	铝废碎料	8108	钛及其制品，包括废碎料
7801	未锻轧铅	8109	锆及其制品，包括废碎料
7901	未锻轧锌	8110	锑及其制品，包括废碎料
7902	锌废碎料	8111	锰及其制品，包括废碎料
8001	未锻轧锡	8112	铍、铬、锗、钒、镓、铪、铟、铼、铌、铊及其制品，废料
530521	生的蕉麻	8113	金属陶瓷及其制品，包括废碎料
811252	铊废碎料	9701	油画、粉画及其他手绘画等
8002	锡废碎料	9702	雕版画、印制画、石印画的原本
8101	钨及其制品，包括废碎料	9703	各种材料制的雕塑品原件
8102	钼及其制品，包括废碎料	9704	使用过或未使用过的邮票、印花税票、邮戳印记、首日封、邮政信笺（印有邮票的纸品）及类似品
8103	钽及其制品，包括废碎料	9705	收集品及珍藏品
8104	镁及其制品，包括废碎料	9706	超过一百年的古物
8105	钴锍及其他中间产品；钴及其制品，包括废碎料		

资料来源：芬斯特拉、魏尚进：《全球贸易中的中国角色》，北京大学出版社 2013 年版，王直、魏尚进《中国出口技术复杂度上升因素分析》2013 年第 2 章。

附表 4　　　　　　　　　　国家地区名录

亚洲	欧洲	美洲	非洲	大洋洲
阿富汗	比利时	安提瓜和巴布达	阿尔及利亚	澳大利亚
巴林	丹麦	阿根廷	安哥拉	库克群岛
孟加拉国	英国	阿鲁巴岛	贝宁	斐济
不丹	德国	巴哈马	博茨瓦纳	盖比群岛
文莱	法国	巴巴多斯	布隆迪	马克萨斯群岛
缅甸	爱尔兰	伯利兹	喀麦隆	瑙鲁

续表

亚洲	欧洲	美洲	非洲	大洋洲
柬埔寨	意大利	玻利维亚	加那利群岛	新喀里多尼亚
塞浦路斯	卢森堡	博内尔	佛得角	瓦努阿图
朝鲜	荷兰	巴西	中非	新西兰
中国香港	希腊	开曼群岛	塞卜泰（休达）	诺福克岛
印度	葡萄牙	智利	乍得	巴布亚新几内亚
印度尼西亚	西班牙	哥伦比亚	科摩罗	社会群岛
伊朗	阿尔巴尼亚	多米尼克	刚果（布）	所罗门群岛
伊拉克	安道尔	哥斯达黎加	吉布提	汤加
以色列	奥地利	古巴	埃及	土阿莫土群岛
日本	保加利亚	库腊索岛	赤道几内亚	土布艾群岛
约旦	芬兰	多米尼加共和国	埃塞俄比亚	萨摩亚
科威特	直布罗陀	厄瓜多尔	加蓬	基里巴斯
老挝	匈牙利	法属圭亚那	冈比亚	图瓦卢
黎巴嫩	冰岛	格林纳达	加纳	密克罗尼西亚联邦
澳门	列支敦士登	瓜德罗普岛	几内亚	马绍尔群岛共和国
马来西亚	马耳他	危地马拉	几内亚比绍	帕劳共和国
马尔代夫	摩纳哥	圭亚那	科特迪瓦共和国	法属波利尼西亚
蒙古国	挪威	海地	肯尼亚	瓦利斯和浮图纳
尼泊尔	波兰	洪都拉斯	利比里亚	
阿曼	罗马尼亚	牙买加	利比亚	
巴基斯坦	圣马力诺	马提尼克岛	马达加斯加	
巴勒斯坦	瑞典	墨西哥	马拉维	
菲律宾	瑞士	蒙特塞拉特	马里	
卡塔尔	爱沙尼亚	尼加拉瓜	毛里塔尼亚	
沙特阿拉伯	拉脱维亚	巴拿马	毛里求斯	
新加坡	立陶宛	巴拉圭	摩洛哥	
韩国	格鲁吉亚	秘鲁	莫桑比克	
斯里兰卡	亚美尼亚	波多黎各	纳米比亚	
叙利亚	阿塞拜疆	萨巴	尼日尔	
泰国	白俄罗斯	圣卢西亚	尼日利亚	
土耳其	摩尔多瓦	圣马丁岛	留尼汪	

续表

亚洲	欧洲	美洲	非洲	大洋洲
阿拉伯联合酋长国	俄罗斯联邦	圣文森特和格林纳丁斯	卢旺达	
也门共和国	乌克兰	萨尔瓦多	圣多美和普林西比	
越南	斯洛文尼亚	苏里南	塞内加尔	
中华人民共和国	克罗地亚	特立尼达和多巴哥	塞舌尔	
中国台湾省	捷克	特克斯和凯科斯群岛	塞拉利昂	
东帝汶	斯洛伐克	乌拉圭	索马里	
哈萨克斯坦	前南斯拉夫马其顿	委内瑞拉	南非	
吉尔吉斯斯坦	波斯尼亚—黑塞哥维那	英属维尔京群岛	西撒哈拉	
塔吉克斯坦	梵蒂冈城国	圣其茨和尼维斯	苏丹	
土库曼斯坦	法罗群岛	圣皮埃尔和密克隆	坦桑尼亚	
乌兹别克斯坦	塞尔维亚	荷属安地斯群岛	南苏丹	
	黑山	拉丁美洲其他国家（地区）	多哥	
	塞尔维亚和黑山	加拿大	突尼斯	
		美国	乌干达	
		格陵兰	布基纳法索	
		百慕大群岛	刚果（金）	
		北美洲其他国家（地区）	赞比亚	
		联合国及机构和国际组织	津巴布韦	
			莱索托	
			梅利利亚	
			斯威士兰	
			厄立特里亚	
			马约特岛	

参考文献

［德］马克思：《资本论》（第一卷），中共中央马克思恩格斯列宁斯大林著作编译局译，人民出版社 2004 年版。

［美］巴里·诺顿：《中国经济：转型与增长》，安佳译，上海人民出版社 2010 年版。

［英］庇古：《福利经济学》，朱泱等译，商务印书馆 2006 年版。

［英］大卫·李嘉图：《政治经济学及赋税原理》，周洁译，华夏出版社 2013 年版。

［英］亚当·斯密：《国民财富的性质及其原因的研究》，郭大力、王亚南译，商务印书馆 1997 年版。

安佳：《国际贸易理论——从产业革命到网络经济》，商务印书馆 2012 年版。

蔡昉：《人口转变、人口红利与刘易斯转折点》，《经济研究》2010 年第 4 期。

蔡昉：《中国改革成功经验的逻辑》，《中国社会科学》2018 年第 1 期。

蔡昉：《刘易斯转折点——中国经济发展阶段的标识性变化》，《经济研究》2022 年第 1 期。

蔡昉、都阳：《工资增长、工资趋同与刘易斯转折点》，《经济学动态》2011 年第 9 期。

蔡继明、李亚鹏：《劳动异质性与价值决定》，《经济学动态》

2011 年第 4 期。

蔡继明：《从狭义价值论到广义价值论》，格致出版社、上海三联出版社、上海人民出版社 2010 年版。

陈柏峰：《中国法治社会的结构及其运行机制》，《中国社会科学》2019 年第 1 期。

陈钊、熊瑞祥：《比较优势与产业政策效果——来自出口加工区准实验的证据》，《管理世界》2015 年第 8 期。

程锐等：《人力资本结构演进与中国经济增长——来自省际层面的经验证据》，《商业研究》2019 年第 1 期。

程锐等：《企业家精神、要素配置效率与制造业出口升级》，《产业经济研究》2019 年第 6 期。

程锐、马莉莉：《高级人力资本扩张与制造业出口产品质量升级》，《国际贸易问题》2020 年第 8 期。

程锐、马莉莉：《人力资本结构高级化与出口产品质量升级——基于跨国面板数据的实证分析》，《国际经贸探索》2019 年第 4 期。

程锐、马莉莉：《市场化改革、金融发展与企业家精神》，《北京工商大学学报》（社会科学版）2019 年第 4 期。

程锐：《企业家精神与区域内收入差距：效应与影响机制分析》，《经济管理》2019 年第 6 期。

程锐：《市场化进程、企业家精神与地区经济发展差距》，《经济学家》2016 年第 8 期。

戴魁早：《技术市场发展对出口技术复杂度的影响及其作用机制》，《中国工业经济》2018 年第 7 期。

戴翔、金碚：《产品内分工、制造质量与出口技术复杂度》，《经济研究》2014 年第 7 期。

戴翔等：《中国制造业出口如何突破"天花板约束"》，《统计研究》2018 年第 6 期。

戴翔、李洲：《全球价值链下中国制造业国际竞争力再评估——基于 Koopman 分工地位指数的研究》，《上海经济研究》2017 年第

8期。

戴翔、刘梦:《人才何以成为红利——源于价值链攀升的证据》,《中国工业经济》2018年第4期。

戴翔、张二震:《要素分工与国际贸易理论新发展》,人民出版社2017年版。

段亚丁、车维汉:《国外李嘉图比较优势理论实证研究之评述》,《国际贸易问题》2014年第4期。

樊纲:《"发展悖论"与"发展要素"——发展经济学的基本原理与中国案例》,《经济学动态》2019年第6期。

高师岸根:《李嘉图国际贸易理论中的劳动价值论》,《经济资料译丛》1983年第2期。

高运胜、杨阳:《全球价值链重构背景下我国制造业高质量发展目标与路径研究》,《经济学家》2020年第10期。

高照军、武常岐:《制度理论视角下的企业创新行为研究——基于国家高新区企业的实证分析》,《科学学研究》2014年第10期。

郭界秀:《比较优势理论研究新进展》,《国际贸易问题》2013年第3期。

郭凯明等:《人口转变、企业家精神与经济增长》,《经济学(季刊)》2016年第3期。

何有良、陆文香:《企业家精神与中国制造业企业出口持续时间》,《国际商务》(对外经济贸易大学学报)2018年第4期。

胡浩然:《产业政策如何影响出口企业绩效——基于出口加工区企业样本的准自然实验》,《国际贸易问题》2018年第12期。

胡永刚、石崇:《扭曲、企业家精神与中国经济增长》,《经济研究》2016年第7期。

黄玖立等:《经济特区、契约制度与比较优势》,《管理世界》2013年第11期。

黄亮雄等:《商事制度改革有效激发创业了吗?——来自地级市的证据》,《财经研究》2020年第2期。

黄群慧：《改革开放40年中国的产业发展与工业化进程》，《中国工业经济》2018年第9期。

蒋殿春、张宇：《经济转型与外商直接投资技术溢出效应》，《经济研究》2008年第7期。

李菲菲：《加工贸易和一般贸易的差异性研究——基于对我国产业结构升级影响的角度》，博士学位论文，山东大学，2012年。

李福柱等：《中国制造业出口技术复杂度的区域差异及收敛性研究》，《数量经济技术经济研究》2022年第4期。

李宏彬等：《企业家的创业与创新精神对中国经济增长的影响》，《经济研究》2009年第10期。

李建伟：《中国经济增长四十年回顾与展望》，《管理世界》2018年第10期。

李静：《初始人力资本匹配、垂直专业化与产业全球价值链》，《世界经济研究》2015年第1期。

李静萍：《经济全球化对中国经济增长的贡献分析》，《经济理论与经济管理》2001年第7期。

李力行、申广军：《经济开发区、地区比较优势与产业结构调整》，《经济学》（季刊）2015年第3期。

李平、姜丽：《贸易自由化、中间品进口与中国技术创新——1999—2012年省级面板数据的实证研究》，《国际贸易问题》2015年第7期。

李伟、贺灿飞：《企业所有制结构与中国区域产业演化路径》，《地理研究》2021年第5期。

李小平、李小克：《企业家精神与地区出口比较优势》，《经济管理》2017年第9期。

李政：《新时代企业家精神：内涵、作用于激发保护策略》，《社会科学辑刊》2019年第1期。

梁文泉、陆铭：《城市人力资本的分化：探索不同技能劳动者的互补和空间集聚》，《经济社会体制比较》2015年第3期。

林毅夫等:《中国的奇迹:发展战略与经济改革》,上海三联书店、上海人民出版社 1994 年版。

林毅夫等:《区域型产业政策与企业生产率》,《经济学》(季刊) 2018 年第 2 期。

林毅夫:《产业政策与我国经济的发展:新结构经济学的视角》,《复旦学报》(社会科学版) 2017 年第 2 期。

林毅夫:《新结构经济学:反思经济发展与政策的理论框架》,北京大学出版社 2014 年版。

刘会武:《国家高新区创新发展理论与实践》,科学出版社 2019 年版。

刘晴:《新新贸易理论视角下中国出口企业转型升级研究》,格致出版社、上海人民出版社 2015 年版。

刘守英、杨继东:《中国产业升级的演进与政策选择——基于产品空间的视角》,《管理世界》2019 年第 6 期。

刘伟、张立元:《经济发展潜能与人力资本质量》,《管理世界》2020 年第 1 期。

刘伟丽等:《制造业出口质量升级的跨国比较》,《学术研究》2017 年第 12 期。

刘友金、黄鲁成:《产业群集的区域创新优势与我国高新区的发展》,《中国工业经济》2001 年第 2 期。

刘友金、曾小明:《房产税对产业转移的影响:来自重庆和上海的经验证据》,《中国工业经济》2018 年第 11 期。

刘渝琳、刘明:《开放经济条件下政府的优惠投资政策与区域经济发展差异》,《世界经济研究》2011 年第 6 期。

刘志阳:《改革开放四十年企业家精神的演进》,《人民论坛》2018 年第 35 期。

刘智勇等:《人力资本结构高级化与经济增长——兼论东中西部地区差距的形成和缩小》,《经济研究》2018 年第 3 期。

隆国强:《全球化背景下的产业升级新战略——机遇全球生产价

值链的分析》,《国际贸易》2007 年第 7 期。

卢锋:《中国农民工工资走势:1979—2010》,《中国社会科学》2012 年第 7 期。

鲁晓东:《出口转型升级:政府补贴是一项有效的政策吗?》,《国际经贸探索》2015 年第 10 期。

鲁晓东:《技术升级与中国出口竞争力变迁:从微观向宏观的弥合》,《世界经济》2014 年第 8 期。

陆铭等:《城市规模与包容性就业》,《中国社会科学》2012 年第 10 期。

毛其淋、盛斌:《贸易自由化、企业异质性与出口动态——来自中国微观企业数据的证据》,《管理世界》2013 年第 3 期。

毛其淋:《人力资本推动中国加工贸易升级了吗?》,《经济研究》2019 年第 1 期。

毛琪淋、方森辉:《创新驱动与中国制造业企业出口技术复杂度》,《世界经济与政治论坛》2018 年第 2 期。

裴长、刘斌:《中国开放经济学:构建阐释中国开放成就的经济理论》,《中国社会科学》2020 年第 2 期。

钱学峰:《国际贸易与产业集聚互动机制研究》,格致出版社 2010 年版。

钱颖一、王子晨:《大学育人,要提"均值"减"方差"》,《理论建设》2016 年第 6 期。

钱颖一:《国企不缺企业家精神》,《资本市场》2016 考年第 3 期。

邱均平等:《高等教育质量发展指数的国内外比较研究》,《教育与经济》2019 年第 4 期。

曲如晓、臧睿:《自主创新、外国技术溢出与制造业出口产品质量升级》,《中国软科学》2019 年第 5 期。

邵敏、包群:《政府补贴与企业生产率——基于我国工业企业的经验分析》,《中国工业经济》2012 年第 7 期。

邵文波等:《人力资本结构、技能匹配与比较优势》,《经济评论》2014 年第 1 期。

盛斌、毛其淋：《进口贸易自由化是否影响了中国制造业出口技术复杂度》，《世界经济》2017 年第 12 期。

盛斌：《中国对外贸易政策的政治经济学分析》，上海三联书店、上海人民出版社 2002 年版。

施炳展、邵文波：《中国企业出口产品质量测算及其决定因素——培育出口竞争新优势的微观视角》，《管理世界》2014 年第 9 期。

施炳展等：《中国出口产品品质测度及其决定因素》，《世界经济》2013 年第 9 期。

施炳展：《中国企业出口产品质量异质性：测度与事实》，《经济学（季刊）》2013 年第 1 期。

宋渊洋、赵嘉欣：《地区社会信任能促进个体创业吗？——来自全球 31 个国家的经验证据》，《研究与发展管理》2020 年第 2 期。

苏理梅等：《贸易自由化是如何影响我国出口产品质量的？——基于贸易政策不确定性下降的视角》，《财经研究》2016 年第 4 期。

孙佳等：《中国制造业产品质量：基于技术含量视角的实证分析》，《宏观质量研究》2022 年第 2 期。

孙敬水、丁宁：《企业异质性、劳动力异质性与技能工资差距》，《商业经济与管理》2019 年第 8 期。

孙天阳等：《港口管理"放管服"改革与出口结构升级》，《世界经济》2022 年第 3 期。

孙早、刘李华：《社会保障、企业家精神与内生经济增长》，《统计研究》2019 年第 1 期。

谭静、张建华：《国家高新区推动城市全要素生产率增长了吗？——基于 277 个城市的"准自然实验"分析》，《经济与管理研究》2018 年第 9 期。

田国强、陈旭东：《中国改革：历史、逻辑和未来》，中信出版社 2016 年版。

田巍等:《人口结构与国际贸易》,《经济研究》2013年第11期。

铁瑛等:《人口结构转型、人口红利演进与出口增长——来自中国城市层面的经验证据》,《经济研究》2019年第5期。

铁瑛、张明志:《人口结构、企业出口与加工贸易:微观机理与经验证据》,《财贸经济》2017年第7期。

汪伟、咸金坤:《人口老龄化与家庭创业决策》,《中国人口科学》2020年第1期。

王海成等:《国有企业改制是否会提升出口产品质量》,《世界经济》2019年第3期。

王利明:《新时代中国法治建设的基本问题》,《中国社会科学》2018年第1期。

王鹏等:《国家高新区的设立能否推动城市产业结构优化升级?——基于PSM—DID方法的实证分析》,《经济社会体制比较》2019年第4期。

王思语、郑乐凯:《制造业服务化是否促进了出口产品升级——基于出口产品质量和出口技术复杂度双重视角》,《国际贸易问题》2019年第11期。

王永进等:《基础设施如何提升出口技术复杂度》,《经济研究》2010年第7期。

王直、魏尚进:《中国出口技术复杂度上升因素分析》,载罗伯特·芬斯特拉、魏尚进《全球贸易中的中国角色》,鞠建东、余淼杰译,北京大学出版社2013年版。

韦倩等:《中国沿海地区的崛起:市场的力量》,《经济研究》2014年第8期。

吴敬琏:《企业家精神的本质和核心就是创新精神》,《商业观察》2018年第3期。

夏怡然、陆铭:《跨越世纪的城市人力资本足迹——历史遗产、政策冲击和劳动力流动》,《经济研究》2019年第1期。

向铁梅、黄静波：《国民经济行业分类与国际标准行业分类中制造业分类的比较分析》，《对外经贸实物》2008年第8期。

谢子远、鞠方辉：《产业集群对我国区域创新效率的影响——来自国家高新区的证据》，《科学学与科学技术管理》2011年第7期。

熊捷：《异质性劳动力、就业匹配与收入差距——基于劳动力异质性和市场异质性的匹配》，博士学位论文，重庆大学，2014年。

许昌平：《出口经验对出口学习效应的影响研究——基于企业所有制异质性的视角》，《财经论丛》2014年第9期。

许家云、徐莹莹：《政府补贴是否影响了企业全球价值链升级——基于出口国内附加值的视角》，《财经研究》2019年第9期。

杨畅等：《发展的困局：贸易推动下的高新区绩效》，《数量经济技术经济研究》2013年第9期。

杨红丽、陈钊：《外商直接投资水平溢出的间接机制：基于上游供应商的研究》，《世界经济》2015年第3期。

杨小凯：《经济学：新兴古典与新古典框架》，社会科学文献出版社2003年版。

杨轶清：《企业家能力来源及其生成机制——基于浙商"低学历高效率"创业现象的实证分析》，《浙江社会科学》2009年第11期。

姚洋、余淼杰：《中国的劳动力、人口和出口导向的增长模式》，《金融研究》2009年第9期。

姚洋、张晔：《中国出口品国内技术含量升级的动态研究——来自全国及江苏省、广东省的证据》，《中国社会科学》2008年第2期。

姚瑶、赵英军：《全球价值链演进升级的内生动力与微观机制——人力资本配置的"结构效应"与"中介效应"》，《浙江社会科学》2015年第11期。

余淼杰：《加工贸易与中国企业生产率：企业异质性理论和实证研究》，北京大学出版社2013年版。

余淼杰：《贸易开放与中国经济发展》，北京大学出版社2016

年版。

余淼杰：《中国的贸易自由化与制造业企业生产率》，《经济研究》2010 年第 12 期。

余淼杰：《中国对外贸易的奇迹：40 年开放强国之路》，格致出版社 2018 年版。

袁欣、张辰利：《加工贸易的本质——从产业链和生产要素的分析视角》，《国际经贸探索》2014 年第 6 期。

岳云霞：《中国对外贸易 70 年：量质并进》，China Economist 2019 年第 4 期。

张国强等：《中国人力资本、人力资本结构与产业结构升级》，《中国人口·资源与环境》2011 年第 10 期。

张健、鲁晓东：《产业政策是否促进了中国企业出口转型升级》，《国际贸易问题》2018 年第 5 期。

张杰等：《政府补贴、市场竞争与出口产品质量》，《数量经济技术经济研究》2015 年第 4 期。

张明志、吴俊涛：《人口老龄化对中国制造业行业出口的影响研究》，《国际贸易问题》2019 年第 8 期。

张鹏杨等：《产业政策促进全球价值链升级的有效性研究——基于出口加工区的准自然实验》，《金融研究》2019 年第 5 期。

张维迎、王勇：《企业家精神与中国经济》，中信出版社 2019 年版。

张维迎：《企业的企业家——契约理论》，格致出版社、上海三联书店、上海人民出版社 2016 年版。

张先锋等：《劳动力市场灵活性是否提升了出口技术复杂度》，《财贸研究》2018 年第 3 期。

张玉利、谢巍：《改革开放、创业与企业家精神》，《南开管理评论》2018 年第 5 期。

张云亮等：《风险态度对中国城乡家庭创业的影响分析——来自中国家庭金融调查 3 期面板数据的证据》，《财经研究》2020 年第

3 期。

张宇燕：《中国对外开放的理念、进程与逻辑》，《中国社会科学》2018 年第 11 期。

郑展鹏、王洋东：《国际技术溢出、人力资本与出口技术复杂度》，《经济学家》2017 年第 1 期。

周茂等：《人力资本扩张与中国城市制造业出口升级：来自高校扩招的证据》，《管理世界》2019 年第 5 期。

周茂等：《开发区设立与地区制造业升级》，《中国工业经济》2018 年第 3 期。

周其仁：《中国制造业跟过去的发展轨迹告别》，《北京日报》2016 年 7 月 18 日。

庄子银：《企业家精神、持续技术创新和长期经济增长的微观机制》，《世界经济》2005 年第 12 期。

臧旭恒、赵明亮：《垂直专业化分工与劳动力市场就业结构：基于中国工业行业面板数据的分析》，《中国工业经济》2011 年第 6 期。

滕堂伟等：《集群创新与高新区转型》，科学出版社 2009 年版。

Abadie A. and J. Gardeazabal, "The Economic Costs of Conflict: A Case Study of the Basque Country", *American Economic Review*, Vol. 93, No. 1, 2003, pp. 113-132.

Abadie A., et al., "Synthetic Control Methods for Comparative Case Studies: Estimating the Effect of California's Tobacco Control Program", *Journal of the American Statical Association*, Vol. 105, No. 490, 2010, pp. 493-505.

Acemoglu D., *Introduction to Modern Economic Growth*, Princeton, N. J.: Princeton University Press, 2009.

Acemoglu D. and Dell M., "Productivity Differences between and within Countries", *American Economic Journal: Macroeconomics*, Vol. 2, No. 1, 2010, pp. 169-188.

Aghion P. and Howitt P. , "A Model of Growth through Creative Destruction", *Econometrica*, Vol. 60, No. 2, 1992, pp. 323-351.

Alfonso Cebreros Zurita Carlos, "Labor Heterogeneity and the Pattern of Trade", *Banco de Mexico, Ciudad de Mexico Working Papers*, No. 2018-01.

Anderson J. E. and Wincoop E. V. , "Gravity with Gravitas: A Solution to the Border Puzzle", *American Economic Review*, Vol. 93, No. 1, 2003, pp. 170-192.

Arellano M. and Bond S. , "Some Tests of Specification for Panel Data: Monte Carlo Evidence and an Application to Employment Equations", *Review of Economic Studies*, Vol. 58, No. 2, 1992, pp. 277-297.

Asuyama Y. , "Skill Distribution and Comparative Advantage: A Comparison of China and India", *World Development*, Vol. 40, No. 5, 2012, pp. 956-969.

Balassa Bela. , "An Empirical Demonstration of Classical Comparative Cost Theory", *Review of Economics and Statistics*, Vol. 45, No. 3, 1963, pp. 231-238.

Balassa Bela. , "Trade Liberalization and Revealed Comparative Advantage", *The Manchester School of Economic and Social Studies*, Vol. 33, No. 2, 1965, pp. 99-123.

Barro Robert J. and Sala-i-Martin Xavier, *Economic Growth (Second Edition)*, Cambridge: Massachusetts Institute of Technology, 2004.

Baumol W. J. , "Entrepreneurship: Productive, Unproductive and Destructive", *Journal of Political Economy*, Vo. 98, No. 5, 1990, pp. 893-921.

Bernard A. B. , et al. , "Comparative Advantage and Heterogeneous Firms", *The Review of Economic Studies*, Vol. 74, No. 1, 2007, pp. 31-66.

Bernard A. B. , "Jonathan Eaton, J. Bradford Jensen and Samuel

Kortum. PlanJts and Productivity in International Trade", *The American Economic Review*, Vol. 93, No. 4, 2003, pp. 1268–1290.

Bjrnskov C. and Foss N. J., "Do Economic Freedom and Entrepreneurship Impact Total Factor Productivity?", *SMG Working Paper* No. 8, 2010.

Bloom D. E. and Williamson J. G., "Demographic Transitions and Economic Miracles in Emerging Asia", *World Bank Economic Review*, Vol. 12, No. 3, 1998, pp. 419–455.

Blundell R. and Bond S., "Initial Conditions and Moment Restrictions in Dynamic Panel Data Models", *Journal of Econometrics*, Vol. 87, No. 1, 1998, pp. 115–143.

Bombardini M., et al., "Skill Dispersion and Trade Flows", *American Economic Review*, Vol. 102, No. 5, 2012, pp. 2327–2348.

Bombardini M., et al., "Unobservable Skill Dispersion and Comparative Advantage", *Journal of International Economics*, Vol92, No. 2, 2014, pp. 317–329.

Bombardini Matilde., et al., "Ricardian Trade and the Impact of Domestic Competition on Export Performance", *Canadian Journal of Economics*, Vol. 45, No. 2, 2012, pp. 585–612.

Bougheas S. and Riezman R., "Trade and the Distribution of Human Capital", *Journal of International Economics*, Vol. 73, No. 2, 2007, pp. 421–433.

Bougheas S., Riezman R., *Trade and the Distribution of Human Capital*, International Trade Agreements and Political Economy. 2013, pp. 395–407.

Klein Roger W., "A Dynamic Theory of Comparative Advantage", *The American Economic Review*, Vol. 63, No. 1, 1973, pp. 173–184.

Cypher James M. and Dietz James L., "Static and Dynamic Comparative Advantage: A Multi–Period Analysis with Decling Terms of

Trade", *Journal of Economics Issues*, No. 2, 1998, pp. 305-314.

Hanson G. H., et al., "The Dynamics of Comparative Advantage", *National Bureau of Economic Research*, *Working Paper*, No. 21753, 2015.

Cabral M. H. and Veiga P., "Determinants of Export Diversification and Sophistication in Sub-Saharan Africa", *FEUNL Working Paper Series*, No. 550, 2010.

Cabral M., et al., "Does Skill Content Explain Total Trade and Intra-Industry Trade?", *Oxford Bulletin of Economics and Statistics*, Vol. 71, No. 5, 2009, pp. 601-619.

Cadot O., et al., "Export Diversification: What's Behind the Hump?", *Review of Economics and Statistics*, Vol. 93, No. 2, 2011, pp. 590-605.

Cai J. and Stoyanov A., "Population Aging and Comparative Advantage", *Journal of International Economics*, Vol. 102, 2016, pp. 1-21.

Che Y., and Zhang L., "Human Capital, Technology Adoption and Firm Performance: Impacts of China's Higher Education Expansion in the Late 1990s", *The Economic Journal*, Vol. 128, No. 614, 2018, pp. 2282-2320.

Chen Cheng, et al., "Outward FDI and Domestic Input Distortions: Evidence from Chinese Firms", *The Economic Journal*, Vol. 129, No. 624, 2019, pp. 3025-3057.

Cheung K. and Ping L., "Spillover Effects of FDI on Innovation in China: Evidence from the Provincial Data", *China Economic Review*, Vol. 15, No. 1, 2004, pp. 25-44.

Cho Y. S., "The Mediating Effect of Learning Competence between the Entrepreneurship and Export Performance of International New Ventures in Global Trade Environment", 통상정보연구, Vol. 16, No. 2, 2014, pp. 23-44.

Chor D. , "Unpacking Sources of Comparative Advantage: A Quantitative Approach", *Journal of International Economics*, Vol. 82, No. 2, 2010, pp. 152-167.

Clarida R. H. and Findlay R. , "Government, Trade, and Comparative Advantage", *The American Economic Review*, Vol. 82, No. 2, 1992, pp. 122-127.

Crafts N. F. R. and Thomas M. , "Comparative advantage in UK manufacturing trade, 1910 - 1935", *The Economic Journal*, Vol. 96, No. 383, 1986, pp. 629-645.

Costinot A. , "On the Origins of Comparative Advantage", *Journal of International Economics*, Vol. 77, No. 2, 2009, pp. 255-264.

Costinot A. , et al. , "What Goods do Countries Trade? A Quantitative Exploration of Ricardo's Ideas", *The Review of Economic Studies*, Vol. 79, No. 2, 2012, pp. 581-608.

Costinot A. and Dave Donaldson. , "Ricardio's Theory of Comparative Advantage: Old Idea, New Evidence", *American Economic Review: Papers & Proceedings*, Vol. 102, No. 3, 2012, pp. 453-458.

Cumming D. , et al. , "The Economic Impact of Entrepreneurship: Comparing International Datasets", *Corporate Governance: An International Review*, Vol. 22, No. 2, 2014, pp. 162-178.

Davis D. R. and Weinstein D. E. , "An Account of Global Factor Trade", *American Economic Review*, Vol. 91, No. 5, 2001, pp. 1423-1453.

Davis D. R. , "Intra-industry Trade: a Heckscher-Ohlin-Ricardo Apporach", *Journal of International Economics*, Vol. 39. No. 3-4, 1995, pp. 201-226.

Deardorff A. V. , "Testing Trade Theories and Predicting Trade Flows", *Handbook of International Economics*, No. 1, 1984, pp. 467-517.

Dickens W. and Katz L. F. , "Inter-industry Wage Differences and Theories of Wage Determination", *NBER Working Paper*, No. 2271, 1987.

Djankov S. and Murrel P. , "Enterprise Restructuring in Transition: A Quantitative Survey", *Journal of Economic Literature*, Vol. 40, No. 3, 2002, pp. 739–792.

Do Q. T. , et al. , "Comparative Advantage, International Trade, and Fertility", *Journal of Development Economics*, Vol. 119, 2016, pp. 48–66.

Dornbusch R. , et al. , "Hechscher-Ohlin Trade Theory with a Continuum of Goods", *The Quarterly Journal of Economics*, Vol. 95, No. 2, 1980, pp. 203–224.

Dornbusch R. , et al. , "Comparative Advantage, Trade and Payments in a Ricardian Model with a Continuum of Goods", *American Economic Review*, Vol. 67, No. 5, 1977, pp. 823–839.

Eaton J. and Kortum S. , "Technology, Geography and Trade", *Econometrica*, Vol. 70, No. 5, 2002, pp. 1741–1779.

Edward N. Wolff, "Skills and Changing Comparative Advantage", *The Review of Economics and Statistics*, Vol. 85, No. 1, 2003, pp. 77–93.

Engman M. and Farole T. , *Export Processing Zones*, The Wiley-Blackwell Encyclopedia of Globalization, 2012.

Erken H. , et al. , "Total Factor Productivity and the Role of Entrepreneurship", *The Journal of Technology Transfer*, Vol. 43, No. 6, 2016, pp. 1493–1521.

Ezirim A. C. and Maclayton D. W. , "Entrepreneurial Orientation and Export Marketing Performance", *International Research Journal of Finance and Economics*, Vol. 11, No. 1, 2010, pp. 112–133.

Fabling R. and Sanderson L. , "Entrepreneurship and Aggregate

Merchandise Trade Growth in New Zealand", *Journal of International Entrepreneurship*, Vol. 8, No. 2, 2010, pp. 182-199.

Feenstra Robert C. and Romalis J., "International Prices and Endogenous Quality", *The Quarterly Journal of Economics*, Vol. 129, No. 2, 2014, pp. 477-527.

Feenstra Robert C., *Advanced International Trade: Theory and Evidence*, Princeton: Princeton University Press, 2016.

Feenstra Robert C., *Offshoring in the Global Economy: Microeconomic Structure and Macroeconomic Implications*, Cambridge: Massachusetts Institute of Technology, 2010.

Feenstra Robert C. and Hanson Gordon, *Foreign Investment, Outsourcing and Relative Wages*, Cambridge: MIT Press, 1995, pp. 89-127.

Findlay R. and Grubert H., "Factor Intensities Technological Progress and the Terms of Trade", *Oxford Economic Papers*, Vol. 11, No. 1, 1959, pp. 111-121.

Finicelli A., et al., "Ricardian Selection", *Journal of International Economics*, Vol. 89, No. 1, 2013, pp. 96-109.

Fleisher B., et al., "Human Capital, Economic Growth, and Regional Inequality in China", *Journal of Develoment Economics*, Vol. 92, NO. 2, 2010, pp. 215-231.

Fukugawa N., "Heterogeneity Among Science Parks with Incubators as Intermediaries of Research Collaborations between Startups and Universities in Japan", *International Journal of Technology Transfer and Commercialisation*, Vol. 12, No. 4, 2013, pp. 231-262.

Garvin D. A., "What Does Product Quality Really Mean", *Sloan Management Review*, Vol. 26, 1984, pp. 25-43.

Grossman Gene M. and Maggi G., "Diversity and Trade", *American Economic Review*, Vol. 90, No. 5, 2000, pp. 1255-1275.

Grossman Gene M., "Heterogeneous Workers and International Trade", *Review of World Economics*, Vol. 149, No. 2, 2013, pp. 211–245.

Grossman Gene M. and Maggi Gaggi, "Diversity and Trade", *The American Economic Review*, Vol. 90, No. 5, 2000, pp. 1255–1275.

Grossman Gene M., "The Distribution of Talent and the Pattern and Consequences of International Trade", *Journal of Political Economy*, Vol. 112, No. 1, 2004, pp. 209–239.

Halici A., et al., "Human Capital Heterogeneity and Organizational Performance Analysis", *Emerging Markets Journal*, Vol. 1, No. 1, 2012, pp. 13–20.

Hallak J. C. and Schott P. K., "Estimating Cross-country Differences in Product Quality", *The Quarterly Journal of Economics*, Vol. 126, No. 1, 2011, pp. 417–474.

Hallak J. C. and Sivadasan J., "Firm's Exporting Behavior under Quality Constraints", *NBER Working Papers*, No. 14928, 2009.

Hallak J., and Schott P., "Estimating Cross-Country Differences in Product Quality", *Quarterly Journal of Economics*, Vol, 126, No. 1, 2011, pp. 417–474.

Hanushek Eric A. and Woessmann L., *The Knowledge Capital of Nations: Education and the Economics of Growth*, Cambridge: Massachusetts Institute of Technology, 2015.

Harrigan J., "Cross-Country Comparisons of Industry Total Factor Productivity: Theory and Evidence", *Federal Reserve Bank of New York Research Paper*, No. 9734, 1997.

Harrigan J., "Technology, Factor Supplies, and International Specialization: Estimating the Neoclassical Model", *American Economic Review*, Vol. 87, No. 4, 1997, pp. 475–494.

Hausmann R., et al., "What You Export Matters", *Journal of Economic Growth, Vol. 12, No. 1, 2007, pp. 1-25.

Henn C., et al., "Export Quality in Advanced and Developing Economies: Evidence from a New Dataset", *IMF Working Paper*, WPS. 8196, 2017.

Henn C., et al., "Export Quality in Developing Countries", *IMF Working Paper*, WP/13/108, 2013.

Hoberg G. and Phillips G., "Text-based Network Industries and Endogenous Product Differentiation", *Journal of Political Economy*, Vol. 124, No. 5, 2016, pp. 1423-1465

Hsiao C., et al., "A Panel Data Approach for Program Evaluation: Measuring the Benefits of Political and Economic Integration of Hong kong with Mainland China", *Journal of Applied Econometrics*, Vol. 27, No. 5, 2012, pp. 705-740.

Hsieh C. and Klenow P. J., "Misallocation and Manufacturing TFP in China and India", *Quarterly Journal of Economics*, Vol. 124, No. 4, 2009, pp. 1403-1448.

Hsin-Yi Ou-Yang, et al., "The Impacts of Entrepreneurship on Export Orientation and Internationalisation: the Moderating Effects of Family Ownership and Involvement", *International Journal of Innovation and Learning*, Vol. 19, No. 1, 2016, pp. 1-24

Hummels D. and Klenow P., "The Variety and Quality of a Nation's Exports", *American Economic Review*, Vol. 95, No. 3, 2005, pp. 704-723.

Hébert R. F. and Link A. N., "In Search of the Meaning of Entrepreneurship", *Small Business Economics*, Vol. 1, No. 1, 1989, pp. 39-49.

Jaimovich E. and Merella V., "Love for quality, comparative advantage, and trade", *Journal of International Economics*, Vol. 97, No. 2, 2015, pp. 376-391.

Jean S., "International Trade and Firms' Heterogeneity under Monopolistic Competition", *Open Economies Review*, Vol. 13, No. 3, 2002, pp. 291–311.

Ju J., et al., "Endowment Structures, Industrial Dynamics, and Economic Growth", *Journal of Monetary Economics*, Vol. 76, 2015, pp. 244–263.

Keesing D. B., "Labor Skills and Comparative Advantage", *The American Economic Review*, Vol. 56, No. 1/2, 1966, pp. 249–258.

Keesing D. B., "Labor Skills and International Trade: Evaluating Many Trade Flows with A Single Measuring Device", *The Review of Economics and Statistics*, Vol. 47, No. 3, 1965, pp. 287–294.

Khandelwal A. K., "The Long and Short (of) Quality Ladders", *Review of Economic Studies*, Vol. 77, No. 4, 2010, pp. 1450–1476.

Kikuchi T., et al., "On Chamberlinian–Ricardian Trade Patterns", *Review of International Economics*, Vol. 16, No. 2, 2008, pp. 285–292.

Kirzner I., *Competition and Entrepreneurship.*, Chicago: The University of Chicago Press, 1973.

Koopman R., et al., "Tracing Value-Added and Double Counting in Gross Exports", *American Economic Review*, Vol. 104, No. 2, 2014, pp. 459–494.

Krugman P. R., "Intra-industry Specialization and the Gains from Trade", *Journal of Political Economy*, Vol. 89, No. 5, 1981, pp. 959–973.

Krugman P. R., "Scale Economies, Product Differentiation, and the Pattern of Trade", *The American Economic Review*, Vol. 70, No. 5, 1980, pp. 950–959.

Krugman P. R., et al., *International Trade: Theory and Policy*, Inc. Pearson Education, 2015.

Lall S., "The Technological Structure and Performance of Developing Country Manufactured Exports 1995-1998", *Oxford Development Studies*, Vol. 28, No. 3, 2000, pp. 337-369.

Lederman D., et al., "Entrepreneurship and the Extensive Margin in Export Growth: A Microeconomic Accounting of Costa Rica's Export Growth During 1997-2007", *The World Bank Economic Review*, Vol. 25, No. 3, 2011, pp. 543-561.

Leko-Simic M., Horvat J., "Risk Taking Propensity and Export Performance of Croatian Exporters", *Managing Global Transitions*, Vol. 4, No. 4, 2006, p. 313.

Leontief W., "Domestic Production and Foreign Trade: The American Capital Position Re-examined", *Proceeding of the American Philosophical Society*, Vol. 97, No. 4, 1953, pp. 332-349.

Lucas R. E., "On the Mechanics of Economic Development", *Journal of Monetary Economics*, Vol. 22, No. 1, 1988, pp. 3-42.

McMillan J. and Woodruff C., "The Central Role of Entrepreneurs in Transition Economies", *Journal of Economic Perspectives*, Vol. 16, No. 3, 2002, pp. 153-170.

Megginson W. and Netter J., "From State to Market: A Survey of Empirical Studies on Privatization", *Journal of Economic Literature*, Vol. 39, No. 2, 2001, pp. 321-389.

Melitz M. J., "The Impact of Trade on Intra-industry Reallocations and Aggregate Industry Productivity", *Econometrica*, Vol. 71, 2003, pp. 1695-1725.

Meoqui J. M., "Comparative Advantage and the Labor Theory of Value", *History of Political Economy*, Vol. 43, No. 4, 2011, pp. 743-763.

Montagna C., "Efficiency Gaps, Love of Variety and International Trade", *Economica*, Vol. 68, No. 269, 2001, pp. 27-44.

Morrow P. M., "Ricardian-Heckscher-Ohlin Comparative Advantage: Theory and Evidence", *Journal of International Economics*, Vol. 82, No. 2, 2010, pp. 137-151.

Muoz-Bullón F., et al., "Nascent Entrepreneurs' Personality Attributes and the International Dimension of New Ventures", *International Entrepreneurship and Management Journal*, Vol. 11, No. 3, 2015, pp. 473-492.

Parrotta P., et al., "Labor Diversity and Firm Productivity", *European Economic Review*, Vol. 66, 2014, pp. 144-179.

Rodrik D., "What is So Special of China's Export", *China & World Economy*, Vol. 14, No. 5, 2006, pp. 1-19.

Romalis J., "Factor Proportions and the Structure of Commodity Trade", *The American Economic Review*, Vol. 94, No. 1, 2004, pp. 67-97.

Romer P. M., "Endogenous Technological Change", *Journal of Political Economy*, Vol. 98, No. 5, 1990, pp. S71-S102.

Roy, "Some Thoughts on the Distribution of Earnings", *Oxford Economic Papers*, Vol. 3, No. 2, 1951, pp. 135-146.

Ruffin R., "David Ricardo's Discovery of Comparative Advantage", *History of Political Economy*, Vol. 34, No. 4, 2002, pp. 727-748.

Santos-Paulino A. U., "Trade Specialization, Export Productivity and Growth in Brazil, China, India, South Africa, and a Cross Section of Countries", *Economic Change and Restructuring*, Vol. 44, No. 1-2, 2011, pp. 75-97.

Schumpeter J. A., *The Theory of Economic Development*, Cambridge, MA: Harvard University Press, 1934.

Siepel J., et al., "Skills Combinations and Firm Performance", *Small Business Economics*, Vol. 56, 2021, pp. 1425-1447.

Soo K. T., "Intra-industry Trade: A Krugman-Ricardo Model and

Data", *Economica*, Vol. 83, 2016, pp. 338–355.

Spulber D. F., *The Theory of the Firm: Microeconomics with Endogenous Entrepreneurs, Firms, Markets, and Organizations*, Cambridge: Cambridge University Press, 2009.

Stiglitz Joseph E., "Industrial Policy, Learning and Development", *The Practice of Industrial Policy: Government-Business Coordination in Africa and East Asia*, 2017, pp. 23–39.

Syverson C., "What Determines Productivity?", *Journal of Economic Literature*, Vol. 49, No. 2, 2011, pp. 326–365.

Timmer M. P., et al., "An Illustrated User Guide to the World Input-Output Database: the Case of Global Automotive Production", *Review of International Economics*, Vol. 23, No. 3, 2015, pp. 575–605.

Timmer M. P., et al., "Slicing Up Global Value Chains", *Journal of Economic Perspectives*, Vol. 28, No. 2, 2014, pp. 99–118.

Toshihiro Okubo., "Firm Heterogeneity and Ricardian Comparative Advantage within and across Sectors", *Economic Theory*, Vol. 38, No. 3, 2009, pp. 533–559.

Trefler D., "The Case of the Missing Trade and Other Mysteries", *American Economic Review*, Vol. 85, No. 5, 1995, pp. 1029–1046

Vanek J., "The Factor Proportions Theory: The N-Factor Case", *Kyklos*, Vol. 21, No. 4, 1968, pp. 749–754.

Wang Z., Wei S. J., *What Accounts for the Rising Sophistication of China's Exports?*, *China's Growing Role in World Trade*, Chicago: University of Chicago Press, 2010: 63–104.

Whalley J., Xian X., "China's FDI and Non-FDI Economies and the Sustainability of Future High Chinese Growth", *China Economic Review*, Vol. 21, No. 1, 2010, pp. 123–135.

Woo Tunoy and Tsang Shuki, "Comparative Advantage and Trade Liberalization in China", *Economy and Societ*, Vol. 17, No. 1, 1988, pp. 21-51.

Yu Miaojie, "China's International Trade Development and Opening-up Policy Design over the Past Four Decades", *China Economic Journal*, Vol. 11, No. 3, 2018, pp. 301-318.

Yu Miaojie, "Processing Trade, Tariff Reductions, and Firm Productivity: Evidence from Chinese Firms", *Economic Journal*, Vol. 125, No. 585, 2015, pp. 943-988.

Yue C. and Hua P., "Does Comparative Advantage Explains Export Patterns in China?", *China Economic Review*, Vol. 13, No. 2-3, 2002, pp. 276-296.

Zhang X., et al., "China has Reached the Lewis Turning Point", *China Economic Review*, Vol. 22, No. 4, 2011, pp. 542-554.

Zhihao Yu, "Division of Labor and Endogenous Comparative Advantage: A Smith-Ricardian Model of International Trade", *Review of International Economics*, Vol. 19, No. 2, 2011, pp. 313-324.

索　引

B

比较优势　4-11，13-25，28-36，39-42，48，51-63，65-69，83，89，95，97-101，103，105，107，109，111，113，115，117，119-121，123，125，127-131，133-137，139，141，143-145，147，149，151，153，155，157-165，167，169，171，173，175，177，179，181，183，185，187，189，191，193，195，197，199，201-203，214-225

比较优势陷阱　54，63，67，128，134，161，218，222

不完全竞争　4，14，18，19

C

产业间贸易　4，16，18，20，40，41，52

产业内贸易　4，16-18，20，21，28，29，40，41，52

超模　29，30，138

出口产品多样性　50，143，154-159，193-197，199-201，221

出口产品技术复杂度　35，50，143-148，159，174-183，203，220-222

出口产品质量　35，38，39，48-50，68，140，143，149-154，159，184-192，203，221

出口导向　98，99

创造性毁灭　162，163，165，166，169，199，203，221，226

D

低端锁定　39，54，63，67，

128，129，133，134，161，202，204，222

低技能　5，7，10，11，14，15，27-30，35，42，43，45，53，54，57-69，77，88，95-97，100，101，105，107，113，121，123，127-131，133，134，136，138，140，158-161，165，206，208，214-223

低技能劳动者　10，14，41，44，45，47，54-60，62-64，67，68，70-74，76-80，95-101，103，105，107，109-125，127-129，131，134，136-139，159，204-206，208-210，215-223，225

G

高等教育　10，11，14，15，45，67，70，78，79，95，96，129-132，134，136，140，146，158，159，161，165，204，206，207，211，212，215，217，218，220，223，226

高技能　5，7，8，10，11，14，27-30，42，43，45，53，54，57，60，63-65，67-69，81，131-133，136，138，140，141，146，168，208，211，217，223，224

高技能劳动者　10，11，14，15，44-46，55-59，63-65，67，70，77-80，95，96，98，128-131，133-141，143-145，147-149，151-159，161，162，165，166，204，206-209，211，215，217-223，226，227

高校扩招　11，95，96，129，131，134，136，140-143，146-148，152-154，156-159，161，165，206，211，217，218，220，221

高质量发展　5-8，11-13，161，202，204，205，207，209-211，213-215

高质量型企业家才能　11，166，203，208，213，222，223

规模报酬　16-18，20，40，103

规模扩张　2-10，12-15，41，42，47，50，56，57，63，66-68，71，80，83，85，95-97，99，101，103，105，107，109，111，113，115，

117，119，121，123，125，127-130，140，204，216，219，220，224-226

J

技能互补　11，12，138，208，209，214，215，225，226

技能异质性　5-10，13-15，26-29，31，43，45，46，53，55，57，66，68，70，71，73，75，77，79，81，83，85，87，89，91，93-95，118，204，216，224，225

技术进步　38，47，50，54，55，129，135，143，166，176，186，202，203，221，223

加工贸易　3，10，34，36，39，47，74，85，88，89，92，94，96，98，100，101，106，109-113，117，119-124，126-128，140，217-220

L

劳动密集型产业　36，41，53，56，58-64，67，95-97，100，101，127-129，134，136，159，160，214-220，222

李嘉图模型　19，22，23，28，101

垄断竞争　18，20，139，168，170

M

贸易结构　3，67，88，93，94

贸易模式　6，20，23，24，28-31，40-42，100，127，219

Q

企业家才能　5，7，8，11，12，14，15，44-46，67-71，80，81，96，128，160-193，195-203，207-209，213，217-219，221-226

企业家精神　11，46，67，80-83，95，161-164，166，199-201，208，214，215，223，224，226

企业异质性　18，21

R

人口出生率　124，125，205，206，210

人口老龄化　11，36，205，209，210

人力资本　15，29-31，36，107，

109，112，131－133，140，141，164，172，174，211

S

社会主义市场经济体制　11，15，32，71，80，82，83，93，96，204，207，208，213，217，219

生产成本　4，18，20，35，39，99，100，102，104，105，127，138，167－169，206，208，219

生产率　5，6，17－27，33，34，38－40，61，64，102－104，135，137－140，143，163，167－170

市场环境　11，71，80，82，95，161，162，203，204，207，208，213－215，219，223，224

市场结构　18，19，168，213

X

新结构经济学　32，53

Y

要素禀赋　4，6，16，17，19，21－25，28，29，35，36，40，41，52，53，55－57，67，70，98，118，120，133，218

一般贸易　3，10，35，47，85，88－91，94－96，100，106，109－113，115，116，119－128，217，220

优化初始比较优势　62，67，68

Z

制造业出口　1－11，13－15，29，31，32，35－39，41，42，47－51，56－59，62，63，66－71，73，75，77，79－81，83，85，87－91，93－101，105－110，112，113，119，120，123，125，127－136，140，141，143－149，151－167，171，174－179，181－188，190－197，199－207，209，211，213－226

转型升级　1－15，31，32，34－39，41，42，47，48，50，52－54，56，57，59，62，63，66－69，80，83，88，92，94－96，128－137，139－141，143，145，147，149，151，153，155，157，159－167，169，171，173，175，177，179，181，183，185，

187，189，191，193，195，
197，199，201－204，211，
213－226

资源配置效率　135，136，159，
161，166，203，220，221

子模　29，30，138

自主创新　33，38，135，136，
159，161，220

遵循初始比较优势　54，57－
59，67，68

后　　记

　　2020年是一个值得自豪的年份，因为全面小康即将到来；2020年是一个值得纪念的年份，因为全面脱贫即将完成；2020年也是一个值得感动的年份，因为众志成城抗疫情；2020年也是一个值得喜悦的年份，因为是年组建温馨家庭。作为一个普通公民，看到了国家的日益繁荣与强大；作为一名普通博士生，选择一个既反映国家发展脉络又具有一定理论创新的选题是必要的。四年前，作为一个对国际贸易理论和中国贸易问题知之甚少的博士生几乎无从选题。在不断的阅读、思考、观察、讨论之中，最终选择了基于比较优势理论框架以劳动者技能异质性来考察改革开放以来中国制造业出口转型升级成功之原因。中国作为世界上最大的发展中转型国家，如何实现从改革开放初期的相对封闭的状态发展到如今的世界第一大贸易国，如何实现从低端出口到高端出口的转型升级。中国的贸易奇迹不得不成为研究者眼中的重点话题和焦点话题。一个重要且不失一般性的选题一定是具有启发性和预见性。在论文写作过程中，与本书相关的一些重要问题被中央政府不断地提及：关于企业家精神，从2017年开始中央持续发布了弘扬企业家精神的文件；关于出口转型升级，2019年11月28日《中共中央国务院关于推进贸易高质量发展的指导意见》发布。随着逆全球化趋势的加剧，充分发挥内源优势成为外贸高质量发展的必由之路，而内源优势的发挥又不得不依靠人的全面发展，人的全面发展往往体现出技能水平。综观当前，充分重视劳动者技能异质性在中国制造业出口高质量升级中作用成为新时代高质量发展的重要突破点。

　　历时四年的时间，博士论文得以顺利完成。博士论文的完成意味着一个阶段的结束和另一个阶段的开始。在此之际，回忆过去，往事历历在目。无限的感恩之情溢于言表。

　　首先，感谢恩师马莉莉教授。求学之路艰苦，遇恩师乃万幸。曾经学术研究过程中的徘徊、惆怅、失落、无助与绝望，幸得恩师马莉莉教授的无私帮助和悉心指导。四年的敦敦教诲，终身难忘。自博士入学以来，导师一直教导做研究要关注大问题，要深入实践前沿，要有理论高度和深度，做到将理论与实践结合。同时，导师也倡导做研究要舍得下苦功夫、要做得了"冷板凳"、要培养独立思考的习惯和能力。开阔的现实视野、扎实的理论根基、独立的思考能力，是做出优秀研究成果的三要素。没有导师对研究方法、研究技巧、研究视野的指导，就没有现在呈现出来的博士论文。此外，作为导师的第一个博士，导师给予了极大的宽容，为博士期间的学术研究提供了充足的时间、空间和自由度。导师严谨的治学态度、高尚的师德操守、优秀的人格品质是我学习的榜样，将激励着我未来的教书育人工作和学术研究任务。特此，道一声：老师，谢谢您！

　　其次，感谢求学期间的各位老师。感谢博士论文预答辩过程中任保平教授、何爱平教授和高煜教授提出的宝贵和重要的建议，在三位老师建议的指导下，使博士论文更上一个层次。感谢为博士论文提供指导建议并给予好评的厦门大学张明志教授，与张教授相识纯属偶然，与张教授相识让我切身感受到了作为一名审稿人应该具备的学术专业性、学术严谨性、学术认真性。感谢戴俊丽老师为博士生活期间提供的舒适而愉悦的管理环境，让我们以最轻松的方式来完成学校、学院的相关活动。感谢内蒙古财经大学陶克涛教授的提携与帮助，在陶教授的指引下充满了对发表更高水平学术论文的信心。同时，博士得以毕业也得益于《国际贸易问题》《经济管理》《产业经济研究》《国际经贸探索》《北京工商大学学报》《商业经济与管理》《商业研究》等期刊对本人小论文的发表，在此感谢各位编辑部老师、外审专家和主编的辛苦劳动。

再次，感谢硕导柳江教授。学术之门开启，源导师之引导。曾几何时，硕士仅为延缓就业，在柳导指引下，燃学术之热情，迈上读博之路。硕士期间，柳导给予充分时间，发挥自身比较优势，形成符合自身风格的研究。作为西北边陲二本硕士，柳导一贯倡导求学期间加强与东中部"985"高校交流学习。柳导始终温文尔雅，教育学生包容一切，敞开心怀、坦荡生活。工作以后，柳导始终传授为人处世之道，解决了工作中大量困惑和困难。在此说一声"感谢柳导！"

同时，感谢求学期间的各位同学。感谢同门师兄弟姐妹们，他们是唐旖晨硕士、尹伊硕士、陈璇博士、郑建东硕士、张亚楠硕士、胡佩松硕士、徐晗硕士、吴丹洁博士等。感谢博士期间相识的博士朋友，他们是史贝贝副教授、张燕博士、刘戈非博士、彭邦文博士、白东北博士、王泽润博士、宋文月博士、王晓燕博士、张营营博士、袁航博士、王长明博士、杨承佳博士、杨淑慧博士、杨思莹博士等。感谢依然可以继续畅所欲言的硕士朋友，他们是霍殿明博士、符迪贤硕士、范俊硕士、申洋博士、侯雪硕士、许昭博士。感谢无私资助过我的本科同学，他们是程旭东、邹云鹏、李国书、黄保林、李仲帅。感谢你们的帮助，"有你们真好"。

最后，感恩长期陪伴的家人和夫人。感恩父母含辛茹苦三十载。没有父母，就没有现在的我。没有父母的默许和认可，就没有继续攻读博士研究生学位的机会和可能性。父母无私和宽容是我最大的幸福。父母的艰辛是此生无以回报的恩情。未来将以一生来回报。感谢哥哥和姐姐，你们如父母的呵护和帮助，使我无限感动。在过去的时间里，你们帮我承担了我本应该承担的家庭责任，未来我将更加努力去回报哥哥和姐姐。感恩夫人温馨女士。在博士生涯的最后一年里，与你相识，一种缘分让我们彼此相遇、彼此相爱。你的照顾和陪伴，让我备感温馨，是你的理解和支持，让我可以专注于学术研究。古板的科研生活挤占了陪伴和照顾你的时间。感谢夫人的不离不弃，在低落时给予及时的鼓励和开导。"有你真好，爱你一生！"

　　本书得以出版感谢"国家社会科学基金博士论文出版项目"的资助，感谢中国社会科学出版社编辑刘晓红老师的帮助。行文至此，也该告一段落。最后的最后，感谢这个时代、感谢这个国家、感谢西北大学、感谢安徽财经大学经济学院，为我提供了良好的生活环境、学习环境、工作环境。面对未来，我们应该勇往直前，为了美好的明天，为了明天的美好，"奔跑吧，后浪"。

程锐

2022 年 6 月 10 日